高等院校电子商务系列教材

商务智能

主　编　吴树芳　杨国庆　朱　杰
副主编　沈　媛　梁　志　吴利明

科学出版社

北　京

内 容 简 介

本书共10章内容,系统地讲述了商务智能的相关知识。前4章为基础理论知识:第1章讲述了商务智能的背景、概念、特点及实现过程等,属于综述性章节,涉及内容较多;第2章从分层的角度出发,对商务智能的系统结构进行了详细叙述;第3章内容涉及商务智能实现中的核心理论之一——数据库和数据仓库,该章通过比较数据库和数据仓库的异同,引出数据仓库的重要性;第4章详细介绍了数据挖掘的相关知识,为后续知识的讲解作出铺垫;第5章至第9章在上述章节的基础上,结合电商平台,分别讲述了商务智能中聚类、分类、商品信息检索、智能推荐及基于回归分析的电商企业销售预测;第10章对商务智能的应用及发展前景进行了分析、总结。本书注重基础、讲究实用性、选材得当、深入浅出,希望初学者通过本书的学习可以很好地掌握商务智能的相关知识。

本书可作为高等学校相关专业商务智能课程的教材,同时也适合于相关专业自学考试人员使用。

图书在版编目(CIP)数据

商务智能/吴树芳,杨国庆,朱杰主编. —北京:科学出版社,2020.4
高等院校电子商务系列教材
ISBN 978-7-03-061181-9

Ⅰ. ①商… Ⅱ. ①吴… ②杨… ③朱… Ⅲ. ①电子商务–高等学校–教材 Ⅳ. ①F713.36

中国版本图书馆 CIP 数据核字(2019)第 089826 号

责任编辑:方小丽 / 责任校对:贾娜娜
责任印制:赵 博 / 封面设计:蓝正设计

科学出版社 出版
北京东黄城根北街 16 号
邮政编码:100717
http://www.sciencep.com

北京中石油彩色印刷有限责任公司印刷
科学出版社发行 各地新华书店经销
*
2020年4月第 一 版 开本:787×1092 1/16
2025年7月第六次印刷 印张:14
字数:332 000
定价:48.00 元
(如有印装质量问题,我社负责调换)

作 者 简 介

吴树芳，女，教授，1979年出生于河北省邯郸，现在河北大学管理学院任教，主要研究方向为信息处理、信息系统、网络舆情，至今已经出版教材2部，出版专著1部；主持国家级项目1项，主持中国博士后科学基金项目1项，主持省级、市级项目多项；在国内外各类期刊发表学术论文30余篇；于2017年1月至2017年5月在美国宾夕法尼亚州印第安纳大学做访问学者。

电子邮箱：shufang_44@126.com。

前　言

管理大师彼得·德鲁克（Peter Drucker）曾发出慨叹：我们的信息技术最初产生的仅仅是数据，而不是信息，更不是知识！怎样从商务流程的数据记录中提取对决策过程有参考价值的信息，从而实现从数据到信息、从信息到知识、从知识到利润的转化？那就是商务智能（business intelligence，BI），故其重要性不容小觑。商务智能所要争取的就是充分利用企业在日常经营中搜集的大量数据，并将它们转化为信息和知识来避免企业的无知状态。商务智能就是通过计算机技术，实现从数据到信息、从信息到知识、从知识到决策、从决策到财富的精细化运营过程。

因长期从事计算机类课程的教学工作，一直想写一部适合电子商务专业的计算机类教材。电子商务专业学生的明显缺点是计算机专业知识薄弱，以此为出发点，我们结合当前的热点案例和现有的电商平台，采用深入浅出的方式来组织教材。希望教材真正做到以学生为中心，符合学生的认知规律，化高深为浅显，化复杂为简单，让学生通过本书的学习，很好地掌握商务智能的相关知识。

本书的特点主要包括：①内容组织结构合理、层次分明，分三个模块，前四章为基础理论讲解；中间五章是本书的重中之重，详细讲解了商务智能中的核心技术，不同于纯算法的论述方法，本书结合案例引入理论知识，便于学生理解；最后一个模块属于本书的总述。②精心设计每个案例，有效激发学生的学习兴趣。在案例选择上我们侧重于选择热点、大众的案例，从实际生活中遇到的例子引出章节知识的学习，使学生对要学的知识产生兴趣，便于教师教学的开展。③考虑到算法的枯燥性，结合例题讲解算法。一般算法都是纯理论，对电子商务专业学生而言，学习难度较大。本书在介绍算法知识时，加入了大量例题，突破算法的抽象性。

本书涉及知识点多，为了便于学生学习，本书加入了"本章导读"和"本章小结"模块。通过"本章导读"，学生可以对每章的知识有个总体的认识，明白同一章中不同节的逻辑关系，避免一头雾水的学习状态；"本章小结"模块明确指出每章的重点、难点，让学生明确哪些知识需要熟练掌握，哪些知识仅需要了解。

如何学好商务智能这门课呢？首先应该按照本书内容的组织，学透商务智能的相关概念，领悟其中内涵；其次要熟练掌握商务智能问题中的重点算法，包括分类、聚类、检索、个性化推荐、预测等，算法部分属于难点也是重点，涉及示例要反复看，看完后达到：不但精通每一句，而且要掌握算法的总体思想及实现过程，做到一边学一边练；最后将学到的过程尝试应用于实际的商务智能问题，简述实现过程，检验对相关知识的掌握。为了强化学生对知识的掌握，本书每章都附有课后思考题，大家要认真练习。

本书能顺利出版，首先感谢河北大学管理学院的大力支持，感谢宛玲老师、杨秀丹老师、科学出版社方小丽编辑的帮助，没有她们的帮助就没有本书的面世。在本书的写作过程中，河北大学杨国庆老师、中央司法警官学院朱杰老师也参与了教材的撰写，河北大学沈媛和吴利明老师参与了教材的后期修改，河北省信息安全测评中心的梁志也参与了教材的撰写及修改，在此表示感谢。

谢谢大家的支持与厚爱，愿诸位一切安好！

吴树芳

2020年3月于河北大学

目　　录

第1章　商务智能导论 ··· 1
　1.1　商务智能的产生背景 ··· 1
　1.2　商务智能的概念界定 ··· 2
　1.3　商务智能的支持理论及技术 ·· 3
　1.4　商务智能的研究范式 ··· 6
　1.5　商务智能分析过程 ··· 8
　1.6　商务智能的应用 ·· 9
　1.7　商务智能的发展趋势 ·· 11
　课后思考题 ·· 14

第2章　商务智能的分层与体系结构 ·· 15
　2.1　商务智能分层 ·· 15
　2.2　商务智能的体系结构 ·· 19
　2.3　数据集成 ··· 24
　课后思考题 ·· 28

第3章　数据库与数据仓库基础 ··· 29
　3.1　数据管理及其发展 ··· 29
　3.2　数据库 ·· 33
　3.3　数据仓库 ··· 39
　课后思考题 ·· 50

第4章　数据挖掘 ··· 51
　4.1　数据挖掘在商务智能中的定位 ·· 51
　4.2　数据挖掘概述及原理 ·· 52
　4.3　数据挖掘过程 ·· 55
　4.4　数据挖掘方法及评价指标 ··· 57
　4.5　数据挖掘工具及发展方向 ··· 64
　课后思考题 ·· 68

第5章　商务智能中的聚类 ··· 69
5.1　聚类分析简介 ··· 69
5.2　代表性的聚类算法 ·· 71
5.3　基于聚类的数据分析 ·· 74
5.4　应用案例 ·· 80
课后思考题 ··· 84

第6章　商务智能中的分类 ··· 86
6.1　分类算法简介 ··· 86
6.2　代表性的分类算法 ·· 86
6.3　应用案例及数据分析 ·· 104
课后思考题 ··· 120

第7章　商品信息检索 ·· 121
7.1　信息检索的概念 ··· 121
7.2　信息检索的过程 ··· 121
7.3　特征选择 ·· 123
7.4　特征提取 ·· 132
7.5　相关反馈 ·· 136
7.6　经典的信息检索模型 ·· 137
7.7　信息检索的评价指标 ·· 140
7.8　电子商务环境下的商品检索 ··· 143
课后思考题 ··· 149

第8章　商务智能中的推荐 ··· 150
8.1　推荐系统举例 ··· 150
8.2　推荐系统评测指标 ·· 151
8.3　基于用户行为的协同过滤算法 ·· 155
8.4　推荐系统冷启动问题 ·· 156
8.5　利用社交网络数据进行推荐 ··· 158
8.6　应用案例——京东个性化推荐系统发展 ··································· 159
课后思考题 ··· 167

第9章　基于回归分析的鞋类商品需求量预测 ··· 168
9.1　相关分析基础 ··· 168
9.2　简单线性相关分析 ·· 170
9.3　线性回归分析 ··· 175
9.4　淘宝平台中某商家鞋类商品需求量预测 ··································· 183
9.5　应用案例 ·· 186
课后思考题 ··· 188

第10章　商务智能应用及发展趋势··190
10.1　商务智能具有广泛的应用场景··190
10.2　新型商务智能企业···201
10.3　商务智能的发展趋势···205
课后思考题··209

参考文献··210

第 1 章 商务智能导论

【本章导读】

随着移动互联网技术的不断革新,信息化时代发展到新的高度,企业数据量以惊人的速度增长。据统计,2016 年约 70%的企业拥有的数据资源总量在 50~500TB[①],数据量在 500TB 以上企业占比为 18.4%,且还在不断增加。这些数据对于企业是宝贵的财富,合理利用数据、分析数据,从数据中提炼出有价值的信息和知识来支持企业的商务决策,就需要用到商务智能。商务智能已经成为现代化企业业务运行的必备技术,同时也成为 ERP(enterprise resource planning,企业资源计划)、CRM(customer relationship management,客户关系管理)、SCM(supply chain management,供应链管理)后的又一个信息化热潮。商务智能不但能够帮助企业合理地整合数据,而且能够将数据提炼成对企业有用的信息,针对企业的不同管理问题,分析背后的机理,得出规律,提高企业的管理决策能力。大数据和人工智能的兴起进一步推动了商务智能的发展,更加精细化、智能化和自动化的商务智能将在今后的企业商务活动中起到更加重要的作用。

1.1 商务智能的产生背景

1958 年我们对商务智能的理解开始形成。IBM[②]研究员 Hans Peter Luhn 在 1958 年的一篇题为"商务智能系统"的文章中,将商务智能定义为"以方式来理解所呈现的事实的相互关系的能力,以便将目标指向目标"。

在 20 世纪 70 年代和 20 世纪 80 年代:决策支持系统(decision support systems,DSS)和执行信息系统(executive information systems,EIS)的受欢迎程度逐渐增长,而且计算机基础构架逐渐完善,这为帮助管理人员分析运营数据提供了前提条件。

1989 年,分析师 Howard Dresner(其后的加特纳集团)进一步将商务智能定义为"通过使用面向事实的支持系统来改善业务决策的概念和方法"。20 世纪 90 年代,商务智能概念逐渐深入,商务智能工具、技术逐渐成型。

互联网的商业化开始形成,美国国会提供的信息服务器和万维网成为最流行的在

---

① terabyte,太字节,计算机常用存储单位。
② International Bussiness Machines Corporation,国际商业机器公司。

线服务。几年后，移动数据开始变得突出。ERP集成应用程序凭借管理和自动化业务方面的管理软件开始起飞。

进入21世纪，商务智能的力量集中在微软、甲骨文、IBM和SAP[①]的手中，它们可以在各自的平台下整合不同的应用程序。预测分析之后提供了一种新的方法，即"使用数据、算法和机器学习（machine learning，ML）来预测未来的变化"。与此同时，云技术和基于互联网的软件成为实时系统，改进的可视化技术改变了数据的浏览方式。电子商务和社交网络推出了Facebook、YouTube和Twitter，为商务智能带来了新的机会。

到2010年底，35%的企业使用商务智能，而67%的"一流"公司都有某种形式的自助服务（self-service）商务智能。

从2010年至今，商务智能成为从跨国企业到中小企业中所有人的标配工具。目前商务智能已经可以跨多个设备，并可以完成可交互式的分析推理。自助服务产品更加强调易于使用和导向型操作，因为商务智能成为适合所有人的工具，无论是在会议室还是在工厂车间。可视化和智能化的形式也让更多的人依赖商务智能工具。

随着数据分析被嵌入更多的应用程序中，企业未来会将硬件和软件集成到完整的包中，大数据将继续增加信息的复杂性，但系统依旧会随着它们的发展而产生简单的报告。在今后的商务智能软件中可能会同时包含着ERP、CRM、SCM等多方面内容。进一步，随着技术为企业带来新的挑战和机遇，商务智能的创新将使系统更易于访问，更加协调，更可自定义。那么这时商务智能工具的概念就可以成为真正的历史了。

1.2 商务智能的概念界定

商务智能又称商业智慧或商业智能，多指用现代数据仓库技术、线上分析处理技术、数据挖掘技术和数据展现技术进行数据分析以实现商业价值。商务智能技术为企业提供迅速分析数据的技术和方法，包括收集、管理和分析数据，将这些数据转化为有用的信息，然后分发到企业各处。

商务智能的概念最早在1996年由加特纳集团提出，当时加特纳集团对商务智能的定义和上述定义有所不同，其将商务智能定义为"商务智能描述了一系列的概念和方法，通过应用基于事实的支持系统来辅助商业决策的制定"。

到目前为止，业界依然从不同的角度赋予商务智能不同的定义，企业界多倾向于从技术、应用的角度定义商务智能。学术界则与之不同，在2007年的商务智能峰会上，有学者将商务智能视为一个伞状的概念，其内容包括分析应用、基础框架、平台及实践等，跳出了仅仅是技术的范畴，下面从企业和学术两个层面给出商务智能的不同定义。

1. 企业层面

以下是不同企业给出的商务智能的定义。

[①] System Applications and Products，思爱普。

SAP：商务智能是一种基于大量数据的信息提炼的过程，这个过程与知识共享和知识创造密切结合，完成了从信息到知识的转变，最终为商家创造更多的利润。

IBM：商务智能是一系列技术支持的简化信息收集、分析的策略的集合。

微软：商务智能是任何尝试获取、分析企业数据以便更清楚地了解市场和顾客，改变企业流程，更有效地参与企业竞争的过程。

IDC：商务智能是软件工具的集合，这些软件工具包括终端用户查询和报告工具、在线分析处理工具、数据挖掘软件、数据集市、数据仓库产品和主管信息系统。

2. 学术层面

王茁在其相关研究中对商务智能给出如下定义：商务智能是企业利用现代信息技术收集、管理和分析结构化和非结构化的商务数据和信息，创造和积累商务知识，改善商务决策水平，采取有效的商务行动，完善各种商务流程，提升各方面商务绩效，增强综合竞争力的智慧和能力。

通过将上述定义融合，可认为商务智能实际上是融合先进信息技术和创新管理理念的结合体，集成企业内外数据，进行加工并从中提取可以创造商业价值的信息，面向企业战略并服务于管理层、业务层，指导企业经营决策，提升企业竞争力，涉及企业战略、管理思想、业务整合和技术体系等层面，促进信息到知识再到利润的转变，从而更好地提高企业的绩效。商务智能主要具有如下特点，了解其特点可加深对概念的理解。

（1）支持企业战略，商务智能技术通过对企业内外部数据的分析，帮助企业进行多方面规划，实现对企业战略管理的支持。

（2）提升企业绩效，商务智能更多的是解决管理问题，通过从已有数据中挖掘有效信息辅助决策者管理决策，在企业绩效管理中扮演着越来越重要的角色。

（3）数据的深度提炼，商务智能系统根据一定的业务收集有效的数据，并采用相关技术对这些数据进行深度提炼，获得有价值的数据信息，帮助决策者作出准确决策，实现对相关问题的预测。

（4）多技术融合，商务智能从不同的数据源中提取相关数据，通过数据仓库、在线分析处理、数据挖掘等技术实现企业的决策、考核、分析支持，此外，商务智能还涉及内存分析处理、面向服务的软件架构、文本挖掘和元数据存储等技术。

（5）用户多样性，商务智能服务于各类企业的决策者，平台的应用用户包括业务人员、管理者、外部顾客及商业伙伴等，服务对象具备多样性。

1.3 商务智能的支持理论及技术

1.3.1 机器学习技术

商务智能最核心的基础就是人工智能，商务智能的兴起和发展跟人工智能的发展过程紧密相关。当今社会，人工智能正在重塑科学、技术、商业、政治等各个方面，而大众对人工智能技术的认知程度和该技术的重要性相比显得远远不够。这就类似于，即使只有工程师和机修工有必要知道汽车发动机如何运作，每位司机也都必须明白转动方向盘会改变汽车的方向、踩刹车会让车停下。另外，当今人工智能的各个分支其实在五十年前就已有相关基础，直到今天，很多问题仍悬而未决。过高的预期引致不当的失望，人工智能历史上的两次冬天无疑阻碍了技术、产业发展的步伐。因此，我们有必要对商务智能技术的概念模型、发展现状与应用前景进行客观认知，了解它的能力与边界。

首先就是机器学习技术。将数据输入计算机，一般算法会利用数据进行计算然后输出结果，机器学习的算法则大为不同，输入的是数据和想要的结果，输出的则为算法模型，即把数据转换成结果的算法模型。通过机器学习技术，计算机能够自己生成模型，进而提供相应的判断，实现某种人工智能。工业革命使手工业自动化，而机器学习技术则使自动化本身自动化。在图1-1中，我们看到人工智能的三个研究阶段：推理期、知识期、机器学习期。正是机器学习技术发展推动了商务智能的进步。而机器学习中的重要算法分别应用到商务活动中的分类、聚类、回归、预测等问题中。

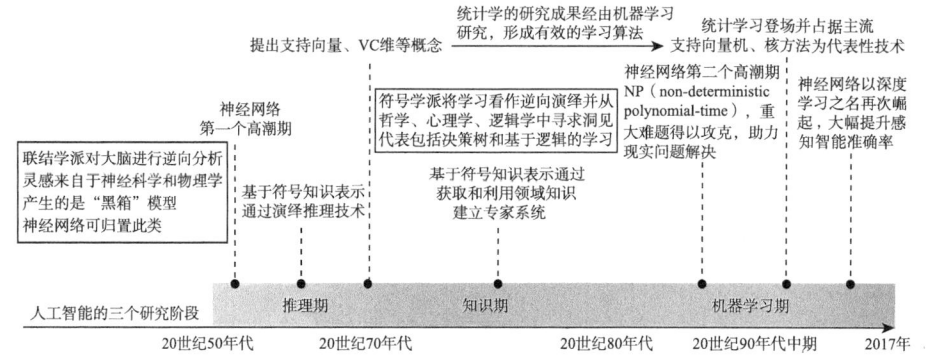

图 1-1　机器学习技术发展进程

最新的机器学习算法当属深度学习（deep learning，DL）和强化学习。深度学习是在多层神经网络的结构下，辅以结构设计和各种梯度技术，试图使用包含复杂结构或由多重非线性变换构成的多个处理层对数据进行高层抽象，能够很好地处理对图像分类、语音识别等感知智能问题。深度学习不仅能够提供端到端的解决方案，还能够提取出远比人工特征有效的特征向量。但其模型"黑箱"，可解释性差，限制其应用场景。

强化学习和人类与环境交互的方式非常类似，是一套非常通用的框架。它是在一系列的情景之下，通过多步恰当的决策来达到一个目标，实现累积奖赏最大化，而摸索策略的过程即强化学习。区别于传统有标记的监督学习，强化学习不能立即得到标记，而只能得到一个反馈，因此可以说强化学习是一种具有"延迟标记信息"的监督学习。

近几年掀起人工智能热潮的深度学习，属于机器学习的一个子集，在思想和理论上并未显著超越20世纪80年代中后期神经网络学习的研究，但得益于海量数据的出现、计算能力的提升，原来复杂度很高的算法得以落地使用，并在边界清晰的领域获得比过去更精细的结果，大大推动了机器学习在工业实践中的应用。但值得指出的是，深度学习的应用范围还很有限，统计学习仍然在机器学习中被有效地普遍采用。另外，人工智能不是一种特定的技术方法，所有方法都是对人工智能这个课题进行研究的产物。机器学习和象征着理性主义的知识工程、行为主义的机器人一样，是人工智能的一个分支。

1.3.2 统计学

统计学是关于认识客观现象总体数量特征和数量关系的科学。它是通过搜集、整理、分析统计资料，认识客观现象数量规律性的方法论科学。商务智能的重要基础就是处理数据，而统计学也是如此。机器学习中的统计方法研究，用到的数学主要是统计学，如逻辑回归模型。在多元统计分析中，逻辑回归（logistic regressive, LR）可以当作广义线性模型（generailzed linear models, GLM）的一种类型；在机器学习里面，它被当作一类线性分类器。再比如主成分分析（principal components analysis, PCA）。同样是在回归分析中，主成分分析被看作降维操作的一种方法，而在机器学习里面，它被看作一种变量选择的工具。而被算法工程师常用的交叉验证（cross-validation）技术，在统计方法（主要是点估计）的研究中也被广泛使用并且效果不错。

其实，其他数学分支在机器学习中也有应用，如微分几何在流形学习上的应用、微分方程在归纳学习上的应用，相对而言，代数的应用可能更广，但代数一般作为机器学习的基础工具来使用，如矩阵理论和特征值理论，又如微分方程求解最终往往归结为代数问题求解。商务智能算法中的数学工具的身影时时可见，在今后的商务智能和机器学习算法的发展中，新的数学工具也必将发挥重要的作用。

1.3.3 知识图谱

伴随Web技术的不断演进与发展，在先后经历文档互联和数据互联之后，人类正在迈向基于知识互联的新时代。知识互联的目标是构建一个人与机器都可理解的万维网，使得人们的网络更加智能化，旨在描述真实世界中存在的各种实体或概念的知识图谱，凭借其强大的语义处理能力与开放互联能力，可为万维网上的知识互联奠定扎实基础。知识图谱于2012年5月17日被谷歌（Google）正式提出，其前身可追溯到20世纪60年代的Frame Network（Semantic Network）。

就覆盖范围而言，知识图谱可分为应用相对广泛的通用知识图谱和专属于某个特定领域的行业知识图谱。通用知识图谱注重广度，强调融合更多的实体，主要应用于智能搜索等领域。行业知识图谱需要考虑到不同的业务场景与使用人员，通常需要依靠特定行业（如金融、公安、医疗、电商等）的数据来构建，实体的属性与数据模式往往比较丰富。知识图谱技术使得商务智能的商业问题属性更加的突出。

1.3.4 运筹学

运筹学是一门用量化分析的方法做决策与优化的科学和艺术，它为管理决策提供智慧，并以自己的智慧解决管理决策问题。体现运筹学思想和方法的某些早期先驱性的研究工作，可以追溯到20世纪初期，如1908年丹麦工程师Erlang提出的电话话务理论

（运筹学中排队论的起源）。作为一门新兴的学科，其主要目的是在决策时为管理人员提供科学依据，是实现有效管理、正确决策和现代化管理的重要方法之一。运筹学是一门应用性很强的学科，在研究和解决各种复杂的实际问题中综合使用代数、统计学、计算机科学、模拟（仿真）等各种方法，不断得到创新和发展，至今已成为一个包括许多分支的庞大的学科。在大数据时代，数据科学结合运筹学尖端理论是实现数据驱动的科学决策的坚实基础。

机器学习的核心在于建模和算法。几乎所有的人工智能问题最后都会归结为求解一个优化问题。而研究如何求解优化问题的学科，正是运筹学。优化模型包含目标函数和约束条件。优化问题就是求解满足约束条件的情况下使得目标函数最优的解。例如，我们在机器学习中经常用到的支持向量机（support vector machine，SVM），其实完全可以看作运筹学中的二次规划（quadratic programming）。

大数据时代赋予企业更海量、更多维度、更具时效性的全样本数据，也带来了工业实践的新业务、新场景、新约束，这些新问题为运筹学的经典理论带来新鲜养料，促进运筹学新模型、新方法的不断涌现。美国的亚马逊有由数百名成员组成的运筹学团队来负责物流、仓储的供应链优化和商品定价等收益管理问题；谷歌起家的搜索引擎由计算机科学背景的人员来研发，如今谷歌也有专门的运筹学团队来解决相应的广告点击、街景的路径优化等各种问题，均在大数据时代凭借运筹优化来做精细运营。国内移动互联网的爆发式增长带来了大量的数据积累和沉淀，在很大程度上补充了原有的以个人计算机为核心的IT信息系统，用户使用移动服务过程中记录下来的数据成为智能决策系统提升运营效率的基础，电商的收益管理、供应链优化、网约车的路径规划、动态定价，金融的风险管理，等等，都需要与运筹学的相关研究相结合。

总体而言，商务智能的发展依赖着人工智能技术的进步，同时需要机器学习技术、统计学、知识图谱、运筹学等理论知识和技术的支撑。

1.4 商务智能的研究范式

商务智能遵循着信息科学研究的基本范式，同时拥有自身的特点，形成了研究规则，如图1-2所示，即将数据分析为信息，信息提炼为知识，再用知识指导决策。

图1-2 商务智能的研究范式

数据是一种客观的存在，其反映客观事物运动状态的信号，通过感觉器官或观测仪器感知，形成了文本、数字、事实或图像等形式的数据。它是最原始的记录，未被加工解释，没有回答特定的问题；它反映了客观事物的某种运动状态，除此以外没有其他意义；它与其他数据之间没有建立相互联系，是分散和孤立的。

数据不仅仅是数字的表示，同时也包含了声音、图像等客观事实。而对于信息化的大数据时代，尤其是随着互联网技术的发展，我们拥有众多的数据。根据IBM公司2016年的调查资料，人类每天都会产生2.5×10^6兆字节（EB）的数据，当前世界上90%的数据都是在近两年产生的。到2020年，估计会有40ZB（zettabytes，泽字节，等于

1 024EB）的数据产生。

信息是通过大脑对数据进行加工处理，使数据之间建立相互联系，形成回答了某个特定问题的文本，以及被解释具有某些意义的数字、事实、图像等形式的数据。它包含了某种类型可能的因果关系的理解，回答"why（谁）"、"what（什么）"、"where（哪里）"和"when（何时）"等问题。信息是可以被人们理解和解释的，对不同的人可能价值也不同。

知识则是对于信息的进一步提炼、比较、挖掘、分析、概括、判断和推论。特殊背景下，人们在头脑中将数据与信息、信息与信息在行动中的应用之间所建立的有意义的联系，体现了信息的本质、原则和经验。它是人所拥有的真理和信念、视角和概念、判断和预期、方法论和技能等；能够积极地指导任务的执行和管理，进行决策和解决问题；它是这样一种模式，当它再次被描述或被发现时，通常要为它提供一种可预测的更高的层次。也就是说，当人们将知识与其他知识、信息、数据在行动中的应用之间建立起有意义的联系时，就创造出新的更高层次的知识。

如今，人工智能是经济发展的新引擎，正在重构生产、分配、交换、消费等经济活动各环节，那么大数据就是这个引擎的燃料。大数据与人工智能的有机结合，则是发动这个引擎的金钥匙。传统人工智能基于专家手工构造的知识库来进行学习推理，如专家系统。由于难以构造较为全面的人类常识知识库，以及还存在不确定性知识，故依赖于知识库的人工智能方法在提升学习推理方法性能方面遇到了难以跨越的鸿沟。

与基于规则、逻辑和知识的推理学习方法不同，机器学习方法从大数据出发，去洞悉海量数据中隐藏的规律和模式，如从网购商品中自动挖掘用户消费偏好和从用户检索词条中洞悉文化概念的演化变迁等。更进一步，随着互联网的普及、传感网的渗透、大数据的涌现、信息社区的崛起，数据和信息在人类社会、物理空间和信息世界之间的交叉融合与相互作用，人类社会与信息世界和物理空间所产生数据在个体/群体所呈现的前所未有广度和深度的交互行为中正在进一步深度耦合。人类社会、物理空间和信息世界的深度融合推动了文本、图像、位置和视频等海量数据涌现，使得隐藏在这些海量数据中的知识呈现不确定性、复杂性和多样性。

大数据刻画了个体/群体的生活、工作和学习规律及模式，为了洞悉这些隐性知识，迫切需要建立从大数据到知识的一般性手段和方法，其具有从文本、图像和视频等大数据中永不停息学习规则、模式和知识的能力，助力决策者从大量非结构化数据中揭示非凡的洞察力。同时，要具备提供云计算服务知识的能力，通过知识服务打破数据藩篱，推动多领域数据的融合碰撞，让数据畅通流动从而发挥巨大效益。当前，大数据智能正从传统"以规则教"的学习推理方法，到数据驱动的知识挖掘方法，迈向数据驱动和知识引导相结合的新时代，推动人工智能从表象和特征深入综合推理。

对数据进行可视化描述，分析规律并作出预测，让技术化的数据更加业务化，帮助业务人员增强对公司各项事务运营情况的认知，如通过对销售数据的分析可发现各类客户的特征和喜欢购买的商品之间的联系，营销人员可结合这种"认知"来筹划有针对性的促销活动或向客户提供个性化服务等。根据实际业务问题建立模型并求出最优解，给出人力、财力、物力、能源、时间等各项资源的具体配置方案，在营销、风控、定价、库存等场景中实现智能决策，并在一些领域自动化执行。

商务智能的关键是从许多来自不同的企业运作系统的数据中提取出有用的数据并进行清理，以保证数据的正确性，然后经过抽取（extraction）、转换（transformation）和装载（load），即ETL过程，合并到一个企业级的数据仓库里，从而得到企业数据的一个全局视图，在此基础上利用合适的查询和分析工具、数据挖掘工具、OLAP（on line analytical process，联机分析处理）工具等对其进行分析和处理（这时信息变为辅助决策的知识），最后将知识呈现给管理者，为管理者的决策过程提供支持。

1.5 商务智能分析过程

商业活动中实际应用问题的理解是商务智能进行数据分析的第一步，是数据分析的基础，也是实现商务智能的重要步骤。明确了要分析的问题，才能知道解决问题的目标是什么，从而才能选择正确的、适合的分析方法。然后根据问题选择需要的数据，确定数据规模、数据收集方法和数据存储方式等，也要和数据的维度需求等方面相结合。数据收集时要尽量广撒网。更多的数据——特别是更多的不同来源的数据——使得数据科学家能找到数据之间更好的相关性，建立更好的模型，找到更多的可行性见解。大数据经济意味着个人记录往往是无用的，拥有可供分析的每一条记录才能提供真正的价值。公司通过检测它们的网站来密切跟踪用户的点击及鼠标移动，商店通过在产品上附加RFID（radio frequency identification，无线射频识别）来跟踪用户的移动，教练通过在运动员身上附加传感器来跟踪他们的行动方式。

数据的理解基于业务知识理解及与业务问题相关的数据展开，且分析二者是如何关联的。数据在真正地分析之前需要进行预处理，也就是进行数据清理从而提高数据质量。数据科学家要纠正拼写错误，处理缺失数据及清除无意义的信息。这是数据价值链中最关键的步骤。垃圾数据，即使是通过最好的分析，也将产生错误的结果，并误导业务本身。不止一个公司很惊讶地发现，它们很大一部分客户住在纽约的斯克内克塔迪，而该小镇的人口不到70 000人。然而，斯克内克塔迪的邮政编码是12345，因为客户往往不愿将他们的真实信息填入在线表单，所以这个邮政编码会不成比例地出现在几乎每一个客户的档案数据库中。直接分析这些数据将导致错误的结论，除非数据分析师采取措施来验证和清洗数据。尤为重要的是，这一步将规模化执行，因为连续数据价值链要求传入的数据会立即被清洗，且清洗频率非常高。这通常意味着此过程将自动执行，但这并不意味着人无法参与其中。

构建模型，关联数据与业务成果，提出关于在第一步中确定的业务手段变化的建议。商务智能专家的专业知识是业务成功的关键所在，就体现在这一步——关联数据，建立模型，预测业务成果。商务智能专家必须有良好的统计学和机器学习背景，才能构建出科学、精确的模型，避免毫无意义的相关性及一些模型的陷阱。这些模型依赖于现有的数据，但对于未来的预测是无用的。但只有统计学背景是不够的，数据科学家还需要很好地了解业务，这样他们才能判断数学模型的结果是否有意义，以及是否具有相关性。

商务智能分析过程如图1-3所示。通过观察可以发现，在进行建模以后，仍然需要进行一个不断重复的循环优化过程，也就是说，整个分析过程是一个可重复的过程，能够对业务和数据价值链本身产生连续的改进。基于模型的结果，业务将根据驱动手段作出改变，商务智能专家将评估结果。在评估结果的基础上，企业可以决定下一步计划，而数据科学团队继续进行数据收集、数据清理和数据建模。企业重复这个过程越快，就会越早修正发展方向，越快得到数据价值。理想情况下，多次迭代后，模型将产生准确的预测，业务将达到预定的目标，结果数据价值链将用于监测和报告，同时团队中的每个人将开始迎接下一个业务挑战。

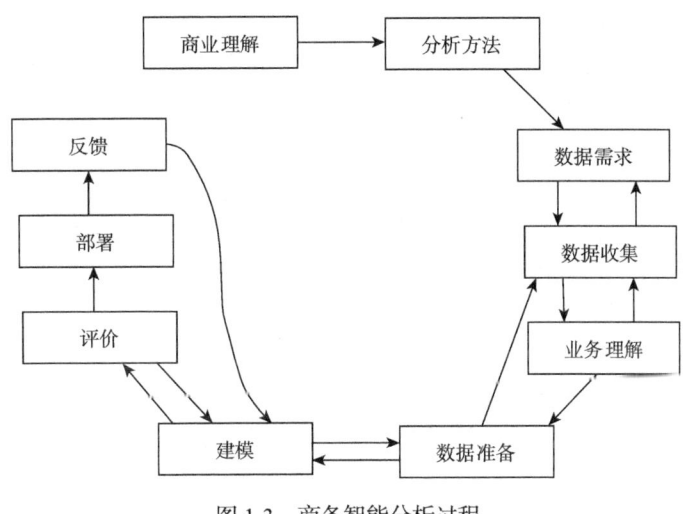

图 1-3 商务智能分析过程

1.6 商务智能的应用

商务智能作为一种提高企业竞争力的手段，目前正吸引着越来越多的企业使用它。目前，商务智能应用的行业主要包括银行、保险、证券、通信、制造、零售、医疗等，尤其是在信息化比较成熟的行业，如在金融、通信、制造业等行业中应用更为普遍。

我国企业中商务智能的应用主要有三个典型的方面：运营分析、战略决策支持和企业绩效管理。运营分析包括多个方面的内容：运营指标分析、运营业绩分析和财务分析等，其中运营指标分析是对企业经营过程中涉及的各种指标的分析；运营业绩分析就是在对企业经营的销售额、营业额等数据进行测量和计算的基础上进行各种分析；财务分析就是对企业经营过程中的利润、费用、资金占用等各项财务指标进行分析。战略决策支持可为决策者提供有效的决策帮助。商务智能所特有的积分卡工具和数据分析仪表板可提供整个企业业务成绩的扫视信息，专供那些需要企业绩效方面全局信息的管理者和决策者使用，使他们可以及时地获取企业各种经营活动中的有价值的信息。商务智能技术还可以从大量的数据中挖掘出反映企业经营状况和市场环境的有用信息，分析出一些看似不相关的事物的内部联系，从而帮助决策者更快更好地制定决策。企业绩效管理是对企业净经营绩效进行监督和控制、衡量和管理的方法及支持系统的统一称谓。商务智能的使用能够建立包括平衡计分卡、全面质量管理、360度考核、目标管理和绩效考核系统等，这样就可以把企业的日常运营管理和企业的战略发展规划有价值地合并在一起。

商务智能在零售行业中的应用尤为突出，零售行业的信息系统每天会产生大量数据，用商务智能系统分析和处理这些数据，就会及时得到有用的信息，以此用最低的成本产生最高的利润，并且在面对外界环境变化时快速作出响应。目前零售行业主要将商务智能应用于如下几个方面。

（1）客户服务管理。客户服务管理就是根据各种有关客户个人信息、客户交易情况、客户信誉水平的历史数据，分析研究客户的特征，将客户根据不同的特征分成几种不同的类别，再针对不同类别的客户提出企业服务这类客户的方案。其目的是更好地服务客户，提高客户的满意度和忠诚度，以此提高企业的决策水平，制订更合适的方案来获取更高的利润。

（2）商品分组布局分析。商品分组布局分析就是收集有关顾客购买模式的数据，将这些数据进行提炼、对比和研究，提取出对企业运营决策有帮助的信息。收集数据并将这些数据进行分析就可以得出最合适的商品分组布局，通过最合适的商品分组布局，企业可以满足顾客需求从而获得更高的利润。

（3）商品销售与外部环境特点分析。商品销售与外部环境特点分析就是记录有关商品销售和外部环境之间关系的各种数据并将这些数据进行比较和分析，研究商品销售跟随外部环境的变动模型，以此制定商品销售策略，提高决策水平。

（4）库存分析。库存分析就是记录有关库存数量和销售数量之间关系的各种数据，通过这些数据研究企业库存效率，分析如何在满足销售数量的同时尽量减少积压的库存数量。将预测得出的未来销售数量与企业现有库存数量相结合，决策者就能得出最佳库存模式，提升企业库存效果，通过减少库存成本来提升企业利润。

（5）市场购买趋势分析。市场购买趋势分析就是使用数据仓库技术和数据挖掘技术，根据有关顾客购买习惯和购买模型、购买数量与外部环境之间的关系等大量数据，分析预测企业下个月、下个季度及下一年的市场购买趋势，再根据市场购买趋势结合企业现有库存水平作出合适的生产营销策略，提高企业利润。

综上所述，商务智能系统的作用是显而易见的，但全球的应用率却并不是很乐观。在商务智能应用最为发达的美国和欧洲地区，应用效果同样是"喜忧参半"，喜的是许多企业都计划实施商务智能，对商务智能的投资持续增长；忧的是商务智能仍未被广泛地提升到战略层面。商务智能在中国炒得火热，但应用成功的企业却寥寥无几。主要是因为：一方面，中国的管理信息化应用层次还不高，对商务智能系统缺乏足够认知和经验；另一方面，商务智能系统对信息化基础要求较高，有很高的准入门槛。在商务智能的应用过程中，需要重点关注数据处理、模型搭建和展现方式三个部分的工作。

1.6.1 数据处理

数据是商务智能中的主角，基础数据的有效程度直接对系统分析出来的结果产生影响，这种影响可以达到呈几何级别的错误导向。所以，进行分析的数据处理工作非常重要。这不仅包括数据清洗、数据分类等基础工作，还包括各系统的数据维度划分和数据表达的一致性。在不同的系统中，信息的传递链条不同，数据间的逻辑也不同，在系统分析前，将所有异构系统的数据按照一定的模式进行统一的工作是项既琐碎又费神，效果不但不太明显而且错误率极高的工作。但这确实是商务智能中最基础的工作。只有这个"地基"打好了，后期的工作才会更有效。

另外，在数据处理的过程中平衡数据的广度和分析数据的深度也是一件困难的事情。目前主要是针对结构化的数据进行处理和分析，但全球产生的数据中85%以上的是非结构化的数据，故如何有效地将非结构化的数据转化为有效的结构化数据是一个关键点，也是数据处理中的一个难点。

1.6.2 模型搭建

有人提出"商务智能系统最昂贵的地方不是平台，而是模型"。系统最贵的部分一般也是智慧最为集中的部分，模型搭建一般都是商务智能厂商根据各个行业和系统的运作流程总结出来的优秀经验，与宝贵的实践经验和昂贵的知识产权成正比。然而，目前由于国内市场应用商务智能的企业并不多，应用深入的更少，应用基础也比较薄弱，即使拿来国外先进的商务智能模型也不一定能运转起来，所以尽快建立各种适合国内企业特色的模型是商务智能厂商未来需要大力投资的方向。

1.6.3 展现方式

展现方式是指系统分析呈现给使用者的感官效果，目前常采用图表或者仪表盘形式。使用者一般希望商务智能系统所给出的展现方式靠谱、简洁、清晰。展现方式与前两项工作相比，难度系数要小很多。因为系统所有的内容都需要通过展现方式传达给用户，直接影响用户对系统的接受度，所以这项工作也属于商务智能实现过程中的重点、难点之一。

1.7 商务智能的发展趋势

根据加特纳集团的最新预测，2020年全球商务智能和分析软件市场收入预计将突破228亿美元。商务智能行业发展前景十分可观，同时，相对于已有的应用领域和技术水平，在未来必将有更多的发展和进步。下面主要从五个方面介绍商务智能行业的发展趋势和方向。

1.7.1 云端化

商务智能的基础是业务系统，业务系统本地化使得商务智能本地化。当业务系统云端化，业务规范化、标准化，随之而来的是数据的规范化、标准化和规模化。整个业务系统的云端化能够提高企业商务智能运行的效率，因为更多的智能化分析技术是需要以硬件技术作为支撑的，但较好的硬件设施需要大量的资金和投资规模，采用云端接口的形式能够很好地解决这一问题，从而提高数据分析的效率。进一步，云端化的统一性和规范性使得业务更加规范。同时，云端存储的方式，使得资源利用率更加的充分，闲置资源相对较少。当然云端化的方式在安全性方面还有待提高，尤其是针对银行、金融、电信这样的大体量用户群体，安全性方面还是选择商务智能云端化的重要考量因素，但我们相信商务智能云端化是时代发展的必然趋势。

1.7.2 自动化、智能化程度更高

借助商务智能，用户可以访问大量数据，但必须提出适当的问题才能获得价值高的信息。对于没有商务智能经验的用户来说，他们可能不知道什么样的请求会得到最有价值的信息。人工智能是打破这一门槛的关键，它可以有效消除预先确定问题的需要。人工智能中的自动化功能让计算机能够通过确定数据点之间的关系，进行商务智能数据分析，以生成相关洞察，甚至是用户不知道的必要洞察。发现这些关键业务关系后，解决方案会自动生成仪表板，形象地呈现发现的问题。

以制造业为例，人工智能和商务智能可以帮助追踪之前的机器故障，并收集导致这些故障的详细信息，如繁重的工作流程或机器老化。然后这些信息可以应用到现有机器上，机器根据类似的情况，当需要维护时自动发出警报。最终，制造商将能够防患于未然，降低维修时间和成本，提高效率。

1.7.3 从强调单一技术到各领域融会贯通

在大数据的背景下，商业场景中任何问题的解决，往往是多学科思想的交融，而非对单一方法的依赖（图1-4）。商务智能的特点就是利用计算机科学、人工智能、运筹学、博弈论等诸多学科领域的综合与交叉，产生出一个个贴合实际业务场景的解决方案，使得商务智能切实优化企业决策方式，助力业务增长。另外，各领域的融合也表现在人工智能的各分支上，如关于语义网的研究、自然语言理解、机器学习、人机交互（human-computer interface，HCI）都很重要，而不再仅仅是机器学习的常用算法。而且，随着新的算法产生和应用模式的发展，这些新兴的人工智能发展方向也会引起商务智能的发展。最后，任何一种学习算法都有自己的优势和局限，解决一切问题的终极算法，很有可能是对现有算法的兼容并包。当然，如何让各算法相遇相融并在不大幅降低效率的前提下提升通用性，仍是一个非常复杂但值得探索的难题。而在未来的发展中，技术方面的进步，在商务智能应用中体现得更加淋漓尽致，也会极大地促进相关交叉学科的应用发展。

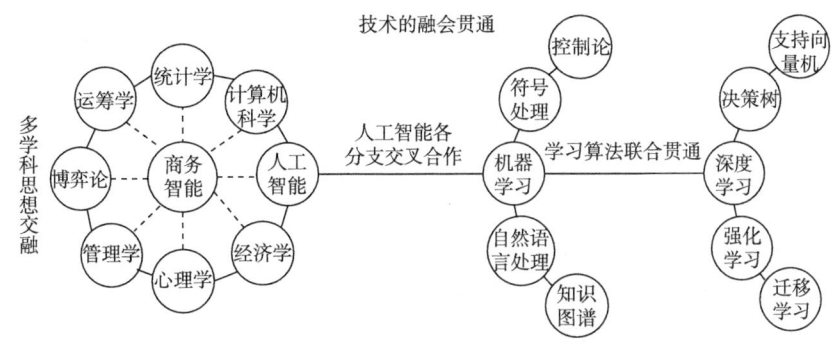

图 1-4 多种技术领域的融合

1.7.4 技术以外，对场景的理解是产业升级的关键

在人工智能技术不断地报道和宣传时，人们过多地关注了技术方面的进步，认为有好的技术才能解决最棘手的问题。但在商务活动中，对具体业务场景的理解与对实际问题的界定，与采用何种模型、算法同等重要，前者在很大程度上决定了后者是否能够有效降低企业运营成本或者帮助企业相关业务增加收入，这是技术能够落地、产业得以升级的关键。技术发展到一定程度后，就会更多地思考应用的范围和程度。因此，在运用技术解决某个问题之前，绝不应先入为主地认定要使用某个具体的机器学习算法，而应首先对业务场景加以分析，抓住核心问题要素，这是作出最优技术选择的前提。因此，今后的商务智能企业和相关的产业链会更加精细化、自动化、智能化。

1.7.5 智能的落地是一项系统工程，企业的工程实践能力有待增强

一方面，商务智能业务应用的落地需要建立在完善的数据整合、管理之上，再由相应的算法、模型（如数据挖掘算法、策略模型、知识图谱等）基于高效的计算框架（如机器学习框架、大数据框架等）将数据转化为可视化的业务规律，进一步驱动或直接生成企业决策。因此，商务智能是一项系统工程，算法设计、架构搭建、系统配合、流程控制、质量监督、危机处理等缺一不可，项目工程经验非常重要。

另一方面，类比国际顶级 SaaS（software as a service，软件即服务）企业 Salesforce，其产品通用功能大概只占50%，产品背后依然有大量供应商及自身服务团队结合客户差异化的场景做定制服务，因此尚处早期的商务智能领域，在很长一段时期内，服务方式仍将以定制化的解决方案为主（尤其面对大企业的时候），以SaaS等标准化的产品为辅，并在部分场景中以PaaS（platform-as-a-service，平台即服务）服务接入客户ERP、CRM等信息系统，快速、低成本地将商务智能赋能于企业。

【本章小结】

本章通过梳理商务智能产生的背景、发展历程，探讨了商务智能概念的定义范畴，以及相关特点。结合信息学的概念分析了商务智能的研究范式，将数据分析为信息，信

息提炼为知识，再用知识指导决策。介绍了作为交叉学科的商务智能相关理论和技术支持，帮助大家理解和学习本门课程。最后给出了商务智能在多个行业的应用，并探讨了在新的社会环境下，商务智能的发展趋势。

【课后思考题】

1. 概括商务智能与人工智能、大数据、数据分析之间的联系和区别。
2. 举例说明日常生活中的商务智能现象。
3. 列举商务智能企业，观察其特点。
4. 商务智能如何应用到企业的管理中？
5. 总结商务智能与 ERP、CRM、SCM 的相互关系。

第 2 章　商务智能的分层与体系结构

【本章导读】

本章内容主要包括两个模块：商务智能分层及商务智能的体系结构。从分层的角度来说，商务智能系统一般分为五个层次：人机交互界面层、知识层、信息资源层、接口层、系统软硬件层。本章对五个层次涉及的功能及技术进行了分层介绍，可使初学者对商务智能有较为全面的认识。商务智能是为了解决商业活动中遇到的各种问题，利用多种信息系统进行高质量和有价值的信息收集、分析、处理的过程。商务智能体系结构的关键技术包括数据仓库、数据挖掘和 OLAP，本章对这些技术进行了初步讲解，在后续章节中会对相关知识作出更加全面的介绍。

2.1　商务智能分层

从分层的角度来说，商务智能可以分为五个层次（图2-1），从底层到高层分别是人机交互界面层、知识层、信息资源层、接口层、系统软硬件层。人机交互界面层是距离用户最近的层次，为强调智能化，需要融入自然语言处理（natural language processing，NLP）技术；知识层是知识的集合，知识可以认为是在实践中应用并在证实一个有组织的概念或框架时产生的结果；信息资源层主要完成两项工作：数据的收集和处理，数据的抽取、转换和装载；接口层的作用主要是使商务智能软件可以通过编程接口来访问商务智能系统；系统软硬件层主要为各种技术提供不同的服务。

系统软硬件层
接口层
信息资源层
知识层
人机交互界面层

图 2-1　商务智能分层

2.1.1　人机交互界面层

人机交互界面层包括人机交互、人机界面两层含义。人机交互又称人机互动，是一门研究系统和用户之间互动关系的技术；人机界面是指人和机器在信息交换时互相接触的界面,是人机结合系统中的中心环节,二者既有区别,也紧密相连,交互是人与系统作用关系的一种描述,界面是人与系统发生交互关系的具体表现形式。交互和界面都只是解决人机关系的手段,不是最终目的,其最终目的是解决和满足人的需求。

人机交互界面层的实现过程一般包括以下几个步骤:①根据终端用户对系统的遐想设计用户模型,最终使之与系统实现后得到的系统映像相符合。②确定为完成系统的功能需求,人和计算机应分别完成哪些任务。任务分析有两种实现途径:一是从实际出发,通过对原有处于手工或半手工状态下的应用系统的剖析,将其映射为在人机界面上执行的一组类似任务;另一种是通过研究系统的需求规格说明,导出一组与用户模型和系统遐想一致的用户任务。③考虑界面设计中的典型问题。一个人机交互界面,一般应考虑系统响应时间、用户求助机制、错误信息处理和命令方式四个方面。④借助一定的工具构造界面的原型,而后将原型交由用户评审,根据反馈意见修改后再交由用户评审,直至用户模型与步骤①中的系统遐想一致为止。

人机交互界面层在设计实现过程中应遵循以下七项原则。

1. 以用户为中心的基本原则

在系统设计过程中,设计人员应抓住用户的特征,发现用户的需求,系统的设计决策要结合用户的工作和应用环境,最好的方法是让真实的用户参与开发,这样开发人员才可以正确地了解用户的需求,系统才可能更加成功。

2. 顺序原则

顺序原则即在系统实现过程中按照处理事件顺序、访问查看顺序等完成相关部件的设计与实现。

3. 功能原则

按照对象应用环境及场合具体使用功能要求,设计功能区分多级菜单、分层提示信息和多项对话栏并举的窗口等人机交互界面,从而使用户易于分辨和掌握交互界面的使用规律和特点,提高其友好性和易操作性。

4. 一致性原则

一致性原则包括色彩的一致、操作区域的一致和文字的一致。界面细节美工设计的一致性可以使应用人员看界面时感到舒服,从而达到吸引用户注意力的效果。对于新运行人员或紧急情况下处理问题的运行人员而言,一致性还可以减少他们操作的失误。

5. 频率原则

频率原则即按照惯例对象的对话交互频率高低设计人机界面的层次顺序和对话窗口菜单的显示位置等,提高监控和访问对话的频率。

6. 重要性原则

重要性原则即按照管理对象在控制系统中的重要性和全局性水平,设计人机界面的主次菜单和对话窗口的位置，从而有助于管理人员把握好控制系统的主次，实施好控制决策的顺序，实现最优调度和管理。

7. 面向对象的原则

按照操作人员的身份特征和工作性质，设计与之相对应的友好的人机界面。一般情况下，弹出式窗口显示提示、引导和帮助信息，可提高人机交互的水平和效率。

随着技术的发展和行业需求的变化，以后的人机界面将在形态、观念、应用场合等多方面发生改变，人机交互界面未来发展趋势是六个现代化：平台嵌入化、品牌民族化、设备智能化、界面时尚化、通信网络化和节能环保化。

2.1.2 知识层

知识是由一个包含语义信息的特征集合及与之相关的约束和规则组成的，一般包括三个层次：概念知识、事实知识、策略知识。概念知识给出了知识的最基本的内容，它是知识中的最底层；事实知识由概念知识组成，它建立了概念间的关系；策略知识由事实知识组成，它建立了事实间的关系。

知识表示是为描述知识做的一系列规定，是知识的符号化、标准化过程，其结果是将知识表示为易于被计算机接受和处理的一种表现形式。知识表示领域的核心技术是解决如何进行信息的编码并对推理计算模型加以利用的问题。传统的知识表示模式有谓词逻辑方法、框架表示方法、产生式规则、状态空间搜索方式、语义网络、脚本方法、过程式方法、直接表示法、面向对象的知识表示方法。近几年，由于将本体引入知识工程领域，知识表示领域又出现了一些新的方法。专家认为知识表示一般包括三个组成部分：逻辑、本体和计算。

对知识层的有效管理可以使其对上一层和下一层提供更加有效的服务。通过知识搜索引擎、知识门户和知识地图向上层提供知识服务；通过知识培训系统、知识推送系统、可视化工具等向上层提供知识利用；通过数据挖掘、数据仓库、知识创新、知识合成技术等将知识存储于知识库为用户提供知识使用的服务。

知识库是基于知识的系统，具有智能性。并不是所有智能的程序都拥有知识库，只有基于知识的系统才拥有知识库。知识库中的知识根据它们的应用领域、背景特征、使用特征、属性特征等构成便于利用的、有结构的组织模式。知识库的基本结构是层次结构，由知识本身的特性确定。知识库中的知识包括概念知识、事实知识、策略知识三大类，事实上，还有一种称为可信度的知识可能包含在三类知识中，即三类知识均可以标以可信度，由此，便形成了增广知识库。知识库中还可以包含一个被称为典型方法库的特设部分，如果某些问题的解决途径是肯定的和必然的，则可将其作为肯定的问题解决途径直接存储在典型方法库中。图2-2为知识库系统运作流程。

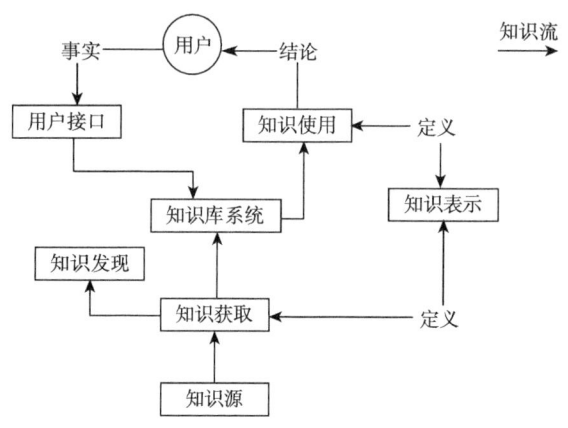

图 2-2 知识库系统运作流程

2.1.3 信息资源层

随着电子商务的大幅度发展，商务智能系统中包含大量的业务数据，如客户、企业、产品的介绍、属性、交易记录、相关视图等。信息资源层的主要任务就是完成对这些数据的收集和处理。数据收集是商务智能系统最终作出决策分析的关键基础之一，在很多情况下，最终决策需要的数据往往零散分布于不同的业务系统中，为使得商务智能系统最终能作出正确的决策，需要把这些零散的数据收集起来，形成一个系统的整体。简单收集完成后还需要进行一系列的处理工作，包括数据抽取、数据转化、数据装载、语义一致化处理等。

当从不同系统抽取数据时，应首先考虑三个问题：一是数据抽取是否完全；二是数据抽取是否准确；三是数据抽取是否及时。在实际的商务智能系统实现过程中，经常将数据抽取分为两部分进行，即初始抽取和后续抽取。初始抽取一般采用完全抽取的方式，即将不同系统中的数据全部抽取到商务智能系统中，这个抽取过程比较耗时；后续抽取不采用完全覆盖的方式，即不清除初始抽取获得的数据，而是采用增量更新的方式对初始数据进行更新。为了实现有效的数据增量更新，应考虑捕获、运输和融合三个问题。捕获表示系统如何判断数据是否有更新；运输表示如何将数据传递到商务智能系统；融合表示新旧两类数据如何实现无缝对接。

数据转化工作致力于数据的一致性处理，即数据编码方式、数据力度、数据规则等的转化。例如，同一个商户在业务系统A中的编码为AA001，而在业务系统B中的编码为BB001，即同一个商户从不同系统抽取过来后编码是不同的，这就需要将二者统一为同一个编码，编码为其中一个或者给一个新的相同编码均可。不同业务系统一般存储的数据粒度比较细，而数据仓库在进行数据分析时要求数据的粒度较粗，故在将数据放入数据仓库之前，需要按照数据仓库的粒度要求实现对数据的聚合。不同企业有不同的业务规则、不同的数据指标，这些规则和指标很多时候并不是简单的加减，需要将这些企业的规则和指标进行统一化处理，然后才可以放入数据仓库，供下一层数据分析使用。

数据装载部件负责将数据按照物理数据模型定义的表结构装入数据仓库。数据装载包括三种情况：初始装载、增量装载和完全刷新。初始装载为第一次对所有数据仓库表进行迁移；增量装载是在初始装载的基础上，根据后期的变化定期对数据仓库中的表进行更新；完全刷新则不同于增量装载，该操作将完全删除数据仓库中的一个或者多个表，然后进行数据的重新装载。在数据装载的过程中容易出现以下几个问题。

（1）时间消耗大，而且时间估计难度大；
（2）装载过程中可能会出现维度表与事实表不匹配等情况；
（3）数据准备区和数据仓库的具体位置不明确；
（4）装载程序不适合。

语义一致化处理的目的是对语义的前后表达采用统一的、一致化的表达方法，避免语义的二义性。

2.1.4　接口层

接口层的主要功能是建立商务智能系统和其他相关软件、系统的接口，实现其他商务软件对商务智能系统的访问。例如，基于XML的门户接口可提供客户、服务提供商与企业商务智能服务平台的各种接口，提供基于XML/XSL定义面向客户服务的可视化模板和面向商务服务企业集群的交互操作可视化模板。针对不同用户的特点，可定制个性化的服务接口。服务代理门户屏蔽了系统服务的具体实现与通信细节，同时可实现对外界用户认证、注册等管理。

2.1.5　系统软硬件层

数据仓库、数据挖掘和多维分析等是解决商务智能问题的关键技术。数据仓库集成了系统需要的内部、外部数据，数据挖掘技术可从相关数据中挖掘出内在的关联信息，多维分析技术可对数据仓库中的数据及挖掘的信息进行分析、处理。系统软硬件层的功能主要是为这些技术提供相应的技术支持服务。

2.2　商务智能的体系结构

商务智能是为了解决商业活动中遇到的各种问题，利用多种信息系统进行高质量和有价值的信息收集、分析、处理过程。通过商务智能，可以把多个来源的数据集成在一起，这里的数据不仅仅指企业内部的数据，还包括企业外部的相关数据。商务智能系统的最大好处是可以得到准确、及时的信息，帮助企业赢得竞争优势。而这些功能的实现涉及商务智能系统中的三项关键技术：数据仓库、数据挖掘和OLAP，这三者构成了商务智能系统的基本数据流程。图2-3展示了基本的商务智能体系结构。图2-3中的商务智能前端展示模块类同于2.1节分层结构里的人机交互界面层，ETL过程类同于资源管理层的系列数据处理工作，多种数据源包括企业内部各种数据和通过系统接口获取的各种相关外部数据。

20　商 务 智 能

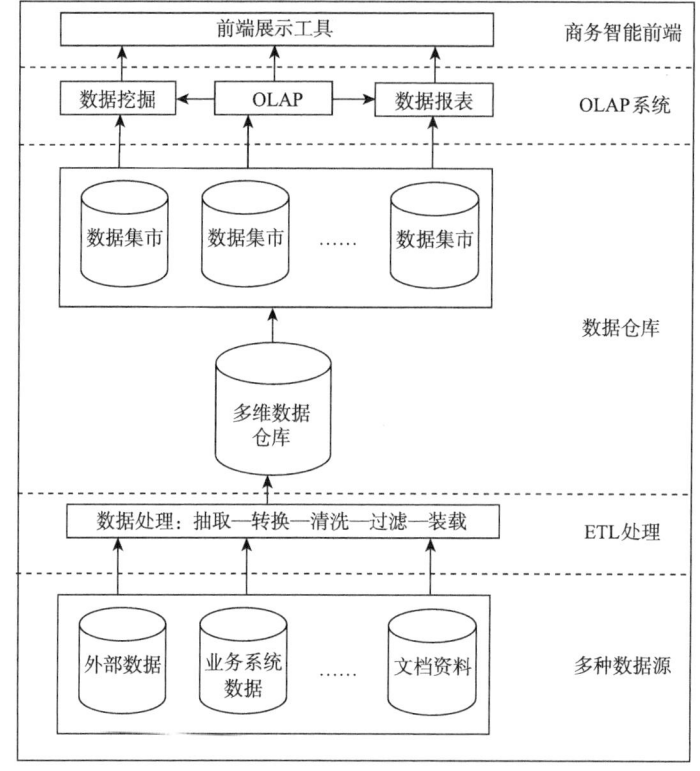

图 2-3　基本的商务智能体系结构

2.2.1　数据仓库

数据仓库是商务智能的基础，它集合了大量的企业数据，可以更好地支持企业或组织的决策分析处理，具有面向主题、集成、相对稳定、随时间不断更新变化四个特点。数据仓库有机存储数据，为有用信息的加工处理、商务智能的前端处理结果奠定了基础。

2.2.2　数据集市

为最大限度地实现灵活性，集成的数据仓库的数据应该存储在标准的关系数据库管理系统（relation database management system，RDBMS）中，并经过规范的数据库设计，以及在某些情况下为提高性能而增加一些小结信息和不规范的设计。这种类型的数据仓库设计称为原子数据仓库。原子数据仓库的子集称为数据集市，数据集市可以和产生它们的原子数据仓库一样大，可以位于原子数据仓库附近，或者分布到更加靠近用户的位置。数据集市是用来满足特殊用户应用需求的数据仓库，使其成为数据集市的关键是它的使用目标、范围，而不是规模的大小。简言之，数据集市可以理解为一个小型的部门或者工作组级别的数据仓库，但又有别于数据仓库。有两种数据集市：从属数据集市和独立数据集市，如图2-4所示。

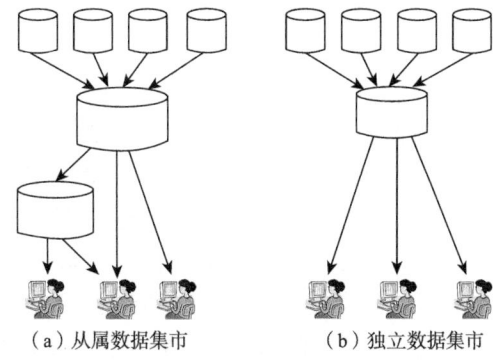

图 2-4 两种数据集市

图2-4（a）为从属数据集市，这样的数据集市往往以分布式的方式实现。虽然不同的数据集市是在特定的工作组、部门或生产线中实现的，但它们之间是可以集成的、互连的，以提供更加全局的业务范围的数据视图，意味着一个部门的终端用户可以访问和使用另一个部门数据集市中的数据。图2-4（b）为独立数据集市，这些数据集市是由特定的工作组、部门或业务线进行控制的，完全为满足该部门的需求而构建。实际上，它们甚至与其他工作组、部门或业务线中的数据集市没有任何连通性。

数据集市的概念来源于数据仓库，但二者之间也存在不同，表2-1从八个方面对二者进行了比较。

表 2-1 数据仓库与数据集市比较

项目	数据仓库	数据集市
数据来源	遗留系统、OLTP（online transaction processing，联机事务处理）系统、外部数据	数据仓库
范围	企业级	部门级或工作组级
主题	企业	部门或者特殊的分析主体
数据粒度	最细的粒度	较粗的粒度
数据结构	规范化结构（满足第三范式）	星形、雪片模式或二者混合
历史数据	大量的历史数据	适度的历史数据
优化	处理海量数据、数据探索	便于访问和分析、快速查阅
索引	高度索引	高度索引

2.2.3 数据挖掘

数据挖掘的目的是从海量数据中，提取隐含在其中的有用信息和知识。数据挖掘的数据有多种来源，包括数据仓库、数据库或者其他数据源。所有的原始数据根据具体任务需要进行目的性选择和挖掘。挖掘的结果需要进行评价后方可成为有用的信息。常用的数据挖掘方法包括关联分析、分类和预测、聚类、检测离群点、趋势和演变分析等。

2.2.4 数据报表

在数据库中疏散、独立存储的大量数据对于普通的业务人员来说，只是一些无法看懂的天书。业务人员所需要的是信息，是他们能够看懂、理解并从中受益的抽象信息。那么，如何将数据库中存放的数据转变为业务人员需要的信息呢？答案是报表系统。理论上，报表系统已经可以称为商务智能，属于商务智能的低端实现，现在大部分企业已经进入了中端的商务智能，称为数据剖析，高端的商务智能可称为数据挖掘。就目前来看，我国大部分企业停留在报表系统阶段。

报表包括普通报表和分析报表两种。普通报表是那种需求比较简单，格式比较固定，没有或者只有比较简单的查询条件的报表，这些报表只是简单地把业务人员需要的数据展现出来。分析报表需求比较复杂，查询条件灵活，涉及切片和钻取，展现出来的数据不是简单地从数据库中得到，而是根据查询出来的数据对照业务规则得出的一些结论。分析报表一般面对的是企业的管理人员。

2.2.5 OLAP

自20世纪80年代开始，许多企业利用关系型数据库来存储和管理业务数据，并建立相应的应用系统来支持日常的业务运作。这种应用以支持业务处理为主要目的，被称为联机事务处理，它所存储的数据被称为操作数据或者业务数据。随着数据库技术的广泛应用，企业信息系统产生了大量的业务数据，如何从这些海量的业务数据中提取出对企业决策分析有用的信息，成为企业决策管理人员面临的重要难题。1993年，Codd认为联机事务处理已经不能满足用户对数据库查询分析的要求，用户的决策分析需要对关系数据库进行大量的计算才能得到。因此，Codd提出了多维数据库和多维分析的概念，即OLAP。OLAP是一种软件技术，它使分析人员能够迅速、一致、交互地从各个方面观察信息，以达到深入理解数据的目的。它具有共享多维信息的快速分析（fast analysis of shared multi-dimensional information，FASMI）特征。F（fast）是快速性，指系统能在数秒内对用户的多数数据分析要求作出反应；A（analysis）是可分析性，指用户无须编程就可以定义新的专门计算，将其作为分析的一部分，并以用户所希望的方式给出报告；M（multi-dimension）指提供对数据分析的多维视图和分析；I（information）指能及时获得信息，并且管理大容量信息。

OLAP展现在用户面前的是一幅幅多维视图，其直接仿照用户的多角度思考模式，预先为用户组建多维度的数据模型，这里的维是指用户的分析角度。例如，电商企业对销售数据的分析，时间周期是一个维度，产品类别、分销渠道、地理分布、客户群类也分别是一个维度。一旦多维数据模型建立完成，用户可以快速地从各个分析角度获取数据，也能动态地在各个角度之间切换或者进行多角度综合分析，具有极大的分析灵活性。OLAP基本的多维分析操作有钻取、切片、切块和旋转。钻取是改变维的层次，改变分析的粒度，包括向下钻取（drill-down）和向上钻取（roll-up）。向上钻取是在某一维上将低层次的细节数据概括到高层次的汇报数据，或者减少维数，向下钻取则相反，它从汇总数据深入细节数据进行观察或增加新维；切片和切块是在一部分维上选定值后，关心度量数据在剩余维上的分布，如果剩余的维只有两个则是切片，如果有三个或以上，则是切块；旋转是改变维的方向，即在表格中重新安排维的位置，例如行列互换。图2-5为上述基本操作的简图。

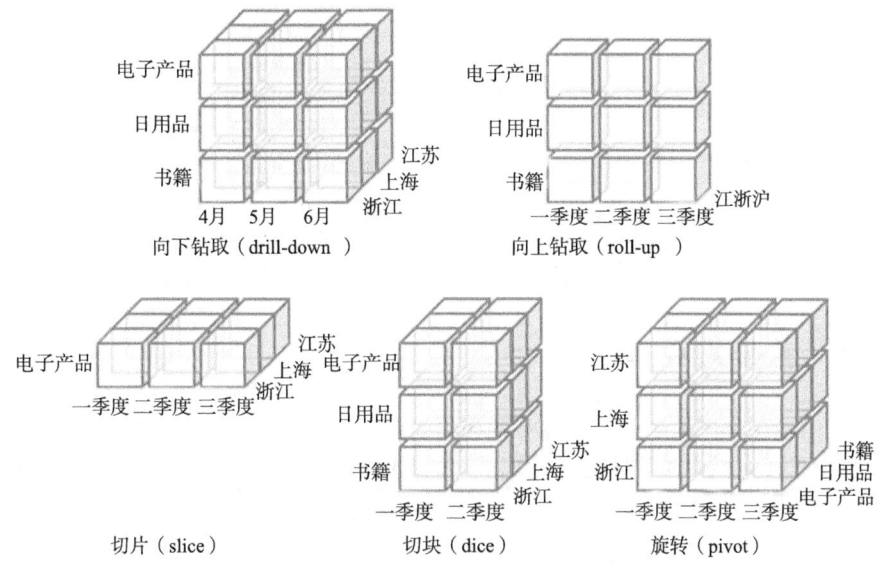

图 2-5 OLAP 基本多维分析操作

2.2.6 ETL 处理

ETL是extract-transform-load的缩写，用来描述将数据从源端经过抽取（extract）、转换（transform）、加载（load）至目的端的过程。ETL是构建数据仓库的重要一环，用户从数据源抽取出所需要的数据，经过数据清洗，最终按照预先定义好的数据仓库模型，将数据加载到数据仓库中去。ETL的质量问题具体表现为正确性、完整性、一致性、完备性、有效性、时效性和可获取性等几个特性。而影响质量问题的原因很多，主要包括：不同时期业务系统之间数据模型的不一致；业务系统不同时期业务过程有变化；旧系统模块在运营、人事、财务、办公等系统中相关信息的不一致；遗留系统和新业务、管理系统数据集成不完备带来的不一致；等等。

ETL目前有两种技术架构：ETL架构和ELT架构。在ETL架构中，数据的流向是从源数据流到ETL工具，ETL工具是一个单独的数据处理引擎，一般会在单独的硬件服务器上实现所有数据转化的工作，然后将数据加载到目标数据仓库中，如果要增加整个ETL过程的效率，则只能增强ETL工具服务器的配置，优化系统处理流程（一般可调的东西非常少）。ETL工具的典型代表有Informatica、Datastage、OWB、微软DTS、Beeload、Kettle等。在ELT架构中，ELT只负责提供图形化的界面来设计业务规则，数据的整个加工过程都在目标和源端的数据库之间流动，ELT协调相关的数据库系统（data base system，DBS）来执行相关的应用，数据加工过程既可以在源数据库端执行，也可以在目标数据仓库端执行。当ETL过程需要提高效率时，可以对相关数据库进行调优，或者改变执行加工的服务器，一般数据库厂商会力推该种架构。表2-2是两种架构模式的优点比较。

表 2-2 ETL 架构和 ELT 架构优点比较

ETL	ELT
可以分担数据库系统的负载	通过数据库引擎来实现系统的可扩展性
相对于 ELT 架构可以实现更为复杂的数据转化逻辑	可以保持所有的数据始终在数据库当中，避免数据的加载和导出，从而保证效率，提高系统的可监控性
采用单独的硬件服务器	可以根据数据的分布情况进行并行处理优化，并可以利用数据库的固有功能优化磁盘输入和输出
与底层的数据库数据存储无关	可扩展性取决于数据库引擎和其硬件服务器的可扩展性

图2-3展示的是商务智能体系结构，属于一个通用的基本结构，在实际应用中，不同企业有不同的需求，故其基本框架可能有别于上述基本结构，但核心内容没有大的区别。

2.3 数据集成

近几十年来，科学技术的迅速发展和信息化的大幅度推进，使得人类社会积累的信息量超过了过去5 000年的信息量总和，相应地，信息的采集、处理、存储和传播等工作量也与日俱增。如果企业或者个人可以共享这些数据资源，则可以减少数据收集、数据采集、数据处理等重复劳动和相应的费用。但在实施数据共享的过程中，不同的企业或者用户提供的数据可能来自不同的途径，从而导致数据的异构性，有时甚至可能出现数据不能转换或者转换后信息丢失的问题，严重阻碍了企业内部、企业之间数据共享的进程。因此，如何对异构数据进行有效的集成已经成为商务智能领域亟须解决的问题之一。

数据集成意欲把不同来源、格式、性质的数据在逻辑上或物理上有机地集中，从而为企业提供全面的数据共享，其前提是被集成数据必须公开表结构、表间关系、编码的含义等数据结构。对数据集成体系结构来说，关键是拥有一个包含有目标计划、源-目标映射、数据获取、数据抽取、错误恢复和安全转换的数据高速缓存器，该缓存器可以最大限度地减少直接访问后端系统和进行复杂实时集成的需求，从而使得电子商务公司可以增加更多的用户，让后端系统在有限的时间完成更加有意义的工作。图2-6为数据集成系统模型。

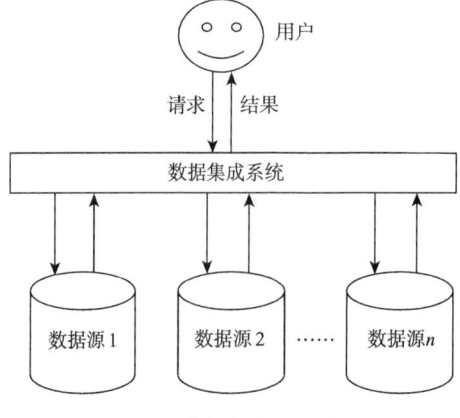

图 2-6 数据集成系统模型

2.3.1 数据集成方法

在企业数据集成领域，已经有比较成熟的框架可以利用，常用的数据集成方法包括模式集成方法、数据复制方法和综合集成方法。

模式集成方法是人们最早采用的数据集成方法，其基本思想是，在构建集成系统时将各数据源的数据视图集成为全局模式，使得用户能够按照全局模式透明地访问各数据源的数据。模式集成方法要解决两个基本问题：构建全局模式与数据源数据间的映射关系；处理用户在全局模式基础上的查询请求。联邦数据库系统（federated database system，FDBS）和中间件模式是现有的典型模式，下面对其进行简单介绍。

1. 联邦数据库系统

联邦数据库系统由半自治数据库系统组成，相互之间可以共享数据。联邦提供可相互访问的接口，联邦数据库系统可以是集中数据库系统、分布式数据库系统或其他联邦式系统。基于该种模式，又可将数据库系统分为紧耦合、松耦合两种情况，紧耦合提供统一的访问模式，一般是静态的，在增加数据源上有困难；而松耦合则不提供统一的接口，可通过统一的语言访问数据源，其核心技术需要解决所有数据源语义上的问题。

2. 中间件模式

中间件模式通过统一的全局数据模型访问异构数据库、遗留系统、Web资源等。中间件位于异构数据源系统和应用程序之间，向下可协调各数据源系统，向上可为访问集成数据的应用提供统一数据模式和数据访问的通用接口。中间件模式是目前比较流行的数据集成方法，它通过在中间层提供一个统一的数据逻辑视图来隐藏底层的数据细节，使得用户可以把集成数据源看成一个统一的整体。这种模式下的关键问题是如何构造这个逻辑视图并使得不同数据源之间能映射到这个中间层。图2-7为基于中间件的数据集成模型。

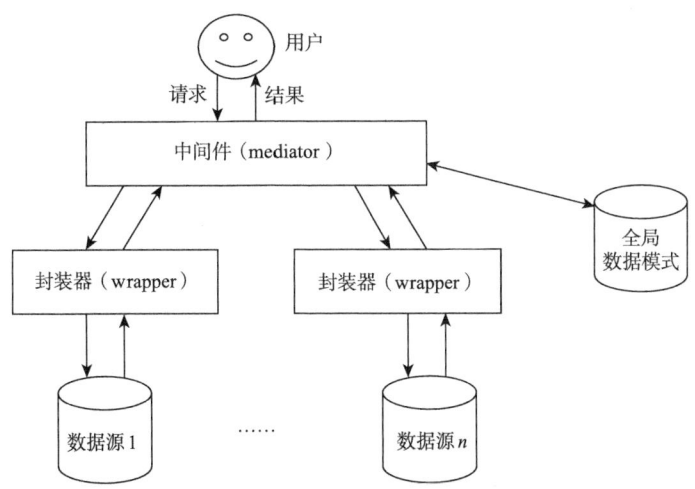

图2-7　基于中间件的数据集成模型

数据复制是将各个数据源的数据复制到与其相关的其他数据源上，并维护数据源整体上的数据一致性，提高信息共享利用的效率。数据复制可以是整个数据源的复制，也可以是仅对变化数据的传播与复制。数据复制方法可以减少当用户使用数据集成系统时对异构数据源的数据访问量，从而提高数据集成系统的应用。常见的数据复制方法为数据仓库方法，该方法将各个数据源的数据复制到同一处——数据仓库，用户则像访问普通数据库一样直接访问数据仓库。数据仓库方法是在企业管理和决策中面向主题的、集成的、与时间相关的和不可修改的数据集合。该模式中数据被归类为广义的、功能上独立的、没有重叠的主题。数据仓库方法主要是针对企业某个应用领域而提出的一种数据集成方法，应用于面向主题并为企业提供数据挖掘和决策支持的系统。

模式集成方法和数据复制方法各有优缺点和适用的范围。模式集成方法为用户提供了全局数据视图及统一的访问接口，透明度高，但该方法并没有实现数据源间的数据交互，用户使用时经常需要访问多个数据源，因此该方法要求系统有很好的网络性能；数据复制方法在用户使用某个数据源之前，将用户可能用到的其他数据源的数据预先复制过来，用户使用时仅需要访问某个数据源或者少量几个数据源，这会大幅度提高系统处理用户请求的效率。但是，数据复制方法通常存在延时，当使用该方法时，很难保证数据源之间数据的实时一致性。表2-3展示了两种数据集成方法的比较。

表2-3　两种数据集成方法的比较

集成方法	优点	缺点
模式集成方法	实时一致性好 透明度高	执行效率低 网络依赖性强 算法复杂
数据复制方法	执行效率高 网络依赖性弱	实时一致性差

实际应用中，为了突破两种方法的局限性，人们通常把两种方法混合在一起使用，即综合集成方法。综合集成方法通常致力于提高基于中间件系统的性能，该方法仍有虚拟的数据模式视图供用户使用，同时能够对数据源间常用的数据进行复制。

2.3.2　数据集成的作用

随着电子商务的发展，商务智能领域对数据集成的需求越来越大。数据集成的出现使得企业能够将后端的ERP信息迁移到Internet上，即提供了在企业主计算机上存储后端信息的一幅镜像。例如，当一个电商客户要查询某项订单的状态时，这项查询会被转移到数据集成软件而非电商企业主计算机。数据集成软件具备足够的智能，知道何时与主计算机保持同步以便数据的不断更新，从而更有效地完成各种决策问题。

对企业而言，数据集成平台可以减少企业部署、维护和管理需要的时间和资源。易用的、基于角色的工具和可复用的开发资产库可提高工作效率、降低部署时间；规范化的方法可消除差异，使得结果更加准确；高扩展性和简便的管理可简化维护与升级。信息化的高速发展使得企业日渐将数据管理视为业务问题，而不仅仅是网络技术方面的考虑，将多个工具、技能集合的复杂度降至最低对工作效率的提高变得尤为关键。许多网络相关的企业尝试处理多个数据集成项目，然而，对于每个项目所采用的方法仍然建立在"特殊"的基础上。数据集成平台通过提高工作效率，可以帮企业更为有效地运营，不必在每个项目上做重复工作，可在所有项目中共享方法、技术和资产，如逻辑和元数据。在当前经济环境下，每项技术投资都面临着严格的审核，技术的生命周期为其主要的技术价值，数据集成平台可以使得企业继续使用遗留的系统和应用程序，避免"淘汰和更换"带来的浪费和风险。

2.3.3 数据集成的应用

下面结合实例查看数据集成平台Informatica如何帮助企业提高工作效率、最大化技术投资效益并降低成本。

Duke Energy在2006年与一个竞争对手合并，成为美国最大的电力控股公司之一，拥有分布在卡罗莱纳州、肯塔基州、俄亥俄州和印第安纳州的超过400万名客户。随着合并完成，公用事业公司紧接着需要整合广为分散的多个不同数据集合，还需要确保具有保持高效运营所必需的一致、准确和及时的业务信息。为此，Duke Energy求助于Informatica平台来整合数据、削减成本并加快上市。通过消除点对点接口并创建集成的数据管理体系结构，公司顺利完成合并。依靠Informatica平台，Duke Energy可以达到以下目的。

（1）提高运营效率。通过从公司交易系统中删除数据管理和报告的单个数据集成平台，Duke Energy可以迅速地为经理们提供各种类型数据的高级视图。在部署后的前6个月，就已经检查了31个项目，实施了8个项目。

（2）使技术投资发挥最大的效益。由于Informatica平台专为实现各种源系统的兼容性而设计，故Duke Energy可以轻松地实现数据扩展，而无须中断业务。

（3）降低成本。Duke Energy每年将从整合、集中化和缩减运营成本中节省150万美元。此外，它还有望在接下来的两年中节省额外300万美元的运营和维护费用。

以上是数据集成在电力行业的应用。电力行业属于传统行业，而电子商务是一种新兴的、处于发展过程中的现代商务方式，自1995年来得到了迅速发展，显现了巨大的现代商业价值。电子商务较传统行业，在物流、客户、订单管理上有着更细化、更高的要求，如物流过程跟踪、仓库之间合理分配库存等；客户的细分、客户特点分析；订单快速响应、订单跟踪等。但是ERP系统作为一个管理软件，对于上述细化的要求很难满足。因此ERP系统在更多的意义上是为企业的信息系统搭建一个框架，其他专业系统通过接口实现与ERP系统的集成，从而实现电商管理的目标。

那么如何实现线上商城与线下ERP集成，线下ERP与财务系统的集成，从而实现数据实时同步呢？这是现在电商平台面临的问题。下面将依据案例介绍数据集成技术在电商平台中的应用。

某电商企业主营图书、音乐、手机通信、数码、大家电、小家电等。项目针对该企业，欲依据数据集成技术，实现线上线下的整合，全方位满足消费者的不同购物体验。系统集成整体架构如图2-8所示，项目的系统集成包括两个子项目：线上商城与线下ERP的集成，线下ERP与财务系统的集成。通过将上述集成项目应用于该电商企业，实现了以下目的。

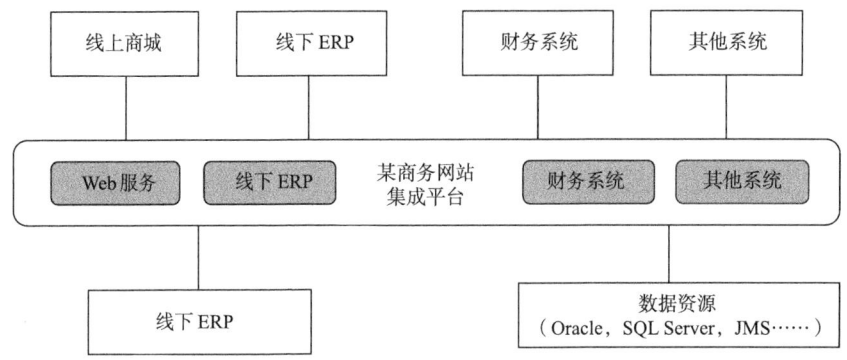

图2-8 某商务网站系统集成整体架构

（1）线上与线下数据实时同步，通过业务集成保证了线上产品、订单与线下的库存信息动态连接，保证工作人员对产品信息的实时监控与把握。

（2）扩展性强，能够满足该企业当前和未来发展的需要，并能够平滑升级。

（3）集成系统可以减少财务部门的工作量，降低人工成本，避免了人工统计的易错性。

随着商务智能的发展，系统集成技术在电商领域中的应用性越来越强，未来电商领域的系统集成将致力于解决Web服务带来的系列问题，促进商务智能的进一步发展。

【本章小结】

本章属于本书的基础知识篇，知识点比较多、比较碎，在后续章节中会对相关知识单独展开讲解。通过本章的学习，学生能对商务智能有深入的了解，掌握商务智能系统的层次划分及分层功能阐述，以及商务智能系统体系结构的基本组成，能结合实际应用案例分析商务智能系统的体系结构。

【课后思考题】

1. 商务智能为什么要进行分层描述？商务智能的分层结构包括哪几个层次？简述每层的功能。
2. 商务智能的关键技术包括什么？
3. 什么是商务智能的体系结构？结合实例，说明商务智能体系的一般结构。
4. 什么是数据集成？数据集成的意义是什么？
5. 查找过去半年的相关资料，找出商务智能的一个最新应用，并对这个应用作出分析、总结。

第 3 章　数据库与数据仓库基础

【本章导读】

第 2 章在介绍商务智能体系结构时已经指出,数据库及数据仓库是商务智能系统的关键技术之一,二者既有区别也有联系。数据库和数据仓库都可用于数据存储,从应用的角度来说,数据库系统主要用于事务处理,随着数据库技术的应用和发展,人们尝试对数据库中的数据进行再加工,形成一个综合的、面向分析的环境,以更好地支持分析决策,而这个新的技术就是数据仓库技术。本章对二者的不同进行了较为详细的介绍。针对数据库知识模块,本章从数据管理、数据模型、数据库设计三方面展开介绍;针对数据仓库知识模块,首先介绍了相关的基本知识:包括数据仓库的定义、数据集市及元数据,其次介绍了数据仓库的体系结构、建模、评价标准,最后介绍了数据仓库的管理及未来发展趋势。为了使大家对数据仓库的应用性有更加深刻的认识,本章末尾附加了一个应用案例——大陆航空公司因使用实时数据仓库而腾飞。

3.1　数据管理及其发展

数据管理是利用计算机硬件和软件技术对数据进行有效的收集、存储、处理和应用的过程。其目的在于充分有效地发挥数据的作用,实现数据有效管理的关键是数据组织。

随着计算机技术的发展,数据管理经历了人工管理、文件系统、数据库系统三个发展阶段。在数据库系统中所建立的数据结构,充分地描述了数据间的内在联系,便于数据修改、更新和扩充,同时保证了数据的独立性、可靠性、安全性和完整性,减少了数据冗余,提高了数据的共享程度及管理效率。

3.1.1　人工管理阶段

20世纪50年代中期以前的数据管理属于人工管理阶段,此时的计算机主要用于科学计算,而非数据管理。该阶段数据管理的特点主要有以下四点。

(1)数据不能长期保存。由于存储设备的容量空间有限,都是在做实验的时候暂存实验数据,做完实验就把数据结果打在纸带上或者磁带上带走,所以一般不需要将数据长期保存。

（2）数据不是由专门的应用软件来管理的，而是由使用数据的应用程序自己来管理的。作为程序员，在编写软件时既要设计程序的逻辑结构，又要设计物理结构及数据的存储方式。

（3）数据不能共享。在人工管理阶段，可以说数据是面向应用程序的，由于每一个应用程序都是独立的，一组数据只能对应一个程序，即使要使用的数据已经在其他程序中存在，但程序间的数据不能共享，因而程序与程序之间会有大量的冗余数据。

（4）数据不具有独立性，只要应用程序发生改变，数据的逻辑结构或物理结构就要相应发生变化。

3.1.2 文件系统阶段

20世纪50年代后期到20世纪60年代中期，计算机不仅用于科学计算，还应用于数据管理方面。硬件方面，已经有了磁盘、磁鼓等直接存储设备；软件方面有了操作系统，有了专门管理数据的软件，即文件系统；数据管理方式不但可以批处理，而且能够进行联机实时处理。该阶段数据管理的特点主要有以下四点。

1）数据可以长期保存

有了大容量的磁盘作为存储设备，计算机可以被用来处理大量的数据并存储数据。

2）有简单的数据管理功能

文件的逻辑结构和物理结构脱钩，程序和数据分离，使得数据和程序有了一定的独立性，减少了程序员的工作量。

3）数据共享能力差

虽然与人工管理阶段相比，文件系统阶段的数据管理有所进步，但依然无法实现不同文件间的数据共享，从而产生大量的冗余数据。

4）数据不具有独立性

文件系统阶段的数据仍然不具有独立性，当数据结构发生变化时，也必须修改应用程序，修改文件的结构定义，应用程序的改变也将改变数据的结构。

3.1.3 数据库系统阶段

20世纪60年代后期，计算机管理对象的规模越来越大，应用范围也越来越广泛，数据量急剧增长，同时多种应用、多种语言互相覆盖对共享数据集合的要求越来越强烈，数据库技术便应运而生，出现了统一管理数据的专门软件系统——数据库管理系统（database management system，DBMS），实现了整体数据的结构化，该阶段的特点包括以下三点。

1）实现了数据共享

数据可以被多个用户、多种应用、多种语言共同享用；由于数据统一组织，共同使用，故易于避免重复，减少和控制了数据冗余。

2）数据独立性高

数据的组织和存储方法与应用程序互不依赖、彼此独立，简化应用程序的设计和维护工作量。

3）统一的数据控制功能

所有数据由数据库管理系统统一管理和控制，提供了数据安全性控制、数据完整性控制和数据恢复等数据控制功能。

3.1.4 数据管理

随着信息技术及计算机网络的发展，管理信息系统将面向大规模的组织并对其提供业务支持，不但要覆盖整个组织的各类业务，而且要覆盖全国甚至全球。因此，作为管理信息系统的核心功能，数据管理已经进入一个新的阶段，即面向数据应用的数据管理。

1. 面向数据应用的数据管理的概念

数据资源管理，致力于发展处理企业数据生命周期的适当的建构、策略、实践和程序。该定义方法不同于传统数据管理的定义，针对的是企业数据全生命周期所涉及应用过程数据的管理，即针对数据变化的管理，或者说是针对描述数据的数据（元数据）的管理，称为面向数据应用的数据管理。

根据管理学理论，几个人的团队可以靠自觉、自律，几十个人就要有人管理，几百个人就要有一个团队管理，几千人或几万人就必须要依靠计算机辅助团队管理。覆盖全国的企业和机构，其整个组织通常分为总部机构、省级机构、市级机构，以及基层机构等各层级机构；在每个层级机构中还设置了直接从事相应业务的管理和职能部门与非直接从事业务的管理和职能部门（如人事、办公、后勤、审计等）；每个部门又是由若干员工为管理对象构成的。同时，还制定了一系列的制度去规范和约束机构、部门、人员等管理对象的活动、行为等。

同样，数据管理随着管理对象——数据的增加，管理的方式也会随之变化。通常的大型管理信息系统，其整个项目分为总集成、分项目、子项目，每个子项目又有若干内部项目组等管理层级；在每个管理层级中都涉及直接服务于业务的业务功能（如业务交易、账务处理、行政管理、结果展现等）和非直接服务于业务的非业务功能（如定义、配置、监控、分析、记录、调度等）；每个业务和非业务功能分别由若干个数据对象（如流程、表单、数据项、算法、元数据、日志等）构成。同时，也需要制定一系列制度、规则和标准去约束项目、功能、数据等管理对象的活动和变化。

由此可见，传统的数据管理侧重的数据对象是流程、表单、数据项、算法等直接面向具体业务需求的数据；面向数据应用的数据管理所涉及的数据对象，还增加了通过标准化的手段，描述流程、表单、数据项、算法等应用对象的数据，以及记录各类数据变化结果的档案、记录运行状态的日志等非直接面向业务的数据，以实现对各类应用业务需求的加载、变化、记录、复用等过程的管理。图3-1为面向数据应用的数据管理中数据空间的示意图。

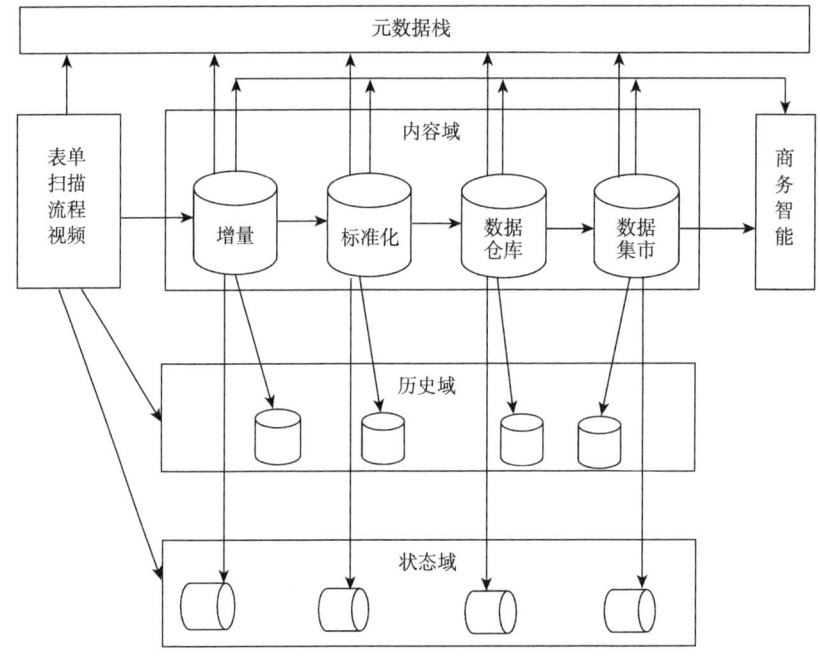

图 3-1　数据空间的示意图

2. 面向数据应用的数据管理对象

面向数据应用的数据管理对象，主要是那些描述构成应用系统构件属性的元数据，这些应用系统构件包括流程、文件、档案、数据元（项）、代码、算法（规则和脚本）、模型、指标、物理表、ETL 过程、运行状态记录等。

通常意义中的元数据是描述数据的数据（data about data），主要是描述数据属性的信息。这些信息包括数据的标识类属性，如命名、标识符、同义名、语境等；技术类属性，如数据类型、数据格式、阈值、计量单位等；管理类属性，如版本、注册机构、提交机构、状态等；关系类属性，如分类、关系、约束、规则、标准、规范、流程等。而面向数据应用的数据管理所涉及的元数据，主要是指那些描述应用系统构件属性的信息。除了传统元数据属性以外，每个不同的构件还有其特有的属性，如流程要有参与者和环节的属性、物理表要有部署的属性、ETL 要有源和目标的属性、指标要有算法和因子的属性等。

传统的元数据管理通常均在相关业务实现后，通过专门元数据管理系统的抽取功能加载元数据，这种方式由于需要在事后人工地启动加载或维护（事后补录业务属性）元数据的过程，往往很难及时获取元数据的变化，确保元数据与实际情况的一致性。在实现面向数据应用的数据管理时，应该采用主动的元数据管理模式，即遵循元模型的标准，通过人机交互过程加载元数据（本地元数据），在可能的情况下同时产生数据对象（应用系统构件）的配置或可执行脚本，如果条件不具备，也要利用人机交互所产生的元数据，作为其他相关工具产生可执行脚本的依据。每当需要变更配置或修改脚本时，也是通过这个人机交互过程实现，同步产生新的元数据，保证元数据与实际的一致性。图 3-2 展示了主动的元数据管理模式。

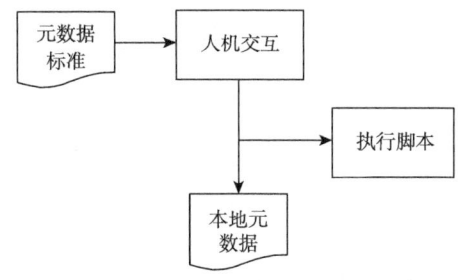

图 3-2 主动的元数据管理模式

3. 面向数据应用的数据管理意义和方法

传统应用系统往往是针对特定应用，需求是固化的，难以支持变化的管理信息系统。而对于一些新型的应用系统，业务需求的"变化"是常态的，"不变"是暂态的；面对整个组织，各部门和层级的业务"不同"是客观存在的，"统一"是逐步实现的，继而进行持续的拓展。为此，必须要有一个不仅能提供业务需求的实现，还要能够提供可支持业务需求的变化，可对这些变化进行跟踪和管理，可以支持持续优化的用户体验，以企业化生产的新型应用系统产品集合作为支撑。

传统应用系统的数据管理所关注的是数据的增值过程，其功能的实现重在关注和强调业务需求内容的加载、内容的ETL、内容的组织、内容的加工及内容的反映。这些功能都是通过编码实现的。新型应用系统的数据管理所关注的内容增加了元数据的集合、历史数据的集合和状态数据的集合，并且利用主动的元数据管理工具进行配置和加载实现的软件代码。同时，将其对应的本地元数据汇集形成元数据集合，对各种业务需求的变化实施加载，加以捕获，进行记录、跟踪，从而达到对变化的管理；将与内容和变化相关的历史记录进行标准化的封装，形成档案，实现历史资料的组织、复用和卸载等功能，达到对历史的管理；将新型应用系统的各种构件的运行状态信息进行实时捕获、记录、分析、反映，实现整个系统运行时状态的综合管理。

3.2 数据库

数据管理从文件系统到数据库系统的演变标志着数据管理技术的飞速发展。数据库技术是一种较为先进的数据管理技术，本节主要介绍数据库的有关知识。

3.2.1 数据库与数据库系统

数据库是长期存储在计算机中的、有组织的、可共享的数据集合。这种数据集合按照一定的数据模型组织、描述和存储；具有较小的数据冗余，较高的数据独立性和易扩充性，并且可以被多个用户共享。

数据库中的数据按照一定的数据模型组织存储，这与图书馆中的图书组织相类似。如果所有的图书杂乱无章地堆放在图书馆中，要想从中找出一本书是难以想象的。因此必须有一套完善的藏书模型，将图书按序按类存放在对应的书架上，这样就可以高效、快速地查找需要的图书，同时也可以合理地利用存放空间。类似地，对数据库而言，也是要按照一定的数据模型组织存储数据，才可以实现数据的快速查询，同时高效地利用存储空间。数据库和数据仓库不是同一个概念，数据仓库是在数据库技术基础上发展起来的一个新的应用领域，3.3节将对其进行详细介绍。

数据库管理系统是位于用户和操作系统之间的数据管理软件，SQL Server、Access、Oracle等都属于数据库管理系统。数据库管理系统可以提供如下功能：①数据定义功能。数据库管理系统提供了数据定义语言，可以定义数据库的结构，定义数据库的完整性约束条件和保证完整性的触发机制，等等。②数据操纵功能。数据库管理系统提供了数据操纵语言（如Transact SQL），对数据库中的数据执行插入、修改、删除、查询等基本操作。③数据库的运行控制功能。数据库管理系统统一管理、控制数据库，保证数据的安全性、完整性和系统故障后的恢复。④数据库的建立与维护功能。数据库管理系统能够完成初始数据的输入、转换，数据库的存储、恢复、性能监视和分析等任务。

数据库系统是指在计算机系统中引入数据库后的系统，包括三部分：硬件系统、软件系统和用户，图3-3展示了数据库系统的组成。其中硬件系统是数据库系统的物理支撑，包括CPU（central processing unit，中央处理器）、内存、外存及输入/输出设备等；软件系统包括系统软件和应用软件，系统软件包括操作系统和数据库管理系统，应用软件是在数据库管理系统的支持下由用户根据实际的需要开发的应用程序，数据是构成数据库的主体，是数据库系统管理的对象；用户包括三类角色：最终用户、程序员和数据库管理员（data base administrator，DBA）。

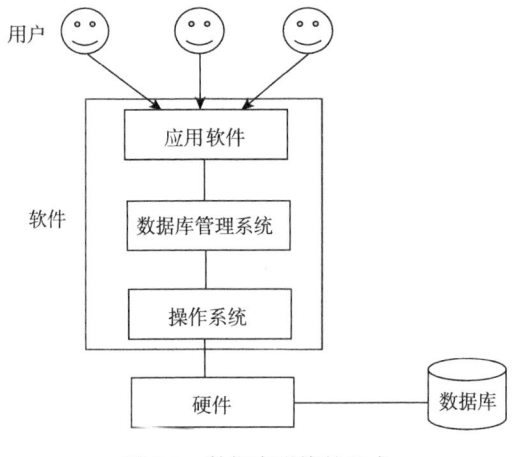

图3-3 数据库系统的组成

3.2.2 数据模型

数据库是按照一定的数据模型组织存储在一起的数据集合，数据模型是对现实世界的模拟，反映现实世界中的客观事物及事物之间的联系，数据模型是数据库的基础和核心。现实世界中的客观事物，不能直接被计算机处理，必须先转换成计算机能够处理的数据。从客观事物到计算机里的数据表示，需要经过两次抽象：第一次抽象是经过人脑，从现实世界到信息世界（概念模型）的抽象，第二次抽象是从信息世界到机器世界（数据模型）的抽象。

概念模型描述了信息世界中的实体及实体间的联系，涉及的概念有实体、属性、域、实体型、实体集、码、联系。下面对这些概念做简单介绍。

实体：客观存在的并且可相互区别的事物称为实体。

属性：实体具有的各个特性，如学生的学号、姓名、性别等。

域：属性的取值范围。

实体型：具有相同属性的实体称为同型实体，对于同型实体，可以用实体名及其属性名的集合来描述，称为实体型，如："学生（学号、姓名、性别、专业、年级）"是一个实体型。

实体集：同型实体的集合，如所有学生是一个实体集。

码：能够唯一标识实体集中每个实体的属性或者属性集。

联系：实体型内部各属性之间的联系及实体型之间的联系。两个实体型之间的联系分为三种：一对一的联系、一对多的联系和多对多的联系。

概念模型的表示方法很多，最常用的是实体-联系（entity-relationship）方法，即E-R图，该图中有如下规定：实体型用矩形表示，矩形框内写明实体名；属性用椭圆表示，椭圆内写明属性名，用无向边将属性与实体联系起来；联系用菱形表示，菱形框内写明联系名，用无向边与有关实体联系起来，同时在无向边中注明联系的类型。

概念模型仅仅是从本质上直接反映客观事物及事物之间的联系，并没有考虑在计算机上的实现，要将这种描述在计算机中表示，需要将概念模型转换为数据模型。数据模型是概念模型的数据化，它描述了数据与数据之间的联系，是现实世界的第二次抽象。数据模型有三个组成要素：数据结构、数据操作和完整性约束。不同的数据结构决定不同的数据模型。目前，已经成熟地应用于数据库技术中的数据模型有层次模型、网状模型和关系模型。

1. 层次模型

层次模型的数据结构是层次结构，采用层次结构表示事物及事物之间的联系，层次结构是树状结构，其特点如下：只有一个根结点无父结点；其他结点有且只有一个父结点。层次模型的优点是数据模型简单、层次分明、结构清晰，适合应用于客观事物中有主、次之分的结构关系，有良好的完整性支持，缺点是描述现实世界的非层次性较差。层次模型是数据库系统中出现最早的数据模型，图3-4为层次模型示例。

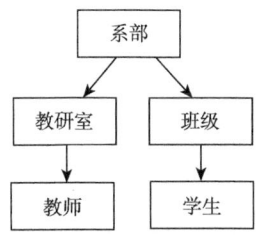

图 3-4　层次模型示例

2. 网状模型

网状模型的数据结构是网状结构，采用网状结构表示事物及事物之间的联系，其特点如下：允许多个结点无父结点；允许结点有多个父结点；允许结点之间有多重联系。网状模型的优点是描述能力强，能够更为直接地反映现实世界，存取效率较高，缺点是在概念上、结构上和使用上比较复杂，数据独立性差。图3-5为网状模型示例。

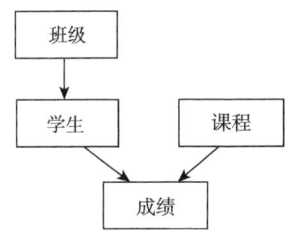

图3-5　网状模型示例

3. 关系模型

关系模型与前两种数据模型不同，它建立在严格的数据概念基础上，数据结构简单，概念单一，符合人们的思维习惯，存取路径对用户透明，具有更高的数据独立性、更好的安全保密性，缺点是查询效率不高。SQL Server就是基于关系模型的数据库管理系统。关系模型由关系数据结构、关系操作集合和关系完整性约束三部分组成。

1) 关系中的概念

从用户的角度看，关系就是一张二维表，由行和列组成。下面是关系中经常遇到的概念。

关系：一张二维表。

元组：表中的一行为一个元组。

属性：表中的一列为一个属性，属性的名字为属性名。

域：属性的取值范围为域。

分量：元组中的一个属性值。

候选码：关系中能够唯一地标识一个原则的属性或属性组，候选码也称为候选键，一个关系可以有多个候选码。

主码：如果一个关系有多个候选码，可以选择其中一个作为主码，也称为主键，一个关系有且只有一个主码，包含在主码中的属性称为主属性。

外码：如果一个属性或属性组不是所在关系的主码，但它与另一个关系的主码对应，则称其为所在关系的外码，也称为外键。

关系模式：对关系的描述，表示如下：关系名（属性名1，属性名2，……，属性名n），关系模式实际上是二维表的框架，关系模式是型，关系是它的值。

关系数据库模式：一组关系模式的集合。

2) 关系的性质

关系具有如下性质：关系中的任一属性必须是最细粒度的，不可再分，也就是不允许在二维表中出现表中套表的现象；同一属性的各个值属于同类型的数据，来自同一个域；不同属性的值可以来自同一个域，不同的属性应该起不同的属性名；各属性的排列顺序可以任意交换；各元组的顺序可以任意调换；一个关系中任意一个元组不能完全相同，即一个关系中不能出现重复元组。

3）关系中的运算

常用的关系运算包括选择、投影和连接。下面从关系代数的角度简单介绍这三种关系运算。

选择运算：选择是从指定的关系中选取满足给定条件的若干元组组成的一个新的关系，可表示为 $\sigma_F(R)$，其中 R 是关系名；F 是一个逻辑表达式，表示选择条件。例如，从客户信息表中查询所有女性客户的信息，可表示为 $\sigma_{性别="女"}(客户信息表)$。选择运算是针对元组的运算，该运算从水平方向抽取数据，从行的角度得到新的关系，新关系的关系模式不变，新的元组是原元组的一个子集。

投影运算：投影是从指定的关系中选取指定的若干属性组成的一个新关系，可表示为 $\pi_A(R)$，其中 R 为关系名；A 是 R 中被投影的属性列。例如，从客户信息表中查询客户姓名和职业，则可表示为 $\pi_{姓名,职业}(客户信息表)$。投影运算是针对属性的运算，该运算从垂直方向抽取数据，对关系中的属性进行选择或者重组得到新的关系。经过投影运算后，属性减少了，元组也可能减少，因为取消某些属性列后，就有可能出现重复元组，按照关系的定义应去掉重复元组，新关系和原关系是不同类的关系。

连接运算：连接运算的对象是两个关系，是从两个关系中选取属性满足给定条件的元组连接在一起组成一个新的关系，可表示为 $(R \otimes S)_{A\theta B}$，其中 R 和 S 是两个关系的关系名；A 是 R 中的属性；B 是 S 中的属性；θ 代表比较运算符（>、≥、<、≤、=、≠）；$A\theta B$ 是一个逻辑表达式，表示给定的条件。当比较运算符 θ 为 "="，且进行连接运算的两个关系 A 和 B 相同时称为自然连接，此时记作：$R \otimes S$。自然连接所得的关系中，保持了原来两个关系中所有属性，且原来两个关系中用于比较的相同属性只出现一次。

4）关系的完整性

关系的完整性是定义在关系上的一组约束条件，用于保证数据的正确性、有效性和一致性。关系的完整性包括四种：实体完整性、域的完整性、参照完整性和用户定义完整性。

实体完整性：关系中的主属性值（主码）不能取空值。实体完整性规则保证了关系中的每一个原则都是可识别的，这与现实世界中的实体是可区分的客观事实一致，实体完整性规则是关系模型必须满足的完整性约束条件。

域的完整性：域的完整性规则要求关系中的属性值必须具有正确的数据类型、格式及有效的范围，保证输入值的有效性，如客户的年龄不能是负数等。该完整性规则是关系模型必须满足的完整性约束条件。

参照完整性：如果关系 R 的外码 F 与关系 S 的主码对应，那么在关系 R 中 F 的每个值必须要么等于关系 S 中某个原则的主码的值，要么取空值。参照完整性规则要求不能引用不存在的元组，该规则是关系模型必须满足的完整性约束条件。

用户定义完整性：该规则是针对应用环境的要求和实际应用，针对具体的应用提出的约束条件，这些约束条件不是关系模型自身所要求的，而是具体应用所要求的。这种约束规则由用户定义，不是关系模型必须满足的完整性约束条件。

3.2.3 数据库设计

一般情况下，数据库设计包括概念设计、逻辑设计和物理设计三部分。下面围绕这三部分介绍数据库设计的相关知识。

1. 数据库的概念设计

数据库的概念模型表示实体及实体间的相互联系，概念模型的设计致力于构造数据及数据元的关系，在概念设计阶段不考虑数据库的实现与操作。概念设计包括数据分析和规范化处理两部分。数据收集比较费时，需要管理部门多方面配合。首先，DBA应利用数据调查表等工具从各级管理部门获得需要的数据，一般情况下，调查表应包括以下数据：数据实体名称、数据元名称、描述、特征、来源和敏感性、数据的价值、元素及实体间的关系。在完成调查的同时，DBA还应审查数据在企业中的归档、行政管理和数据处理的流程。完成数据收集后，DBA需要分析运用调查表获得的数据，并建立数据资源库，建立实体和元素的数据映像，以表示功能和实体、接收和使用功能、功能的实体和元素。图3-6为DBA建立的实体和元素的数据映像。

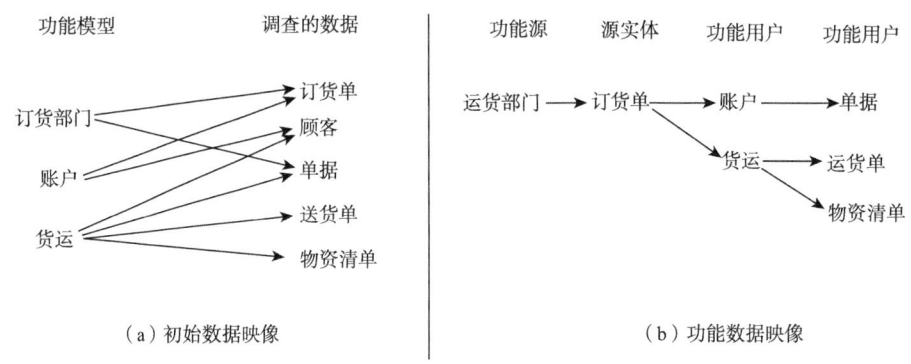

图 3-6　DBA 建立的实体和元素的数据映像

图3-6虽然简单，但是其展示了基本的数据收集、分析流程，包括数据收集步骤产生的初始数据映像（a）和由源端到终端用户建立的功能数据映像（b）。在构造数据映像时，DBA可能会遇到不一致、错误和疏忽等问题，可采用数据字典解决此类问题。除常规信息外，DBA的另一个重要任务是收集数据库未来可能需要的数据信息，此类信息不但对数据库的概念设计和逻辑设计是必要的，而且对数据库的物理设计也会有影响。

数据规范化过程即把收集、分析的数据元表示成实体及其关系表的过程。进行规范化处理的目的是保证数据库概念模型的实现。规范化的第一步是将数据项变为二维表，这一步需要消除重复的数据项的值，以便得到一致的文件，这样得到的表称为第一范式。规范化的第二步是说明关键字,并把它们与数据项联系起来。在第一范式中,表的整个行与所有的关键字项目都有关系。第二规范的目的是试图说明数据项与全体关键字中的某一部分有关系。如果数据项只依赖于部分关键字,则关键字与部分关键字相连的项目就移入独立记录的候选者,并把第一种规范表分解为一系列表,称为第二范式。第三步是有一部分数据项只与关键字有关,其中可能独立的部分从第二范式关系中分离出来,称为第三范式。规范化过程实际上是把数据元组合成一组关系的一种方法。

2. 数据库的逻辑设计

逻辑设计的目的在于设计一个反映现实世界的概念模型,对此,国内外的数据专家及用户进行了大量的研究工作,以寻求一个比较通用和有效的方法,使数据库的逻辑设计过程符合人们的一般思维,便于工程化,逐步进行设计。分步法把逻辑设计过程分为三个阶段:第一阶段是收集和分析用户需求,包括分析用户需求、确定系统边界和分析系统内部结构;第二阶段用E-R方法建立概念性的数据模型,首先建立局部的E-R模型,其次将局部E-R模型综合成总体E-R模型;第三阶段是数据库模式的设计,首先将总体E-R模型转换成模式,其次对模式进行优化。

3. 数据库的物理设计

数据库物理设计的目的是利用现有的物理存储设备有效地存储数据,使得数据库的逻辑结构在实际的物理设备上得以实现,建立一个性能好的存储数据库。在进行数据库的物理设计时,应考虑存储空间的分配、数据的存储表示、存储结构的选择三个方面。对于存储空间的分配,需要考虑两个原则:一是存取频率高的数据应存储在快速设备上;二是相互依赖性强的数据尽可能存储在同一台设备上,且尽量安排在邻近的存储空间。在数据的存储表示方面,数据分为数值数据和非数值数据两种:数值数据可以用十进制形式、字符形式或二进制形式表示和存储,它们各自占有的空间大小是不同的,运算能力也不相同。因此,应当根据数据应用的一般情况来选择存储形式;非数值数据一般用字符串表示和存储,为了节省空间,可以利用压缩技术,但必须有软件支持。存储结构的选择也属于数据库的物理设计,这与数据应用有密切的关系,应当确定记录的存取是用顺序方法,还是用索引方法或直接方法;实现关系是用位置毗邻法,还是用指针链法,如果是后者,还应指出用什么样的指针或者指针的组合。存储结构的选择原则是要尽量保证整个系统较高的效率和较好的性能。

3.3 数据仓库

3.3.1 从数据库到数据仓库

当前商业、企业管理的数据处理大致可以分成两类:操作型处理和分析型处理。操作型处理也叫事务处理,一般是针对非常具体的业务,是对数据库联机的日常操作,通常是对一个或一组记录的查询和修改,主要是为特定的应用服务的,人们关心的是响应的时间、数据的安全性和完整性。分析型处理一般是针对某个主题,在时间段上有比较长的延伸，它操作的数据是大量的数据甚至是海量数据，这些数据是操作型数据的积累和遴选，主要面向决策支持。

数据库系统主要用于事务处理，经过几十年的发展，传统数据库中已经保存了大量的业务数据。随着技术的进步，人们试图让计算机担任更多的工作，数据库技术也一直致力于从事事务处理、批处理、分析处理等各种类型的处理任务。但是，人们逐渐认识到这是不现实的，事务处理和分析处理具有不同的性质，直接用事务处理环境来支持决策是不行的。

事务处理环境不适用于决策应用的原因如下：①在事务处理环境中，用户一般是具体的工作人员，他们的行为主要是数据的存取操作，不知道信息对决策的用处、操作的频率，而且每次操作处理的时间较短；在分析处理环境中，用户是企业的高级管理人员，是信息的探索者，他们的主要目的是将数据抽象为信息，以便决策，其行为模式与传统事务处理环境完全不同。②决策支持需要集成的、即时更新的、历史的、综合的数据。全面、正确的数据是有效分析和决策的首要前提，相关数据收集得越完整，得到的分析结果就越可靠。当前，绝大多数企业数据的真正状况是非集成的，在事务处理环境中，部分历史记录甚至被搁置，造成资源的浪费。

综上所述，随着数据库技术的应用和发展，人们尝试对数据库中的数据进行再加工，形成一个综合的、面向分析的环境，以更好地支持分析决策，而这个新的技术就是数据仓库技术。如果说传统的联机事务处理强调的是更新数据库，那么数据仓库针对的OLAP强调的则是从数据库中获取信息、利用信息。著名的数据仓库专家Ralph Kimball写道："我们用20多年的时间将数据放入数据库中，如今是该将它们拿出来的时候了。"数据仓库和传统数据库的区别主要包括以下几点。

1. 事务处理和分析处理的性能不同

上面已经提到，在事务处理中，用户操作数据的特点是数据的存取操作次数多且每次处理操作的时间短。因此，数据库系统可以允许多个用户按照分时的方式使用数据资源，同时保持较短的处理时间。在分析处理中，用户数据操作方式与此完全不同，分析处理的应用程序可能需要连续工作几个小时且要消耗大量的系统资源。

2. 数据集成问题

分析处理需要综合的数据，全面而正确的综合数据是有效分析和正确决策的必要前提，完整的数据收集是得到可靠结果的前提。而事务处理的需求在于自动化地处理业务，满足这种需求只需要相关的当前数据就可以，而对整个数据范围内的综合应用考虑得较少。对于需要综合数据的系统应用，必须由应用程序自己将纷杂的数据进行集成、综合。数据库系统对数据集成的迫切需要是数据仓库作出准确决策、分析的前提。对于数据集成的相关知识，本书在第2章已经进行了详细讲解。

3. 历史数据问题

在数据库的事务处理过程中一般需要的是短期存储的数据，而数据仓库的决策、分析过程需要的是大量的历史数据，所以数据库技术的关键技术是解决短期数据的及时快速处理问题以满足用户的需求,而数据仓库则是对大量的历史数据进行存储、分析得到综合数据以供决策、分析使用。

4. 数据的综合问题

在数据库的事务处理过程中积累了大量的细节数据,在决策、分析时,需要对细节数据进行不同程度的综合。数据库的事务处理系统不具备这种综合能力,根据范式的规范化理论,这种综合被认为是一种冗余而加以限制。

综上所述,数据仓库是面向分析处理的,数据库是面向事务处理的。数据仓库的数据是基本不变的,而数据库的数据是由日常的业务产生的,是经常更新的。数据仓库中的数据一般是由数据库中的数据经过一定的规则转换得到的。数据仓库一般用于分析海量的数据。但是,数据仓库的出现,并不是取代传统的数据库,目前大部分数据仓库还是用关系数据库管理系统来管理的,传统数据库和数据仓库相辅相成、各有千秋。

3.3.2 数据仓库的定义及特点

目前,大家公认的数据仓库的定义为数据仓库创始人Inmon在其专著《建立数据仓库》中给出的定义:数据仓库是面向主题的、集成的、稳定的、不同时间的数据集合,用于支持经营者管理中的决策制定过程。

数据仓库中的面向主题与传统数据库中的面向应用相对应。主题是在一个较高层次将数据归类的标准,每个主题对应一个宏观的分析领域;数据仓库的集成特性是指数据进入数据仓库之前,必须进行数据加工和集成,这是建立数据仓库的关键步骤,首先要统一原始数据中的矛盾之处,还要将原始数据的结构做一个从面向应用到面向主题的转变;数据仓库的稳定性是指数据仓库反映的是历史数据的内容,而不是日常事务处理产生的数据,数据经过加工和集成进入数据仓库后很少进行修改或者根本不进行修改;数据仓库是不同时间的数据的集合,它要求数据仓库中的数据保存时限能满足进行决策分析的需要,而且数据仓库中的数据都要标明该数据的历史时期。

除上述内容外,数据仓库最根本的特点是物理的存储数据,而且这些数据并不是最新的、专有的,而是来源于其他数据库。它建立在一个较全面和完善的信息应用的基础上,用于支持高层的决策分析。数据仓库不是现成的软件或者硬件产品,确切地说,数据仓库是一种解决方案,是对原始的操作数据进行各种处理并转换成有用信息的处理过程,用户可以通过分析这些数据,作出策略性的决策。因此,很多场合也把数据仓库系统称为决策支持系统。由于这个原因,数据仓库的用户不是类似于银行柜员的终端操作人员,而是各个业务部门的用户和有关决策人员。

3.3.3 数据集市与元数据

数据集市也是当前非常重要的一个术语,一种比较常见的误解是认为它与数据仓库的差别只是数据量的大小而已。事实上,数据仓库是企业级的,能为整个企业各个部门的运行提供决策支持手段;而数据集市是部门级的,一般只能为某个部门范围内的管理人员服务，有些供应商将数据集市称为部门级数据仓库。第2章已经对数据集市做过简单介绍。

数据集市有两种：从属数据集市和独立数据集市。从属是指它的数据直接来自于中央数据仓库，这种结构仍能保证数据的一致性。一般情况下，为那些访问数据仓库十分频繁的关键业务部门建立从属数据集市，这样可以很好地提高查询的反应速度。另外一个原因是，在设计数据仓库的逻辑模型时，为了保证结构清晰、降低数据冗余，一般按照第三范式来设计，但在物理实现时，出于性能方面的考虑，常常要做非规范化处理，使得中央数据库的复杂性增加，不易维护，数据冗余大。因此，当中央数据仓库非常庞大时，一般不对中央数据仓库做非规范化处理，而是建立一个从属数据集市，对它做非规范化数据处理，这样既能提高响应速度，又能保证整个系统的易维护性，代价是增加了对数据集市的投资。许多企业在计划实施数据仓库时，往往出于投资方面的考虑，要建成独立数据集市，用于解决个别部门比较迫切的决策问题。从这个意义上讲，它和企业数据仓库除了在数据量大小和服务对象上有所区别外，逻辑结构并没有差别，也许这是把数据集市称为部门级数据仓库的主要原因。

元数据也是数据仓库中经常提到的一个术语。按照传统的定义，元数据是关于数据的数据。在数据仓库系统中，元数据可以帮助数据仓库管理员、数据仓库的开发人员和最终用户非常方便地找到他们所关心的数据。元数据是描述数据仓库内数据的结构和建立方法的数据，可将其按照用途的不同分为技术元数据和业务元数据。技术元数据是存储关于数据仓库系统技术细节的数据，适用于开发和管理数据仓库使用的数据，主要包括以下信息：数据仓库的结构描述、业务系统，数据仓库和数据集市的体系结构和模式、汇总算法，由操作环境到数据仓库环境的映射。业务元数据是从业务角度描述数据仓库中的数据，它提供介于使用者和实际系统之间的语义层，使得不懂计算机技术的业务人员也能够读懂数据仓库中的数据。业务元数据主要包括以下信息：使用者的业务术语所表达的数据模型、对象名和属性名，访问数据的原则和数据的来源，系统所提供的分析方法及公式和报表信息，等等。

元数据在数据仓库的实现过程中起到了承上启下的作用，具体作用：①元数据是企业智能化建设的DNA。在企业中，数据是无所不在的，数据是企业信息化建设的血脉，而元数据则是企业血脉中的DNA，是保持企业信息化良性发展的重要组成部分。优质的DNA才能造就优质的企业智能信息化系统。②企业元数据标准有助于企业数据和系统的集成。③状态元数据有利于提高企业运营效率、规避错误及风险。④元数据定义的语义层可以帮助用户理解数据仓库中的数据。数据仓库的使用人员不可能像数据仓库系统管理员或开发人员那样熟悉数据库技术，因此迫切需要一个"翻译"，能够使他们清晰地理解数据仓库中数据的含义。元数据可以实现业务模型到数据模型之间的映射，可以把数据以用户需要的方式翻译出来，从而帮助用户理解和使用数据。⑤元数据是保证数据质量的关键。数据仓库或者数据集市建成之后，使用者常常会对数据产生怀疑，这些怀疑常常是由于底层的数据对于用户来说是不透明的。借助元数据管理系统，使用者可以对数据的来龙去脉及数据抽取和转换的规则有所了解，增强他们对数据使用的信心。⑥元数据可以支持需求变化。成功的元数据管理系统可以把整个业务的工作流、数据流和信息流有效地管理起来,使得系统不依赖特定的开发人员,提高系统的可扩展性。

元数据管理是数据中心信息资源标准管理,尤其是数据元标准管理的子系统。通过该系统来规范管理数据资源的定义、命名、分类等。同时,元数据管理系统也将帮助我们从技术的角度梳理所有的信息系统,了解所有数据资源的产生、存储、转换和同步等相关活动,帮助我们了解数据的来龙去脉。元数据管理功能包括元模型管理、元数据的维护及查询、元数据批量下载、元数据自动获取、元数据的分析及应用、元数据版本管理及元数据的同步检查等。

3.3.4 数据仓库的体系结构

由于数据库和数据仓库应用的出发点不同,数据仓库独立于业务数据库系统,但又同业务数据库系统有较大的关系。与数据库相比,数据仓库不是简单地仅对数据进行存储,而是对数据进行分析及再组织。数据仓库的体系结构包括三个独立的数据层次:信息获取层、信息存储层和信息传递层。其中信息获取层主要负责数据的收集、提取、净化和聚合,以及从外部相关数据源和业务处理系统中获取数据;信息存储层是一个保存数据的区域,存储的信息是在信息传递层中可以得到的信息;信息传递层通过生成的报表和查询来提供数据需求,该层是最终用户与数据仓库交流的层次,也是数据仓库与用户的接触点。如图3-7所示,数据仓库体系结构中的信息获取层对应数据仓库系统中的元数据部分和数据准备,信息存储层对应数据仓库系统中的数据存储部分,信息传递层实现用户和数据仓库的对接。下面对每个部分展开介绍。

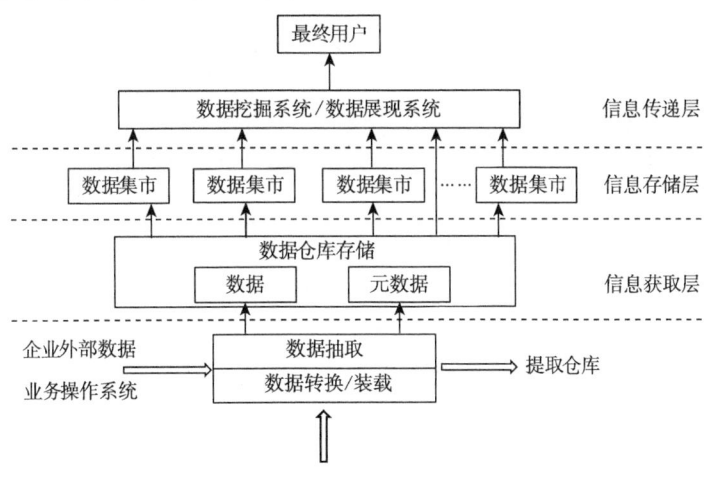

图 3-7 数据仓库体系结构

1. 元数据部分

元数据部分是数据仓库系统的基础,是整个系统的数据来源,数据仓库中的元数据包括生产数据、内部数据、存档数据和外部数据四种类别。生产数据来自企业的各种操作系统,数据仓库需要从这些不同的操作系统中选择数据。来自垂直应用程序的大量数据可能会使用不同的数据格式,并且被存储在不同的平台上,此外,支持这些数据的数据库系统和操作系统也不尽相同。因此，数据库系统需要把来自不同生产系统的数据进行标准化，将其转换、整合成数据仓库可以存储、使用的数据。每一个组织中的用户都有属于自己的电子表格、文档、客户信息等，这些数据称为内部数据，部分内部数据对数据仓库是有用的，不能忽略这些属于私人资料的内部数据，数据仓库可根据一定的决策方案确定需要哪些，需要多少内部数据。不可否认，内部数据的存在增加了数据转换、整合的复杂度。在每一个操作系统中，都要定期将旧数据进行存档，这些数据称为存档数据。目前，对于旧数据的存档有多种不同的方法，有些方法采用分阶段存档：第一阶段新的数据通过在线的方式存档到一个单独的存档数据库中，第二阶段将旧一点的数据存入磁盘上的平面文件中，第三个阶段将最旧的数据存入磁带或胶片等，甚至不再在线提供。存档数据属于历史数据，这些数据可以帮助商家识别顾客的消费模式和进行趋势分析。外部数据是决策时的主要数据来源，利用本行业的统计数据、竞争者的市场占有率数据、财政指标的标准值等分析自己的现状、制定未来的规划。外部数据在数据仓库系统中的作用是内部数据无法取代的，与外部数据相比，企业内部的生产数据和存档数据有一定的局限性。要了解行业的发展趋势及企业与竞争对手的比较，需要依据外部数据进行分析研究。

2. 数据准备

从不同数据源得到的数据需要修改和转换，并按照适合查询和分析的格式将数据存储到数据仓库中。数据准备部分包括三个工作程序：数据抽取、转换和装载。数据抽取工作是针对多个数据源的，对不同的数据源采用合适的数据抽取技术。市场上有很多数据抽取工具，进行数据抽取时可以选择现有的工具也可以自己开发程序。一般情况下，数据仓库实施人员会将数据源抽取到一个独立的物理环境中，在这个环境中，可以将数据存放在文件、关系数据库或者二者的结合体中。

数据仓库中的数据来自许多不同的数据源，数据转换是非常重要的工作。数据转换包括组合从不同数据源提取的数据，包括组合从一个源记录中提取的数据或者是组合多个源记录中的不同数据。数据转换包括数据清洗和数据标准化，数据清洗的过程可能是更正错误的拼写，检查多个数据源之间编码或者压缩格式的矛盾，或者补充遗失数据的默认值，等等。数据标准化不仅包括对数据类型的标准化，还包括对来自不同数据源的相同数据元素的长度进行标准化，此外，还有解决异形同义和同音异义的语义标准化问题。当数据转换工作结束后，就可以得到经过清洗、标准化和汇总后的完整数据，此时可将数据装载到数据库中。

数据仓库设计和建设完成后，需要将数据装载到数据仓库中，当数据仓库开始工作后，需要继续提取元数据的变动，将这些变动的数据按照数据仓库的要求进行转换后，存入正在工作的数据仓库中，将数据从准备区存入数据仓库需要大量的时间来完成。

3. 数据存储

数据仓库中的数据存储是一个独立的部分，涉及数据仓库、元数据和数据集市。数据仓库是整个数据仓库系统的核心，是数据存放的地方并且对数据进行检索和主题分析，等等。操作型系统的数据存储库通常只包含当前的数据，这些数据使用适合快速和高效处理的数据格式进行存储。在数据仓库存储库中，需要存储进行分析时使用的大量历史数据，所以必须使得数据仓库中的数据的结构和格式适合分析工作，而不是快速检索。因此，数据仓库中的数据存储和操作型系统的数据存储是分离的。数据仓库中的数据是只读的、开放的，根据需要的不同，数据仓库可以使用不同商家提供的工具。

为了满足特定的应用目的或者应用范围，从数据仓库中独立出一部分数据，这部分数据称为数据集市，也称为部门数据或者主题数据。在数据仓库的实施过程中，可以从一个部门的数据集市着手，后期将几个数据集市合在一起组成一个完整的数据仓库。在实施不同的数据集市时，同一含义的字段定义一定要相同，避免在数据仓库实施过程中产生不必要的麻烦。

元数据可认为是"关于数据的数据"，传统数据库中的数据字典就是一种典型的元数据。数据仓库中的元数据比数据字典更丰富、更复杂。元数据作为数据的数据，可对数据仓库中的各种数据进行详细的描述和说明，可用于说明每个数据的上下文关系，使每个数据具有符合现实的真实含义，使用户了解这些数据之间的关系。

4. 信息传递

为了向数据仓库使用者提供信息，信息传递部分提供了多种传递方式：为新手和临时使用者提供报表和特别查询，为商业分析专业人员和高级用户提供复杂查询、多维分析和统计分析等功能，将数据导入执行信息系统供高级经理和管理者使用。在数据仓库中，包括若干信息传递机制，一般来说，可以通过E-mail定期发送报表，或者可以使用企业网或互联网传递信息。在信息传递部分需要相关的前端工具，主要包括各种报表工具、查询工具、数据分析工具、数据挖掘工具及各种基于数据仓库或数据集市的应用开发工具等。

3.3.5 数据仓库的建模及评价标准

模型是对现实事物的反映和抽象，数据仓库的建模在业务需求分析之后，是数据仓库构造工作正式开始的第一步，是数据仓库系统成功与否的关键因素之一。数据仓库的建模工作包括业务建模、概念建模、逻辑建模和物理建模，其中业务建模实现具体的业务划分，在概念和逻辑上建立数据模型的目的是确定如何组织数据及数据之间的相互关系，以满足业务应用的需求。作为建立模型的初始阶段，概念模型和逻辑模型主要描述与业务有关的重要实体及实体之间的关系，这点和数据库中的关系模型类似。物理建模采用物理约束，对数据的空间、性能及物理分布作出规定，该阶段的主要目的是设计模型的物理实现。逻辑建模解决"什么"一类的问题，物理建模解决"如何"一类的问题。一旦实现了数据仓库，且客户开始使用它，在使用过程中就会产生新的请求和需求，这将启动另一个开发周期，继续数据仓库的构建和迭代过程。逻辑数据模型是数据仓库的活动部分，在数据仓库的整个生命周期被使用和维护，数据仓库的建模过程是循环、反复进行的。以社保行业为例，围绕四个步骤的建模展开介绍。

1. 业务建模阶段

业务建模阶段，基本上可以确定数据仓库建设的目标、采用的建设方法及长远规划等。如图3-8所示，针对社保行业，图中将整个业务划分成养老、失业、工伤、生育、医疗、劳动力市场几个大的模块，然后根据这些大的模块，在每个业务主线内，考虑其具体包括的业务。

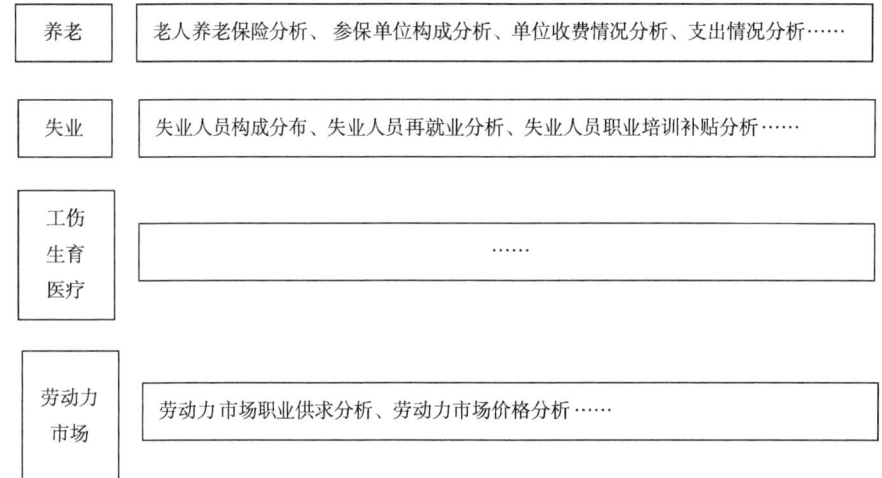

图 3-8　业务建模阶段

业务建模阶段实际上是和业务人员梳理业务的过程，在这个过程中，不仅能帮助技术人员更好地理解业务，还可以及时地发现业务流程中一些不合理的环节，并对其进行改进。业务建模阶段的另一个重要工作就是确定数据建模的范围，如在某些数据准备不充分的业务模块内，可以考虑先不建设相应的数据模型，等条件充分成熟的时候再考虑数据建模的问题。

2. 概念建模阶段

概念建模是数据建模的一个重要阶段，由于在业务建模阶段已经处理好相应的业务范围及业务流程，概念建模阶段的主要工作就是进行概念的抽象（图3-9）。

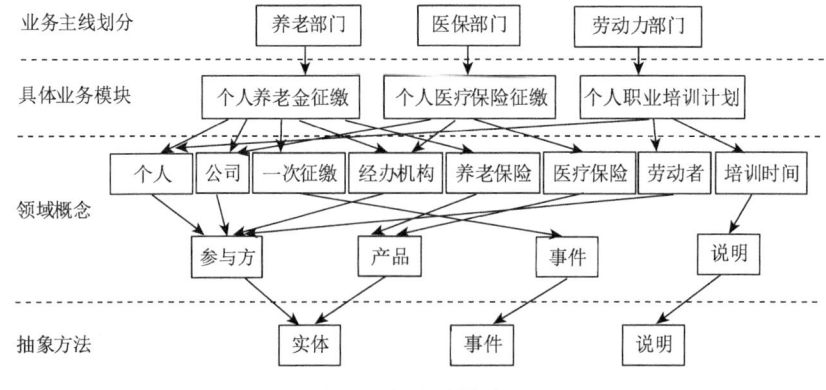

图 3-9　概念建模阶段

从图3-9可以看出，概念建模就是运用了实体建模法，从繁杂的业务表象中抽象出实体、事件、说明等，找出实体间的相互关联性，保证了数据仓库中数据的一致性和关联性。通过概念建模，数据仓库的模型已经被抽象成一个个实体，模型框架已经搭建完毕，后面的工作就是给这些框架注入有效的肌体。

3. 逻辑建模阶段

通过概念建模后，虽然模型的框架已经完成，但是还有许多细致的工作需要完成，这个阶段的主要工作包括：①实例化每一个抽象的实体。以图3-9为例，建完概念模型之后，需要对个人、公司等这些实体进行实例化，需要考虑个人的属性，如人的年龄、性别、受教育程度等。②找出抽象实体间的联系，并将其实例化，即"事件"这个抽象实体的实例化，如对于养老金征缴这个事件要考虑的属性，如征缴的金额、时间、年限等。③找出抽象事件之间的关系，并对其加以说明，这里主要是针对"事件"进行完善的说明。

总之，在逻辑建模阶段，我们主要考虑的是抽象实体的细致属性。通过逻辑建模，我们才能将整个概念模型完整地串联成一个有机的整体，才可以完整地表达出业务之间的关联性。

4. 物理建模阶段

物理建模是整个数据建模的最后一个过程，这个过程其实是实现前面的逻辑数据模型。考虑到数据仓库平台的不同，数据模型的物理建模过程可能会稍有不同，这个阶段的主要工作包括：生成创建表的脚本，不同数据仓库平台可能生成不同的脚本；针对不同的数据仓库平台，进行相应的优化工作；针对数据集市的需要，按照维度建模的方法，生成事实表、维表等；针对数据仓库的ETL和元数据管理的需要，生成数据仓库的维护表，如日志表等。

经过物理建模阶段后，整个数据仓库的建模全部完成，后期可依据行业的需要设计数据仓库的建模原则。

1）满足不同用户的需求

数据仓库应该支持企业的各种业务，如对电商行业应考虑客户管理、产品管理、物理管理等不同业务。同一个企业的不同部门对信息的需求各不相同，不同层次的组织所关心的信息也不尽相同，数据仓库在建模初期，应作出详细的调研，使其能满足不同用户的不同需求。

2）兼顾效率和数据粒度的需要

数据粒度和查询效率是互为矛盾的，细小的数据粒度可以保证信息访问的灵活性，更好地满足不同用户的具体要求，但同时会降低查询效率。数据建模时应对二者进行有效折中，优秀的数据建模既可以提供详细的数据又能保持良好的查询效率。

3）支持需求的变化

数据模型应能动态地适应用户需求的变化，随着市场的变化，用户的需求变化可能会日趋频繁，好的模型应能随着需求的变化而作出调整。

4）避免对业务营运系统造成影响

数据仓库系统的数据每天都会有大幅度增加，它的运行很容易占用很多的资源，包括网络资源、系统资源等。在进行模型设计时需要考虑如何降低数据仓库的运行对业务系统的影响。

5）提高模型的柔性，考虑未来的可扩展性

数据仓库系统与企业同步发展，数据模型作为数据仓库的灵魂必须具备可扩展的能力，使得后期积累的数据可以方便地加入数据仓库，而不需要对数据仓库作出大规模的修改。

目前，对于数据仓库的评价并没有一个统一的标准，这对企业管理决策层而言，可能很难对部署一套数据仓库或商务智能系统给出明确的评价或预算，这在一定程度上会影响数据仓库系统和商务智能系统的应用及推广。DM Review对454家公司进行问卷调查，经过分析整理，得出数据仓库和商务智能的成功指标，可以为数据仓库的评价提供参考，其中两个指标是产品度量和开发度量。

产品度量包括信息质量、系统质量、个体影响和组织影响。我们通常所说的数据质量要比数据含义更广，数据仓库应该提供精确、完整且一致的信息；系统架构应允许轻松增加新的业务过程或主题域，具备灵活性和伸缩性，并且可以集成更多的数据；个体影响产生于用户使用数据仓库系统之后。用户应能够快速且便捷地访问数据，可以用新的方式思考、提问、寻找原因，可以用数据仓库和商务智能系统完善他们的决策；系统应对整个组织的战略、执行决策力提高有所帮助，支持战略业务目标的实现，促使高回报且可量化的投资回报，并且提高组织部门之间的沟通和协作。

开发度量包括开发成本和开发周期。数据仓库的开发和维护成本应该合理，太高会影响其使用范围。数据仓库的开发周期和开发成本有一定的关联关系，开发周期过长必然会提高开发成本，开发第一个版本的数据仓库周期应长短适当。

3.3.6 数据仓库管理、安全问题和未来趋势

企业可以通过有效创建和使用数据仓库获得明显的竞争优势。由于数据规模巨大和内在的特性，数据仓库需要强大的监控来保持令人满意的效率和生产力。对数据仓库的管理需要拥有比传统DBA更多的技巧和经验。数据仓库管理员应该熟悉高性能软件、硬件和网络技术，还需要具备良好的业务洞察力。由于数据仓库提供了商务智能系统和决策支持系统用于帮助管理人员制定决策，为了合理设计和维护数据仓库，数据仓库管理员应该熟悉决策的基本理论，此外，数据仓库管理员还应该保持数据仓库需求和能力的稳定性，具有卓越的沟通能力等。

数据仓库中的安全问题和隐私问题是该领域面临的主要问题之一，美国政府已经通过了一些法规（如《Gramm-Leach Bliley隐私和保护法案》《1996年的健康保险携带和责任法案》），对客户信息管理进行强制性的要求。因此，为遵守众多隐私条例，企业必须创建有效灵活的安全程序。Elson等认为数据仓库的安全性主要应关注以下四个方面。

（1）建立有效的安全政策和程序。有效的安全政策应从顶层开始，并传达到组织内的每一个人。

（2）通过实施安全程序和技术来限制访问，包括用户认证、访问控制和加密技术等。

（3）限制对数据中心环境的物理访问。

（4）建立一个有效的内部控制审核程序，注重信息安全和隐私。

近年来，数据仓库技术已经成为信息技术领域的热点技术，同时商务智能和大数据也证明该领域的重要性会日趋增加。下面列出了该领域未来的发展趋势。

第一，Web、社交媒体和大数据：近年来，Web和社交媒体的兴起使分析人员有机会挖掘更丰富的数据信息。由于数据量庞大、更新快、多样化，人们提出用大数据一词来描述这种现象。利用大数据需要显著改进商务智能、业务分析技术，由此将导致数据仓库技术的变革。

第二，开源软件：在数据仓库、商务智能和数据集成领域中，开源软件的使用正以空前的水平发展。开源软件的发展由以下原因推动：经济衰退带动了人们对低成本开源软件的兴趣，开源软件正在进入新的成熟阶段，开源软件是对传统软件的发展而并非彻底代替它们。

第三，SaaS：SaaS是部署信息系统应用的一种创新性方法。SaaS软件供应商在自己的服务器上托管应用程序或者上传应用程序至客户端。本质上SaaS是ASP（application service provider，应用服务提供商）模型的扩展。随着这些软件的获得变得越来越便捷，作为数据仓库的应用平台，SaaS的吸引力和实际应用在未来也会逐渐增加。

第四，云计算：云计算是近年来最具创新性的平台，其中汇聚和虚拟化了大量的硬件和软件资源，它们可以被自由地分配给需要的应用和软件平台。随着工作量的增加，信息系统应用程序也按比例增加。虽然云计算和类似的虚拟技术程序是为业务应用程序而建立的，但现在的部分数据仓库应用平台也开始使用这些技术。当数据仓库中的数据量变化不可预测时，云计算中的动态分配技术是特别有用的，然而这也增加了容量规划的难度。

数据仓库的未来充满了希望和挑战，随着商业世界日益全球化和复杂化，对商务智能和数据仓库工具的需求也会日渐突出。快速发展的信息技术工具和技术正朝着可以满足商务智能系统的未来需求的方向发展。

案例——大陆航空公司因使用实时数据仓库而腾飞

问题：大陆航空公司成立于1934年，当时公司位于美国西南部并且只有一架飞机。2006年，大陆航空公司已经成为全美第五大航空公司和世界第七大航空公司。该公司拥有全美最广泛的全球航线网络，拥有到达227个目的地的2 300多条航线。1994年，大陆航空公司陷入了巨大的财务危机，两次申请破产，造成该结果的原因：飞机的准时起飞率低、行李托运问题多、许多客户由于航班超额预定而离开等，从而导致该公司机票订单大幅度下跌。

解决方案：1994年，大陆航空公司首席执行官Gordon Bethune提出了"前进计划"，该计划被分成四个相关的部分同时执行。通过更好地理解客户需求和客户对公司服务的意见，Bethune致力于提升客户价值绩效考核。早在1989年，航空公司拥有独立的营销和业务数据库，由外部供应商托管。查询处理过程和向高价值客户宣传营销计划需要花费大量时间，并且毫无效率。此外，工作人员决策时也很难获取相关的信息。1999年，大陆航空公司选择将营销、IT、收入和业务数据源系统集成为一个内部企业数据库。

不久之后，大陆航空公司开始处于盈利状态，而且各项业绩指标均在航空领域排名第一。数据仓库开发团队已经预料到并安排了实时数据仓库项目，项目开始时，团队就设计了一个系统架构，用来处理实时数据进入数据仓库的过程，从遗留系统中提取数据到数据仓库中，实现实时数据查询。

结果：在部署数据仓库项目一年后，大陆航空公司识别并消除了超过700万美元的诈骗，节约了4 100万美元的成本。伴随着6年内3 000万美元的软硬件投资，大陆航空公司在财政收入增加、营销成本节约、欺诈发现、需求预测和追踪及改进数据管理方面收益5亿美元。管理人员对业务有着统一、集成和可靠的认识，因此可以制定更好、更快的决策。

【本章小结】

数据库的概念大家并不陌生，数据仓库和数据库虽然只有一字之差，二者却有很大差别。与数据库相比，数据仓库具备数据分析能力，"智能"性更强。本章讲解的知识属于商务智能系统的关键技术，是本书的重点知识之一，要求大家熟练掌握数据库及数据仓库的相关知识，能阐述数据库是如何过渡到数据仓库的，强化对二者的认识。

【课后思考题】

1. 简述数据管理技术发展的各阶段及各阶段的特点。
2. 简述数据库、数据库管理系统、数据库系统的概念。
3. 什么是数据仓库？数据仓库的好处是什么？为什么网络可访问性对数据仓库很重要？
4. 数据库和数据仓库有什么区别？
5. 比较数据集成和ETL，它们之间有什么关系？
6. 讨论创建数据仓库时的安全问题。
7. 搜索电商领域的数据仓库的使用案例，围绕该案例撰写报告，阐述数据仓库在商务智能领域中的地位。

第 4 章 数 据 挖 掘

【本章导读】

　　数据挖掘普遍地应用于金融、零售等行业。该技术可以用于检测和减少诈骗活动，识别客户的购买模式，开发可盈利的客户，从历史数据中发现交易规则，以及应用购物车中的信息帮助企业增加利润。本章对数据挖掘知识的讲解可分为两个模块：基础知识和提高知识。基础知识模块介绍了数据挖掘的基本概念、原理及过程；提高知识模块介绍了数据挖掘的常用方法及相关的评价标准，常用方法包括分类与回归、聚类分析、关联规则挖掘。对于常用方法的介绍，本章仅从概念层次展开，具体实现过程将在后续章节结合案例详细介绍。本章末尾附了罗斯柴尔德采用数据挖掘技术预测奥斯卡奖获得者的案例。

　　随着计算机网络技术的迅速发展，以及不同行业操作流程的自动化，企业内积累了大量的数据，这些数据甚至超过以TB计量。21世纪，数据即财富，它记录着企业运作的方方面面。存储的原始数据有些是有价值的有些是没有价值的，如何从海量数据中获取有价值的数据，为企业获得更大的利润，是很多企业要解决的重要问题之一。能满足这一需求的有力工具就是数据挖掘。在商务智能领域，数据挖掘可以从已有数据中挖掘出潜在的有价值的信息，用于辅助企业解决已有的问题，并为未来的决策提供支持依据。

　　没有数据挖掘，许多工商企业就不能进行有效的市场分析，比较同类产品的顾客反馈，发现竞争对手的优势、劣势，进而作出有效的商务决策。显然，数据挖掘是商务智能的核心。商务智能的OLAP技术依赖于数据仓库和多维度的数据挖掘；分类和预测是商务智能预测分析的核心，在分析市场、供应和销售方面存在许多应用；此外，在CRM方面，数据挖掘中的聚类方法可以实现对顾客的分组，了解不同种类客户的特征，量身定制针对不同类客户的个性化营销策略。

4.1 数据挖掘在商务智能中的定位

　　数据报告和商务智能解决方案对于企业了解过去和目前的状况是非常有用的。此外，运用这些数据还可以使企业或者用户预见未来的发展状况，使其能够先发制人，不处于被动的状态。数据挖掘的目的就是解决上述问题，它将会与报表系统、数据分析技术并存，为企业的发展提供有力的帮助。数据挖掘在商务智能中的定位可从以下三方面展开。

1. 数据挖掘给企业带来最大的投资收益

在数据挖掘中经常要分析变量之间的关系，回归分析是一种基本的统计分析方法，可以将其应用于企业对某种商务问题的预测。例如，电商企业销售的产品量与很多因素存在一定的关系，可以分析这些关系，进而建立回归模型，为电商企业后期的进货量、存货量作出合理预测，提高企业的投资收益。

2. 数据挖掘可从本质上提升商务智能平台的价值

数据挖掘功能是现有商务平台的核心组成部分，有效地运用数据挖掘工具能够使企业从本质上提升商务平台的价值，真正把积累的数据转化为企业运营、管理及决策的知识。在实际运用中，数据挖掘技术不但能够帮助企业定性、定量地了解各种业务问题产生的本质，而且能够帮助企业分析问题，找出产生问题的原因，发现可提高企业收益的新的增长点，提高企业的行业竞争力。

3. 数据挖掘让商务智能平台形成闭环

数据挖掘技术使企业有效衔接了"发现问题"与"优化解决"环节，实现了商务智能流程的闭环结构。该闭环结构包括业务系统、数据集成、数据仓库、业务报表/OLAP、数据挖掘、优化六个环节。图4-1展示了该闭环结构的简图。

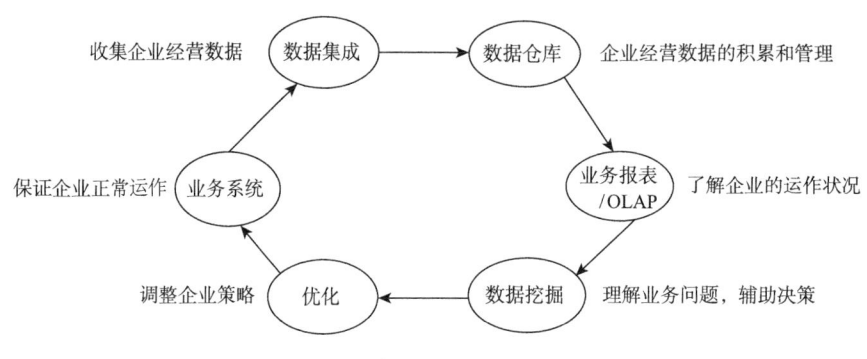

图 4-1　商务智能流程的闭环

4.2　数据挖掘概述及原理

4.2.1　数据挖掘概述

近年来，随着计算机网络技术的迅速发展，数据存储和处理成本急速下降，带来了电子数据存储量的爆炸式增长。随着大型数据库的出现，分析其中的数据是自然而然的事情。起初，数据挖掘这个词用来描述从数据中发现未知模式的过程，后来一些软件生产商为了推销其产品，对该定义的边界进行了扩展，但大部分教材采用初始的定义。数据挖掘的思想由来已久，其采用的很多技术源于传统的统计分析和20世纪80

年代早期出现的人工智能技术。

在商业方面,数据挖掘普遍地应用于金融、零售等行业。该技术可以用于检测和减少诈骗活动,识别客户的购买模式,开发可盈利的客户,从历史数据中发现交易规则,以及应用购物车中的信息帮助企业增加利润。目前,在电子商务领域,数据挖掘正广泛应用于客户的精准定位,完善客户的服务。

简言之,数据挖掘即从数据中"淘金",从数据中获取有价值的信息。加特纳集团指出数据挖掘是通过仔细分析大量数据来解释有意义的新的关系、模式和趋势的过程,它涉及模式认知技术、统计技术和数学技术。The META Group的Aaron Zornes表示,数据挖掘是一个从大型数据库中提取以前不知道的可操作性信息的知识挖掘过程。

综上,数据挖掘就是从大量数据(包括文本、图像、音频、视频等)中挖掘出隐含的、未知的、对决策有潜在价值的关系、模式及趋势,并运用这些规则建立用于决策的支持模型,提高预测性决策的支持方法、工具及过程;是利用各种分析技术在海量数据中发现模型和数据之间关系的过程。获得的模型及关系可以被企业用来分析风险,进行预测,提高企业竞争力。

从技术上,数据挖掘是一门综合应用统计学、信息学、人工智能和数学等学科知识,从大量数据中识别有价值的信息和知识的过程。这些信息和知识的表现形式也是多样性的,可以是商业规则、相似性、关联、趋势或者预测模型。数据挖掘的特征可总结如下。

(1)在大型数据库中,往往包含大量的数据,一般先经过数据清洗,然后将处理的数据通过数据集成技术集成到一个数据仓库。此时的数据可能以多种形式呈现,如图4-2所示。

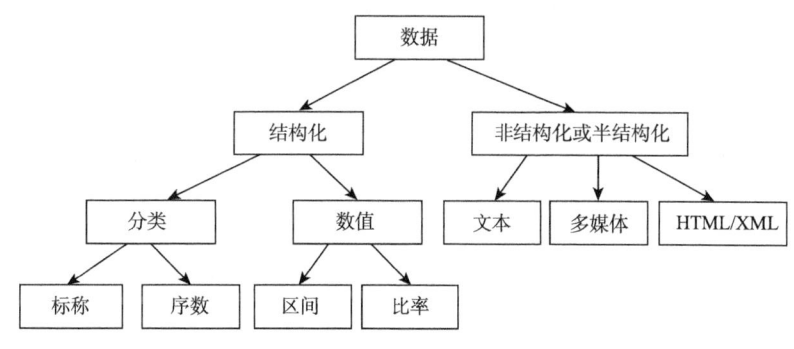

图 4-2 数据挖掘中数据的分类

(2)数据挖掘的环境通常是基于C/S模式或者基于Web的信息系统架构。

(3)有效的数据预处理和同步技术是提高数据挖掘效用的重要途径,尖端的数据挖掘人员在探索运用软数据(即非结构化数据)中实现数据挖掘。

(4)进行数据挖掘的人员不需要具备或者具备较少的编程技能即可。终端用户利用数据钻取和其他强大的查询工具,即可实现对要解决问题的数据挖掘。

(5)数据挖掘的过程常常伴随着某些意外的结果发现,并且需要终端用户在整个过程中进行创造性思维,以及对发现过程的创造性解释。

（6）数据挖掘工具易于和电子制表软件等其他软件开发工具结合，从而使得数据挖掘的分析和部署更加容易和快速。

（7）由于数据量和搜索工作比较庞大，所以数据挖掘有时需要进行并行处理。

有效地运用数据挖掘工具可以使得企业获得和保持战略竞争优势。企业通过将数据挖掘转换为一种战略武器，可以为其开拓新的商机，优化已有的决策环境。Nemati和Barko在学术论文"Issues in organization and data mining：a survey of current practices"一文中详细讨论了数据挖掘带来的战略利益。

4.2.2 数据挖掘原理

数据挖掘利用现有的数据建立模型，以识别数据集中蕴含的模式。一般而言，数据挖掘旨在识别四种模式：

1）关联模式

关联模式用于发现共同出现的事物分组。例如，沃尔玛超市通过分析客户的历史购物记录，发现顾客经常一起购买啤酒和尿布。

2）预测模式

预测模式基于过去发生过的事情对未来要发生的事情作出预测。例如，商家依据客户的历史购物记录，预测客户的个人偏好，进而实施有效的个性化推荐。

3）聚类模式

聚类模式基于某些已知特征对事物进行自然分组。例如，企业可以根据客户的人口统计特征和以往的购买行为将客户聚为不同的类别。

4）序列模式

序列模式用于发现时序事件。例如，银行系统针对已经拥有支票账户的现有银行客户，可以预测他们在一年内将开立储蓄存款账户，并在随后开立投资账户。

起初，人们一直用手工方法从已有数据中提取模式，但是随着计算机网络技术的迅速发展，数据量出现爆炸式增长，手工方法已经无法满足需求，亟须自动化或半自动化的提取方法出现，这种方法即数据挖掘。围绕上述四种模式，数据挖掘的任务主要包括预测、可视化与序列预测、关联、聚类算法及分类。

（1）预测指推测未来的行为，它不同于依据经验的主观猜测，而是基于历史数据和数学模型对未来进行估计。预测和预报是两个同义术语，但二者之间也存在很重要的差别。预报在很大程度上基于经验，而预测则基于数据和模型。按照预测的属性不同可将预测分为分类预测和回归预测，二者的区别：定量输出称为回归，或者说是连续变量的预测；定性输出称为分类，或者说是离散变量的预测。例如，预测明天的气温是多少摄氏度，这是回归预测；预测明天的天气是阴、晴还是雨属于分类预测。

（2）可视化与序列预测是与数据挖掘相关的两种技术，将可视化技术与其他数据挖掘技术相结合，可使得数据挖掘的结果清晰化、直观化。近年来，可视化技术的重要性日益凸显，随之产生了可视化分析这个术语，其基本思想是将分析和可视化集成在一个环境中，以便更简单、快捷地发现知识。在序列预测中，一段时间内定期获取同一变量的系列值，在这些数据的基础上建立预测模型，推测该变量的未来取值。

（3）关联也称为数据挖掘中的关联规则学习，其目的是从大型数据库中发现变量之间的关系。使用关联规则算法从超市的终端系统的大规模交易记录中可发现用户的购物偏好。在零售行业中，关联规则挖掘通常称为购物篮分析。

（4）聚类算法可将事物集合分割成多个分组，每一个分组内部的成员之间拥有某些相似的特征，与分类不同的是，聚类属于无监督学习，即聚类中的类别是未知的。算法根据数据集合中数据的特征识别其共同点，进而建立聚类。对于同一个数据集，不同的聚类算法可能给出不同的聚类结果，所以在实际应用聚类结果之前，有必要邀请领域专家对聚类结果进行合理的解释或者必要的修正，合理的聚类结果可以用于对新数据进行分类或者解释。聚类算法也包括优化，聚类的目标在于有效分组，使得同组内部成员之间相似度最高，而不同组成员间相似度最低。常采用的聚类技术包括来源于统计学的k-均值（k-means）算法和来源于机器学习的自组织映射算法。在电子商务领域，企业可应用聚类分析技术有效地进行市场细分及客户分类，并引导合适的产品销售，在合适的时间、以合适的价格卖给特定的细分客户群，提高企业的销售额。

（5）分类属于有监督的归纳，属于数据挖掘任务中最常见的。分类的目标在于通过分析数据库中存储的历史数据，自动形成未来行为的预测模型，得到的分类模型是对训练数据集的概括，能够识别预定义的类别。常用的分类工具包括神经网络、决策树（decision tree，DT）、逻辑回归和判别分析。还有一些新兴的分类方法，如粗糙集、支持向量机和遗传算法（genetic algorithm，GA）。

4.3 数据挖掘过程

为了系统地执行数据挖掘项目，通常遵循一个通用的流程，数据挖掘跨行业标准流程（cross-industry standard process for data mining，CRISP-DM）是应用最为广泛的一种标准化数据挖掘过程。图4-3简述了该流程，其包括六个主要的步骤，这个流程从深入理解业务和数据挖掘项目的具体需求开始，直到部署满足特定业务需求的解决方案为止。理论上，六个步骤按顺序进行，但实际应用中会存在回溯，产生这种情况的原因是数据挖掘是由经验和实验驱动的，所以根据问题的实际状况和分析者的经验，整个数据挖掘过程可能需要迭代多次。

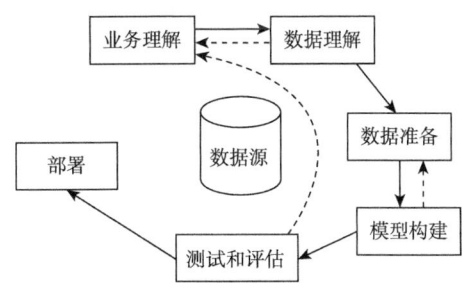

图 4-3　CRISP-DM 六阶段数据挖掘过程

1. 业务理解

针对具体的数据挖掘应用需求，首先应该清楚数据挖掘的目标是什么，系统完成后能达到什么样的效果。例如，企业最近流失到竞争对手那里的客户具备哪些共性，我们的客户具备什么特征，每位客户可以为我们创造多少价值，等等，这些都属于具体的业务目标，明确具体目标后，方可制订具体的项目实施计划，在这个阶段需要完成项目的初步预算。

2. 数据理解

数据理解阶段从数据收集工作开始，然后展开数据的熟悉工作，如通过检测数据的量对数据有初步的理解、通过探测数据中有趣的数据子集形成对潜在信息的假设等。数据理解工作具体包括收集原始数据、描绘数据、探索数据和检验数据质量。

收集原始数据工作用于获得项目资源中列出的项目数据，有必要的话，还要进行数据的装载工作。例如，当需要某一个特定的工具进行数据理解时，将数据装载在这一工具中是非常有意义的。同时，这一工作还有可能与初期的数据准备阶段相连接。描绘数据工作用于描绘所得数据，包括数据格式、数据性质。例如，每一个数据表格中记录的条数和变量的数目、变量特征及其他关于数据的表面特征。探索数据任务将处理数据挖掘的问题，这些问题可以以质疑的方式被提出，也可以是一些简单的问题或者以报告的形式加以陈述，主要包括关键变量的区分（如预测任务中的目标变量）、配对变量或几个变量之间的关系、简单聚合的结果、重要的潜在人群的特征、简单的统计分析等。这些分析将直接涉及数据挖掘的目标，同时也将有助于进一步完善数据描述，改进报告质量，并为进一步的数据分析提供数据转换和其他的数据准备。检验数据质量任务用于检测数据的质量，并列举出相关的问题，如数据是否完整；数据是否正确或者数据是否包装错误；如果有错误，是否常见。

3. 数据准备

数据准备阶段产生数据集，以作后期的建模和其他分析工作使用。数据准备包括选择数据、清理数据、构造数据、整合数据、格式化数据五项工作。选择数据用于确定做分析使用的数据，选择的标准包括与数据挖掘目标的相关性、数据质量及技术限制。依据所选分析技术的要求，清理数据工作将数据质量提高到相应的水平，这一工作可能涉及选择干净的数据子集，插入适当的默认值或者使用更加出色的处理技术。构造数据任务包括建设性的数据准备工作，如衍生变量的产生、全新记录的产生或者已存变量的转换等。整合数据任务完成对多个数据表格或数据记录的汇总，进而产生新记录或者新值。格式化数据是指在不改变数据原意的基础上，根据建模工具需要将数据进行句法的改变。

4. 模型构建

在准备好的数据集上，依据一定的建模工具完成模型的构建，具体包括建模技术的选择、进行检验设计、建立模型、评估模型。模型构建的第一步是选择一个实实在在的建模技术，在商业理解步骤用户可能已经选择了一个建模工具，但这里是指具体的建模技术，如选择C4.5的决策树还是利用BP（back propagation）的神经网络。在正式建立模型之前，需要建立一个程序或者机制来检验模型的质量及有效性（即进行检验设计）。例如，在监控数据挖掘任务中，如分类预测，通常采用错误率作为检验模型质量的方法。比较有代表性的做法是把数据集分为训练集合和测试集合，通过训练集合建立模型，通过测试集合评估模型的质量。建立模型步骤属于核心步骤，该项工作依据建模工具建立一个或多个模型。最后，数据挖掘工程师根据专业领域的知识、数据挖掘成功标准及需要的检验设计来解释模型，完成对模型的评估。尽管数据挖掘工程师可以从技术的角度来判断模型应用和技术发现的成功与否，但是他仍然需要与商业分析师和后面的领域专家接触、沟通，深入探讨商业环境下的数据挖掘结果。这一步的任务仅仅涉及模型的评估，不同于后面的整体评估。

5. 测试和评估

前面的评估工作主要处理诸如模型准确度、有效性等因素，而本阶段的评估用于评估模型在多大程度上符合商业目标，寻找并确定模型不完善的原因。评估阶段的另一项可选的任务就是在时间和经费允许的条件下，将模型置于实践中加以检验。此外，评估阶段也要评估数据挖掘产生的其他结果，数据挖掘结果既包括与原来商业目标有必然联系的模型，同时也包括其他发现，这些发现可能与原来的商业目标没有必然的联系，但有可能揭露出其他的有用信息。

6. 部署

为了把数据挖掘结果在商业中加以部署运用，部署任务涉及评估结果和确定一个部署运用的策略。如果已经确定了一个创造相关模型的全面程序，将此程序记录以作后面的部署之用，具体包括制订部署运用方案、制订监控和维护方案、书写最终报告、回顾项目。

4.4 数据挖掘方法及评价指标

数据挖掘常用的方法主要有分类与回归、聚类分析、关联规则挖掘等，它们分别从不同的角度对数据进行挖掘。本章仅是对常用方法的简单介绍，后面章节将结合电商实例对部分数据挖掘算法进行详细讲解。

4.4.1 分类与回归

分类是找出数据库中一组数据对象的共同特点，并按照分类模式将其划分为不同的类，其目的是通过分类模型，将数据库中的数据项映射到某个给定的类别。它可以应用到客户的分类、客户的属性和特征分析、客户满意度分析、客户的购买趋势预测等方面，如一个服装类电商企业将客户按照服装类型的喜好划分成不同的类，当客户再次登录该购物平台后，企业可实现对客户的个性化推荐，从而大大增加了商业机会。实际应用中，可以依据分类进行一定的预测，如果预测结果是一个类别标签（如天气为晴），则该类预测问题属于分类；如果预测的是一个具体的数量值（如气温为15℃），则该类预测问题属于回归。故从预测的角度来说，分类和回归均可以完成预测，但预测的结果有所不同。回归分析方法反映的是事物数据库中属性值在时间上的特征，产生一个将数据项映射到一个实值预测变量的函数。

发现变量或属性间的依赖关系，其主要研究问题包括数据序列的趋势特征、数据序列的预测及数据间的相关关系等。它可以应用到市场营销的各个方面。

分类预测中最常用的两步法：模型建立—训练和模型测试—部署。模型建立阶段使用包括分类标签在内的一组输入数据，在模型经过训练后，采用测试样本评估模型的准确率，最终应用于预测未知类别标签的数据的类别。在模型评估中，通常要考虑预测的准确率、预测速度、鲁棒性、延展性、可解读性。对由监督学习算法得到的分类模型进行正确率估算是非常重要的，原因主要有两点：首先，可以用来估计未来预测的准确率，这意味着对预测系统结果的信任水平；其次，可以用于从给定集合中选择最优的分类器（从很多训练的分类模型中选择最好的）。

评估模型的性能主要依靠混淆矩阵，也称为分类矩阵、列联表。表4-1为一个两类问题的混淆矩阵，表中从左上角到右下角的指标表示正确的预测，对角线以外的指标为错误的预测。

表 4-1 两类问题的混淆矩阵

		实际类别		
		正确	错误	总计
预测类别	正确	正确分类的正例数目 TP（真阳）	错误分类的正例数目 FP（伪阳）	预测为正确 P'=TP+FP
	错误	错误分类的负例数目 FN（伪阴）	正确分类的负例数目 TN（真阴）	预测为错误 N'=FN+TN
	总计	实际为正确 P=TP+FN	实际为错误 N=FP+TN	

表4-1中的P=TP+FN表示实际为正确的样本个数；N=FP+TN表示实际为错误的样本个数；P'=TP+FP表示预测为正确的样本个数；N'=FN+TN表示预测为错误的样本个数。表4-2给出了两类分类问题的常用评价指标及计算方法。

表 4-2 两类分类问题的常用评价指标及计算方法

指标	计算方法
正确率 $(accuracy) = \dfrac{TP+TN}{P+N}$	被预测正确的样本数除以所有的样本数
错误率 $(error\ rate) = \dfrac{FN+FP}{P+N}$	与正确率相反，描述被错分的比例，accuracy=1−error rate
真阳率或灵敏度 $(sensitive) = \dfrac{TP}{TP+FN} = \dfrac{TP}{P}$	表示所有正例被分对的比例，衡量分类器对正例的识别力
真阴率或特效度 $(specificity) = \dfrac{TN}{FP+TN} = \dfrac{TN}{N}$	表示所有负例被分对的比例，衡量分类器对负例的识别力
伪阳率 $(false\ positive\ rate) = \dfrac{FP}{FP+TN} = \dfrac{FP}{N}$	错误预测为负例的正例占所有负例的比例
准确率 $(precision) = \dfrac{TP}{TP+FP}$	精确性的度量，表示被预测为正例的实例中实际为正例的比例
召回率 $(recall) = \dfrac{TP}{TP+FN} = \dfrac{TP}{P} = sensitive$	是覆盖面的度量，和灵敏度一样
其他评价指标	计算速度、鲁棒性、可扩展性、可解释性

正确率和准确率这两个概念容易被混淆，从表4-2可以看出二者是不同的。信息检索属于二分类问题，precision和recall是信息检索领域中两个重要的评价指标，准确率也称为查准率，召回率也称为查全率，它们在信息检索中的定义如下：

$$\text{precision} = 系统检索到的相关文档数 / 系统检索到的文件总数量 \quad (4-1)$$

$$\text{recall} = 系统检索到的相关文档数 / 系统所有相关文档数 \quad (4-2)$$

通过分析可以发现信息检索中的查准率、查全率和依据混淆矩阵定义的准确率、召回率本质是一样的。在信息检索中，recall和precision互相影响，两者都高是一种期望的情况，实际中常常是precision高，则recall就低，recall高，则precision就会变低。实际中常常需要根据具体情况作出取舍，如对于一般的搜索是在保证recall的前提下提升precision，而对于疾病监测、反垃圾邮件等则是在保证precision的前提下，提升recall。有时候需要兼顾二者，就可以采用F-Score，其值越高则系统的分类性能越好，其计算方法如下：

$$\text{F-Score} = \frac{(1+\beta^2) \times \text{precision} \times \text{recall}}{\beta^2 \times \text{precision} + \text{recall}} \quad (4-3)$$

当参数 $\beta=1$ 时，就是常见的F1-Score，计算方法如下：

$$\text{F1-Score} = \frac{2 \times \text{precision} \times \text{recall}}{\text{precision} + \text{recall}} \quad (4-4)$$

除上述评价方法外，对二分类问题的分类系统进行性能评价时，可将表4-2中的真阳率和伪阳率结合，绘制ROC（receiver operating characteristic，接受者操作特征）曲线，通过计算曲线下面积比较不同分类系统的性能。图4-4为一个ROC曲线的示例，ROC曲线下的面积决定了一个分类器的准确率，1表示准确率最好，0.5表示分类准确率几乎与随机概率相等，实际的准确率范围会在两个值之间，对于不同的分类系统，ROC曲线下面积越大则性能越好。

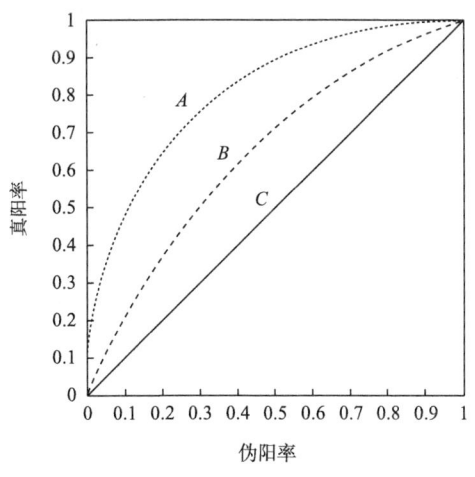

图 4-4　一个 ROC 曲线示例

以上性能指标的计算方法均是针对二分类问题，当分类问题不是二分类问题时，混淆矩阵将变得更大（矩阵的大小由分类标签的个数确定），此时的评价指标仅受限于正确分类和总体分类准确率，其计算方法如下：

$$(\text{正确分类率})_i = \frac{(\text{正确分类})_i}{\sum_{i=1}^{n}(\text{错误分类})_i} \quad (4\text{-}5)$$

$$(\text{总体分类准确率})_i = \frac{\sum_{i=1}^{n}(\text{正确分类})_i}{\text{实例总数}} \quad (4\text{-}6)$$

4.4.2 聚类分析

聚类分析是把一组数据按照相似性和差异性分为几个类别，其目的是使得属于同一类别的数据间的相似性尽可能大，不同类别数据间的相似性尽可能小。它可以应用到客户群体的聚类、客户背景分析、客户购买趋势预测、市场的细分等。

聚类算法通常需要指定聚类的数目，如果该数目提前未知，则需要运用某种方法确定，目前尚无一种计算类别数目的最佳算法，常用算法多采用启发式方法，其中应用最广泛的方法如下：①将变量的百分比看作聚类数目的函数，当增加聚类数目不会改善数据模型时，选择该值作为聚类数目。②令聚类数目为$(n/2)^{1/2}$，其中n为数据点的数目。③使用赤池信息量准则（Aakaike information critetion，AIC）确定聚类数目，AIC是一种基于熵的拟合优度测度方法。④使用贝叶斯信息准则（Bayesian information criterion，BIC）确定聚类数目，BIC是一种最大似然估计方法。

聚类分析一般采用统计方法（k-means、k-modest）、神经网络、模糊逻辑、遗传算法中的一种或多种的组合为基础完成对数据的聚类，事实上在使用这些聚类方法之前首先要对数据的初始状态做一个界定，可从以下两种情况出发：

（1）分裂法：初始状态下，所有数据属于同一个簇（cluster），然后不断分裂。

（2）聚集法：初始状态下，所有数据是一个独立的簇，然后不断合并。

常用的聚类有效评价方法有外部评价方法、内部评价方法和相对评价方法。外部和内部评价方法均基于统计测试，具有较高的计算复杂性，这两种方法中的有效指标是为了度量一个数据集与预先已知结构的相符合程度。相对评价方法寻求一个聚类算法在一定假设和参数下能定义的最好聚类结果。

外部评价方法意味着评判聚类算法的结果是一种预先制定的结构，这种结构反映了人们对数据集聚类结构的直观认识，常用的外部评价方法为F-measure、Rand指数和Jaccard系数。聚类中的F-measure的思想源自信息检索中的F-measure，只是符号的意义有所不同，这里做简单介绍。首先计算一个聚类j及与此相关的聚类i的precision和recall：

$$\text{precision}(j,i) = \frac{N_{ij}}{N_i} \quad (4\text{-}7)$$

$$\text{recall}(j,i) = \frac{N_{ij}}{N_j} \quad (4\text{-}8)$$

其中，N_{ij}为聚类j中分类i的数目；N_j为聚类j中所有对象的数目；N_i为分类i中所有对象的

数目；分类i的F-Measure定义为

$$F(i) = \frac{2 \times \text{precision}(j,i) \times \text{recall}(j,i)}{\text{precision}(j,i) + \text{recall}(j,i)} \quad (4\text{-}9)$$

对分类i而言，哪种聚类策略的F-Measure值高，哪种聚类就可以代表分类i的映射，即F-Measure可看成分类i的评判分值，对聚类结果来说，总F-Measure值由每个分类i的F-Measure加权平均得到，即

$$F = \frac{\sum_i (|i| \times F(i))}{\sum_i |i|} \quad (4\text{-}10)$$

其中，$|i|$为分类i中所有对象的数目。

Rand指数和Jaccard系数假设数据集X的一个聚类结构为$C = \{C_1, C_2, \cdots, C_m\}$，数据集已知的划分为$P = \{P_1, P_2, \cdots, P_s\}$。对于数据集中任一对点$(X_v, X_u)$计算下列项：

SS：如果两个点属于C中同一簇，且P中属于同一组；
SD：如果两个点属于C中同一簇，但P中不同组；
DS：如果两个点不属于C中同一簇，而P中属于同一组；
DD：如果两个点不属于C中同一簇，且P中不同组。

设a，b，c，d分别表示SS，SD，DS，DD的数据，则$M=a+b+c+d$为数据集中所有对的最大数，即$M=N(N-1)/2$，其中N为数据集中总的点数。C和P之间的相似程度可由Rand指数R和Jaccard系数J来度量，这两个指数越大，聚类算法的性能越好，其计算方法如下：

$$R = \frac{a+b}{M} \quad (4\text{-}11)$$

$$J = \frac{a}{a+b+c} \quad (4\text{-}12)$$

内部评价方法是利用数据集的固有特征和量值来评价一个聚类算法的结果，数据集的结构未知，常用的方法有Cophenetic相关系数和Hubert's Γ 统计。对层次聚类算法来说，其产生的层次图可用Cophenetic矩阵P_c表示，矩阵中的元素$P_c(i,j)$表示数据x_i和x_j首次在同一个簇中出现的邻近层，可以定义一个Cophenetic相关系数CPCC来度量P_c和邻近矩阵P的相似程度：

$$\text{CPCC} = \frac{1}{\sqrt{\frac{1}{M} \times \sum_{i=1}^{N-1} \sum_{j=i+1}^{N} d_{ij}^2 - \mu_P^2}} \times \frac{\sqrt{\frac{1}{M} \times \sum_{i=1}^{N-1} \sum_{j=i+1}^{N} d_{ij} c_{ij} - \mu_P \mu_C}}{\sqrt{\frac{1}{M} \times \sum_{i=1}^{n-1} \sum_{j=i+1}^{N} c_{ij}^2 - \mu_C^2}} \quad (4\text{-}13)$$

其中，$-1 \leqslant \text{CPCC} \leqslant 1$；$M=N(N-1)/2$；$N$为数据集中点的总数；$\mu_P$和$\mu_C$分别为矩阵$P_c$和$P$的均值；$d_{ij}$，$c_{ij}$分别为矩阵$P_c$和$P$中的元素$(i,j)$。CPCC越小，说明两个矩阵的相似度越高。

对含有K个簇的单个聚类结果C，其质量评价可以通过比较C与邻近矩阵P之间的一致性进行度量，这种方法定义的指数为Hubert's Γ 统计，其计算方法如下：

$$\varGamma = \frac{1}{M} \times \sum_{i=1}^{N-1}\sum_{j=i+1}^{N} X(i,j)Y(i,j) \quad (4\text{-}14)$$

其中，**X** 为数据集矩阵，矩阵 **Y** 的定义如下：

$$Y(i,j) = \begin{cases} 1, & \text{如果} x_i, x_j \text{属于不同的类}, i,j=1,2,\cdots,N \\ 0, & \text{否则} \end{cases} \quad (4\text{-}15)$$

$\varGamma$ 值越大，表明 **X** 和 **Y** 的相似性越大。

相对评价方法根据预先定义的评价标准，针对聚类算法不同的参数设置进行测试，最终选择最优的参数设置和聚类模式，本书将简单介绍SD指数评价方法，该方法于2000年由Halkidi等提出，它是基于聚类平均散布性和聚类间总体分离性的一种相对评价方法。假设已知数据集X的方差为 $\sigma(X)$，其第p维方差的计算方法为

$$\sigma_X^p = \frac{1}{n} \times \sum_{k=1}^{n}\left(x_k^p - \bar{x}^p\right) \quad (4\text{-}16)$$

其中，$\bar{x}^p$ 为第p维均值，计算方法为

$$\bar{x}^p = \frac{1}{n} \times \sum_{k=1}^{n} x_k^p, \forall x_k^p \in X \quad (4\text{-}17)$$

聚类i的方差为 $\sigma(V_i)$，其第p维方差定义为

$$\sigma_{V_i}^p = \frac{1}{n_i} \times \sum_{k=1}^{n}\left(x_k^p - V_i^p\right)^2 \quad (4\text{-}18)$$

依据上述公式可以得到聚类的平均散布性，计算方法如下：

$$\text{Scat}(c) = \frac{1}{c} \times \sum_{i=1}^{c} \frac{\|\sigma(V_i)\|}{\|\sigma(X)\|} \quad (4\text{-}19)$$

聚类间的总体分离性定义为

$$\text{Disc}(c) = \frac{D_{\max}}{D_{\min} \sum_{k=1}^{c}\left(\sum_{z=1}^{c} \|V_k - V_z\|\right)^{-1}} \quad (4\text{-}20)$$

其中，$D_{\max} = \max\left(\|V_i - V_j\|\right)$；$D_{\min} = \min\left(\|V_i - V_j\|\right)$；$p,i,j \in \{1,2,\cdots,c\}$；c 为聚类的个数。最后可得到质量指数SD，计算方法如下：

$$\text{SD}(c) = \alpha\text{Scat}(c) + \text{Disc}(c) \quad (4\text{-}21)$$

因子 $\alpha = \text{Disc}(c_{\max})$，$c_{\max}$ 为输入聚类的最大数目。

4.4.3 关联规则挖掘

关联规则挖掘也称作偏好分析或购物篮分析，是一种常用的数据挖掘方法。沃尔玛超市通过对客户的购买习惯进行分析，发现啤酒和尿布的购买在统计上具有明显的相关性，经过推理分析发现产生该关联的原因是新生儿的父亲在超市为宝宝购买尿布，由于平常没时间专门去买啤酒，所以顺带也买回啤酒。根据这个发现，沃尔玛超市将啤酒摆放在尿布的旁边，结果二者的销售量都有明显的增加。

本质上，关联规则挖掘的目的在于发现大型数据库之间的关联关系，由于该规

则在零售行业中得到了成功的应用，所以也将其称为购物篮分析。购物篮分析可用于识别被顾客同时购买的不同商品或服务之间的强关联关系。例如，65%购买全车险的用户也会购买健康保险，80%在网上购买书籍的顾客也会购买音乐产品，等等。运用购物篮分析得到的结果可以提供很多宝贵的信息，这些信息能够用于更好地理解用户的购买行为，从而最大限度地提高营业额。

在商业领域，购物篮分析包括交叉/向上销售、店铺设计、目录设计、电子商务网站设计、在线广告优化、产品定位和促销配置。购物篮分析帮助企业从客户购买模式中推断出其具体需求和偏好。在商业领域之外，关联规则挖掘被成功应用于发现症状和疾病之间的关系等。综上，关联规则挖掘经常被应用于如下领域：销售交易、信用卡交易、银行服务、保险产品服务、电信服务、医疗记录等。

关联规则挖掘的功能很大，那么所有的关联规则都是有趣且有用的吗？即如何评价关联规则的优劣？通常使用支持度、置信度和提升度指标对关联规则进行评价。关联规则的结构为

$$X => Y\left[\text{Supp}(\%), \text{Conf}(\%)\right] \quad (4\text{-}22)$$

示例：{笔记本电脑，防病毒软件}=>{扩展服务计划}[30%，70%]。

其中，X与Y关联；X为商品或者服务，称为左手边、LHS或者前因；Y也是一种商品或者服务，称为右手边、RHS或者后果；Supp为规则的支持度；Conf为规则的置信度。支持度（Supp）、置信度（Conf）和提升度（Lift）的计算公式如下：

$$\text{Supp}(X => Y) = \frac{\text{同时包含}X\text{和}Y\text{的购物篮数量}}{\text{购物篮总数}} \quad (4\text{-}23)$$

$$\text{Conf}(X => Y) = \frac{\text{Supp}(X => Y)}{\text{Supp}(X)} \quad (4\text{-}24)$$

$$\text{Lift}(X => Y) = \frac{\text{Conf}(X => Y)}{\text{Expected Conf}(X => Y)} = \frac{\text{Supp}(X => Y)}{\text{Supp}(X)\text{Supp}(Y)} \quad (4\text{-}25)$$

规则的支持度（Supp）用于度量相关商品或服务在同一交易中共同出现的频度；规则的置信度（Conf）用于度量前因与后果中的产品或者服务共同出现的频度，即在前因已经存在的前提下，交易中发现后果的条件概率；提升度（Lift）表示置信度与期望置信度的比例，期望置信度是前因和后果的支持度之积除以前因的支持度。

关联规则发现的算法有多种，其中最著名的算法包括Apriori、Eclat和FP-Growth。实际应用中，这些算法只是做了部分工作，仅完成频繁项集的识别。完成频繁项集工作后下一步需要转换成条件和结果两部分规则，规则的确定相对而言比较简单，但在大型交易数据库中该过程可能比较耗时。

除上述数据挖掘技术之外，还有特征分析、偏差分析、Web挖掘等技术。特征分析是从数据库中的一组数据中提取出关于这些数据的特征式，这些特征式表达了该数据集的总体特征。例如，营销人员通过对客户流失因素的特征提取（feature extraction），可以得到客户流失的一系列原因和主要特征，利用这些特征可以有效地预防客户的流失。偏差分析包括很大一类潜在有趣的知识，如分类中的反常实例、模式的例外、观察结果对期望的偏差等，其目的是寻找观察结果与参照量之间有意义的差别。在企业危机管理

及其预警中，管理者更感兴趣的是那些意外规则。意外规则的挖掘可以应用到各种异常信息的发现、分析、识别、评价和预警等方面。Internet的迅速发展及Web的全球普及，使得Web上的信息量无比丰富，通过对Web的挖掘，可以利用Web的海量数据进行分析，收集政治、经济、政策、科技、金融、市场、竞争对手、供求信息、客户等有关的信息，集中精力分析和处理那些对企业有重大或潜在重大影响的外部环境信息和内部经营信息，并根据分析结果找出企业管理过程中出现的各种问题和可能引起危机的先兆，对这些信息进行分析和处理，以便识别、分析、评价和管理危机。

4.5 数据挖掘工具及发展方向

4.5.1 数据挖掘工具

目前，国内外许多研究机构、公司和学术组织都在从事数据挖掘工具的研制和开发。这些工具主要采用人工智能技术，包括决策树、神经网络、可视化、模糊建模和簇聚等，也有采用传统的统计方法，这些数据挖掘工具差别很大，不仅体现在关键技术上，还体现在运行平台、数据存取、价格等多方面。目前的数据开采工具依据其应用领域可以分为三类。

（1）通用单任务类。仅支持KDD（knowledge discovery in database，数据库中的知识发现）的数据开采步骤，并且需要大量的预处理和善后处理工作。主要采用决策树、神经网络、基于例子和规则的方法，发现任务大多属于分类的范畴。

（2）通用多任务类。可执行多个领域的知识发现任务，集成了分类、可视化、聚集、概括等多种策略，如Clementine、IBM Intelligent Miner和SGI MineSet。

（3）专用领域类。一方面，现有的许多数据挖掘系统是专门为特定目的研发的，用于专用领域的知识发现，对要挖掘的数据库有语义的要求，挖掘的知识也比较单一。例如，Explora用于超市销售系统的分析，只能处理特定形式的数据，数据挖掘以关联规则和趋势分析为主；另一方面，数据挖掘方法也比较单一，有些系统虽然能挖掘多种形式的知识，但基本上以机器学习、统计分析为主，计算量大。

根据数据挖掘工具采用的关键技术不同，可将现有的工具分为六类。

（1）基于规则和决策树的数据挖掘工具。大部分数据挖掘工具采用规则发现和决策树分类技术来发现数据模式和规则，其核心是某种归纳算法，如ID3、C4.5。它首先对数据库中的数据进行挖掘，生成规则决策树，其次对数据进行分析和预测。典型的产品有Angoss Software开发的Knowledge Seeker和Attar Software开发的XpertRule Profiler。

（2）基于神经元网络的工具。基于神经元网络的工具由于具有对非线性数据的快速建模能力，故越来越流行。开采过程基本上是将数据抽取，然后分类计算权值。它在市场数据库的分析和建模方面应用广泛，典型产品有Advanced Software开发的PBProfile。

（3）数据可视化方法。这种工具大大扩展了传统商业图形的能力，支持多维数据的可视化，同时提供了多方向同时进行数据分析的图形化方法。

（4）模糊发现方法。应用模糊逻辑进行数据查询排序。

（5）统计方法。这些工具没有使用人工智能技术，因此更适合于分析现有信息，而不是从原始数据中发现数据模式和规则。

（6）综合方法。有些数据挖掘工具采用了多种挖掘技术的集成，一般规模比较大。

工具系统的总体发展趋势是，一方面，使数据挖掘技术进一步为用户接受且使用，为企业和个人带来便利的同时提高效益；另一方面，充分利用人工智能技术，使得未来的数据挖掘工具可以更好地理解使用者的语言表达。

4.5.2 数据挖掘的发展方向

目前，数据挖掘技术已经得到了广泛的应用并有了大幅度的发展，同时数据挖掘技术也面临着许多问题，这也为数据挖掘未来的发展提供了更大的空间。数据挖掘的基本问题就在于数据的数量和维数，数据结构也因此显得非常复杂，如何进行探索、选择分析变量，也就成为首先要解决的问题。随着社交网络及各种购物平台的出现，网络中出现大量的数据，面对如此大的数据，现有的统计方法都遇到了问题，那么最直接的想法就是如何对数据进行抽取，抽取多大的样本，又怎么评价抽样的结果，这些都是面临的问题。既然数据是海量的，那么数据中就会隐含一定的变化趋势，在数据挖掘中应该对这个趋势作出一定的考虑和评价。不同的人对同样的数据进行挖掘，产生的结果也可能不同，甚至差异很大，这就涉及挖掘数据的可靠性问题，此外，对非标准数据的挖掘、数据挖掘过程中的私有性和安全性、挖掘结果的不确定性等都属于当前数据挖掘技术面临的问题。总之，数据挖掘只是一个工具，不是万能的，它可以发现一些潜在的用户，但是不能告诉你为什么，也不能保证这些潜在用户成为真正的客户。就目前来看，数据挖掘的热点研究及发展方向包括以下十个方面。

1. 网站数据的挖掘

随着Web技术的发展，出现了很多不同类型的电子商务网站，要提高商务网站的效益，就必须吸引客户，提高能够带来效益的客户的忠诚度。一方面，电子商务行业的竞争比传统的业务竞争更加激烈，主要原因是客户从一个电商网站转换到竞争对手那边很容易，只需要点击一下鼠标即可。网站的内容和层次、用词、标题、奖励方案、服务等任何一个地方都可能成为吸引客户、流失客户的因素。另一方面，电商网站每天都有上百万次的在线交易，生成大量的交易文件和登记表，如何对这些数据进行分析和挖掘，充分了解客户的个人喜好、购买模式，设计出满足不同客户群体需要的个性化网站，进而增加竞争实力，变得势在必行。一个电商企业如果想在竞争中存在且获胜，就要比对手更了解客户。

对网站进行数据挖掘时，所需要的数据来源主要包括两个方面：一方面是客户的背景信息，这部分信息主要来自客户的注册表；另一部分数据来自客户的点击流，这部分数据可用于研究客户的行为。但是，有些客户安全意识比较高，不把有用的信息填写在注册表中，这就会给数据分析和挖掘带来不便。针对这种情况，研究者可从客户的表现数据来推测客户的背景信息，进而加以利用。

就数据分析和建立模型的技术和算法而言，网站数据的挖掘和传统数据的挖掘差别不是特别大，很多方法和分析思想都是相通的。不同的是网站的数据格式有很大一部分来自点击流，和传统的数据库格式有所不同，因而对电商网站进行数据挖掘的主要工作是数据准备。

2. 生物信息或基因数据的挖掘

生物信息或基因数据的挖掘完全属于另一个领域，在商业上的价值可能不大，但对于人类却意义重大。例如，基因的组合千变万化，得某种病的人的基因和正常人的基因差别到底有多大？能否找到其中的不同地方，进而对不同加以改变使之变成正常基因，这都需要数据挖掘技术的支持。

生物信息或基因数据的挖掘与传统数据的挖掘相比，数据的复杂程度、数据量、分析和建立模型的算法等都要复杂很多。从分析算法上来说，生物信息或基因数据的挖掘更需要一些新的算法。目前，很多厂商都致力于这方面的技术研究及软件开发。

3. 文本数据挖掘

文本数据挖掘是数据挖掘应用的一个重要领域，举个例子：在客户服务中心，可以把同客户的谈话转化为文本数据，再对这些数据进行挖掘，进而了解客户的满意程度和客户的需求及客户之间的相互关系等信息。无论在数据结构还是分析处理方面，文本数据挖掘和前面谈到的数据挖掘存在较大的不同。文本数据挖掘也不是件容易的事情，尤其在数据分析方面，还有很多待研究的课题。针对该项研究，目前市场上已经有一些相关的软件，但大部分只是对文本的简单移动，没有实现真正的分析功能。

4. 模式挖掘

模式挖掘是近年来数据挖掘的热点之一，它包含的内容比较丰富，包括频繁模式挖掘、结构模式挖掘和关联规则挖掘等，目前已经出现了很多有效的算法。在实际应用中，总的发展趋势是需要挖掘的模式的长度更长且更加复杂，如上述的生物数据量大、纬度高，传统的Apriori算法及其变种并不能有效地处理这类数据。当前研究的主要方向是针对较长模式和复杂模式设计的有效算法，经常采用的方法有模式压缩、情景分析和语义分析等技术辅助数据挖掘，以提高模式挖掘的效率和准确性。

5. 信息网络分析

信息网络包括社会网络、生物网络等，总的来说，信息网络的研究是一个较新的领域。信息网络挖掘中的一个方向是把信息网络看作一个图，用已有的图挖掘技术实现对信息网络的挖掘。从图论的角度来看，基于图的很多聚类、分类和索引技术可以实现对信息网络的分析。同时，信息网络中存在大量的结点与链接，其复杂度较高，对信息网络的研究具有现实的理论价值和应用价值。社会网络分析作为信息网络分析的一个重要分支，在近几年得到广泛的关注，它在舆情监测、自然灾害预测等方面都有成功的应用。

6. 流数据挖掘

流数据是大量流入系统、不断变化的多维数据，这些数据难以存储在传统的数据库中，由于流数据的速度快、规模大等特点，需要采用单边扫描、联机和多维分析对流数据进行挖掘，目前针对流数据的聚类、分类和异常分析都已经做了很多研究。流数据的应用很多，如网络的异常监控、网络路由、传感网络、社交网站的分析等，如何提高流数据分析的精度和实时性，扩大流数据的应用范围是未来数据挖掘的研究重点之一。

7. 移动数据和 RFID 数据的挖掘

随着传感器网络、智能手机、GPS（global positioning system，全球定位系统）及其他移动设备，以及RFID技术的广泛应用，每天会产生大量的移动数据，这些数据是多维的，包括时间、地点、位置和速度等，如何为这些移动数据构建数据仓库并进一步挖掘信息是数据挖掘的另一个研究热点。例如，利用手机的位置信息进行商业推荐，根据城市的交通流量数据进行智能调度，分析气象数据进行风力发电的智能选址，或者利用摄像头的录像信息检索非法入侵，等等。RFID在产品生产、海关通关和商品零售等领域有着巨大的应用价值，用数据挖掘的方法监控整个生产、销售流程产生的RFID数据能够给企业带来可观的效益。

8. 时空数据和多媒体数据的挖掘

现实生活中，很多数据都涉及时间和空间，如地图搜索服务或者天气预报服务。人们更习惯使用图片、视频等多媒体的方法进行交流，针对多媒体数据的挖掘可以发现相当丰富的知识。时空数据的挖掘和多媒体数据的挖掘已经成为数据挖掘领域的研究热点之一。目前，对时空数据和多媒体数据的挖掘总体上还不能满足人们的需求，挖掘结果还不够准确，有待进一步发展。

9. 软件工程和系统分析中的数据挖掘

在软件的构建和运行过程中，都会积累大量的数据，如何利用这些数据从而提高系统的运行效率是一个值得研究的问题。例如，在工作流系统中，可以通过工作流挖掘的方法找出系统中的瓶颈或者异常，从而提高系统的性能。这类数据挖掘工作按照是否实时收集分析数据可分为动态挖掘和静态挖掘，该项研究目前存在不足，需要作出更加深入的研究。

10. 面向数据立方体的多维 OLAP 挖掘

基于数据仓库的数据立方体计算和OLAP分析可以提高对多维、大型数据集的分析能力。除了传统的数据立方体外，很多基于复杂的统计数据立方体，如回归立方体、预测立方体等都已经被用于多维分析中，促使OLAP和数据挖掘的结合及OLAP挖掘。

大数据时代产生的海量数据对传统的数据挖掘算法提出了较大的挑战，实时性较强，实时性在某些领域的数据挖掘中存在显著作用。实时性数据挖掘已经成功应用于社交网络分析、网络安全分析、社会网络情感分析等方面。

案例——微软成功预测第86届奥斯卡金像奖中的21项

2013年,微软纽约研究院的经济学家大卫·罗斯柴尔德(David Rothschild)成功预测出24个奥斯卡奖项中的19个,并因此成为被人们津津乐道的传奇人物。2014年,在第86届奥斯卡奖项评选之前,罗斯柴尔德再接再厉,成功预测出24个奖项中的21个,继续向人们展示了他的传奇能力,那么他是如何做出如此准确的预测呢?当然是数据挖掘。

罗斯柴尔德及其团队通过收集股票数据、预测市场的数据、基础数据及用户数据等大量公开的数据构建预测模型,并与Office合作,开发了Excel应用程序,实现对数据的动态挖掘。通过数据分析,对参赛电影做出预测,给出获奖的概率值,而且预测值在奖项评选之前会随着数据的动态变化做出调整,以期能做出更为精准的预测。表4-3为截至美国时间2014年3月2日6:13奥斯卡颁奖典礼开幕前,罗斯柴尔德做出的部分预测。

表4-3 罗斯柴尔德对第86届奥斯卡奖做出的部分预测

奖项	电影名/人名	预测值
最佳影片	为奴十二年	88.7%
最佳导演	阿方索·卡隆(地心引力)	97.6%
最佳男主角	马修·麦康纳(达拉斯买家俱乐部)	90.9%
最佳女主角	卡特·布兰切特(蓝色茉莉)	99.2%
最佳男配角	杰瑞德·莱托(达拉斯买家俱乐部)	97.9%

【本章小结】

数据挖掘技术属于商务智能系统的关键技术,本章着重介绍了数据挖掘的概述、基本原理、相关方法的评价标准,让大家对数据挖掘有一个初步的全面认识。数据挖掘的实现方法是重点,但不是本章的重点,本章仅从概念层面对数据挖掘的实现方法进行了介绍,后续章节将分别对每种实现方法详细讲解实现过程。通过本章的学习,学生要熟练掌握数据挖掘的概念,能阐述数据挖掘的流程,掌握数据挖掘不同实现方法的评价标准。

【课后思考题】

1. 数据挖掘的流程是什么?
2. 数据预处理主要包括哪些步骤?简单描述各个步骤并列举相应的例子。
3. 列举至少三种数据挖掘方法及性能评价指标。
4. 请结合实例说明何种情形适合采用分类数据挖掘技术,何种情形适合采用回归数据挖掘技术。二者的不同是什么?
5. 简述数据挖掘和隐私问题的关系。

第 5 章　商务智能中的聚类

【本章导读】

随着 CRM 的兴起，企业对客户的重视程度越来越高，以"客户为中心"的管理思想也渗透到企业运营的各个阶段，其中针对客户的特点提供相应的产品和服务成为企业提高客户满意度和企业效益的关键。但在此之前，还需要解决下列问题。

（1）谁喜欢用移动客户端登录电商平台？谁喜欢用电脑端登录？
（2）谁是店铺会员中的黄金客户？
（3）谁喜欢在某一固定时间段登录平台，所在地区是哪里？
（4）如何通过对客户登录时间和购买行为的分析，对客户群体进行精准营销？

除此之外，促销应针对哪类客户？这类客户具有哪些特征？这些问题是了解客户特点的首要问题，对整个客户做划分，将客户分组在各自不同的群组里，然后针对每个不同的群组特点提供不同产品和服务策略，这些都是数据聚类分析的例子。

在商业中，通过聚类方法可以帮助市场分析人员从客户的数据中区分出不同的客户群体，并概括出客户群体的消费习惯和消费特点。聚类分析作为数据挖掘中的重要一环，可以作为一个单独的工具，用于寻找数据内在的分布结构，也可作为分类等其他学习任务的前驱过程。通过聚类分析来发现数据中分布的深层信息，并概括出每一类的特点，把注意力放在某一类特定的类上做进一步分析。

5.1　聚类分析简介

无监督学习是指在机器学习过程中，训练样本的标记信息是未知的，目标是通过对无标记训练样本的学习来揭示数据的内在性质及规律，为进一步数据分析提供基础。常见的无监督学习中最典型、应用最广的就是聚类分析。

聚类是将数据集中的样本划分为若干个通常不相交的子集，每个子集称为一个簇。这样的划分可能对应着一些潜在的概念（类别）。例如，"高信誉度客户""低信誉度客户""忠诚客户""一次性购买客户"等；其中这些概念对于聚类算法来讲事先并不知道，整个聚类过程是依靠算法本身自动形成的簇，其所对应的概念语义是由数据分析者自己命名的。

基于不同的学习策略，学者设计了不同的聚类算法，其中代表性的算法如下：基于原型的聚类（k-means）、基于密度的聚类（密度分布）、基于层次的聚类（代表点聚类）、基于网格的聚类（统计信息网格）等。本章应用的重点是基于原型的聚类方法，下面简述涉及的基本概念。

对于聚类的结果，我们需要通过某种性能指标来评估其好坏，同时明确性能指标可以直接作为聚类过程中的优化目标，从而更好地得到符合要求的聚类结果。

聚类的性能指标大致分为两类：一类是将聚类结果与某个"参考模型"进行比较，称为外部指标；另一类是直接参考聚类结果而不利用任何参考模型，称为内部指标。常见的外部指标有Jaccard系数、FM指数、Rand指数等，内部指标有DB指数、Dunn指数等。

而这些度量指标通常是依靠距离给出的，因此我们首先给出距离的相关概念。定义函数 dis(•,•)，若其为一个"距离度量"，则满足如下基本性质：

非负性：$\mathrm{dis}(x_i, x_j) \geq 0$；

同一性：$\mathrm{dis}(x_i, x_j) = 0$ 当且仅当 $x_i = x_j$；

对称性：$\mathrm{dis}(x_i, x_j) = \mathrm{dis}(x_j, x_i)$；

直递性：$\mathrm{dis}(x_i, x_j) \leq \mathrm{dis}(x_i, x_k) + \mathrm{dis}(x_k, x_j)$。

假设 n 维空间上的两个样本点 $x_i = (x_{i1}, x_{i2}, \cdots, x_{in})$ 和 $x_j = (x_{j1}, x_{j2}, \cdots, x_{jn})$，下面我们介绍几类最常用的计算上述样本点距离的公式。

1. 欧氏距离

欧氏距离是最易理解和常见的距离计算方法，由欧氏空间中两点的距离而得，算式如下：

$$\mathrm{dis}_E(x_i, x_j) = \sqrt{\sum_{k=1}^{n}(x_{ik} - x_{jk})^2} \qquad (5\text{-}1)$$

2. 曼哈顿距离

曼哈顿距离源自于城市交通中从一个路口到另一个路口的城市街区距离，其具体的计算公式为

$$\mathrm{dis}_M(x_i, x_j) = \sum_{k=1}^{n}|x_{ik} - x_{jk}| \qquad (5\text{-}2)$$

3. 切比雪夫距离

切比雪夫距离的定义是其各坐标数值差绝对值的最大值，即

$$\mathrm{dis}_C(x_i, x_j) = \max_{k}|x_{ik} - x_{jk}| \qquad (5\text{-}3)$$

4. 闵可夫斯基距离

闵可夫斯基距离并不是一个距离的定义，它是一组或者一类距离的定义，即

$$\mathrm{dis}_{\mathrm{Mink}}(x_i, x_j) = \sqrt[p]{\sum_{k=1}^{n}|x_{ik} - x_{jk}|^p} \qquad (5\text{-}4)$$

其中，闵可夫斯基距离中 p 取不同值的时候，分别对应了曼哈顿距离（$p=1$）、欧氏距离（$p=2$）、切比雪夫距离（$p=\infty$）。通常我们是基于某种形式的距离来定义相似度

的，距离越大，相似度越小。

同时需要注意，在诸多距离定义中，不同的问题应用其适合的距离计算公式，在不少现实任务中，有必要基于数据样本来确定适合的距离公式，可以通过距离度量学习来实现。

5.2 代表性的聚类算法

5.2.1 k-means 算法

给定样本集 $S=\{x_1,x_2,\cdots,x_n\}$，而k-means算法就是要找到k个划分 $\{C_1,C_2,\cdots,C_k\}$，使得平方误差最小，即

$$\sum_{i=1}^{k}\sum_{x\in C_i}\|x-m_i\|^2 \tag{5-5}$$

其中，$m_i=\frac{1}{|C_i|}\sum_{x\in C_i}x$（x是划分$C_i$的均值向量）。而式（5-5）在一定程度上刻画了样本围绕均值向量的紧密程度。直接最小化式（5-5）并不容易，找到它的最优划分是一个NP（non-deterministic polynomial，不确定多项式时间内的算法）难问题。因此k-means算法采用了贪心策略，通过迭代的方法来求得近似解。

首先随机地选取k个对象作为初始的k个簇的质心，然后对剩余的每个对象，根据其与各个质心的距离，将它赋给最近的簇，然后重新计算每个簇的质心；不断重复整个过程，直到准则函数收敛。

下面给出k-means算法的具体步骤：

（1）给定大小为n的数据集 $S=\{x_1,x_2,\cdots,x_n\}$，令t=0，从中选取k个样本作为初始均值向量 $\{m_1,m_2,\cdots,m_k\}$；

（2）初始聚类划分 $C_j=\varnothing, j=1,2,\cdots,k$；

（3）计算每个数据对象x_i与均值向量m_j的距离 $D_{ij}=\|x_i-m_j\|^2$；

（4）找出与x_i最近的均值向量确定所属聚类划分$C_{j'}$，其中 $j'=\arg\min_{j\in\{1,2,\cdots,k\}}D_{ij}$；

（5）将样本x_i划入相应的聚类划分中，$C_{j'}(t)=C_{j'}(t)\cup\{x_i\}$；

（6）计算k个新的聚类划分：取聚类中所有元素各自维度的算术平均数 $m_j'=\frac{1}{|C_j|}\sum_{x\in C_j}x$；

（7）若 $m_j'\neq m_j$，则将当前的均值向量m_j更新为m_j'，$j=1,2,3,\cdots,k$；

（8）若当前均值向量发生更新，返回步骤（2），否则算法结束，输出当前划分为最优划分 $C_{best}=\{C_1,C_2,\cdots,C_k\}$。

5.2.2 k-modes 算法

k-modes算法是对k-means算法的改进，其改变了相异度测量方法。k-modes算法把k-means算法扩展到可分类数据，定义了新的度量可分类数据的相异度距离公式，给出

相应的更新聚类中心的方式。

k-modes算法根据可分类属性值出现的频率更新聚类中心，聚类中出现频率最高的属性值被选为聚类中心，即modes（类模式）。该算法改变了k-means算法的相异度测量方法，用一个简单的相异度测量对数据进行聚类。假设X，Y是数据集中的两个对象，它们用m维属性描述，则这两个对象之间的相异度为

$$d(X,Y) = \sum_{j=1}^{m} \delta(x_j, y_j) \tag{5-6}$$

当$x_j = y_j$时，$\delta(x_j, y_j) = 0$；当$x_j \neq y_j$时，$\delta(x_j, y_j) = 1$。

k-modes算法不断更新modes，使得所有对象与其最近modes的相异度总和最小：首先计算每一簇在某一属性值的对象中所占百分数。其次，取每个簇中频率最大的一个属性值作为类模式Q。分别对每个属性进行上述计算，最后得到类模式Q，即初始聚类中心。k-modes算法与k-means算法的步骤类似：

（1）预先定义好k类，确定各个类的初始类模式Q。
（2）根据类模式Q把每个对象赋给最邻近的类，然后更新类模式Q。
（3）不断重复步骤（2），直到不再发生变化为止。

5.2.3 高斯混合聚类

与k-means用原型向量来刻画聚类结构不同，高斯混合聚类（Gaussian mixture model，GMM）采用概率模型来表达聚类原型。对n维样本空间中的随机向量x，若x服从高斯分布，其概率密度函数为

$$p(x) = \frac{1}{(2\pi)^{\frac{n}{2}} |\Sigma|^{\frac{1}{2}}} e^{-\frac{1}{2}(x-\mu)^T \Sigma^{-1}(x-\mu)} \tag{5-7}$$

其中，μ为n维均值向量；Σ为$n \times n$的协方差矩阵。可以看出，高斯分布完全由均值向量和协方差矩阵两个参数确定。为了明确显示高斯分布与相应参数的依赖关系，将概率密度函数记为$p(x|\mu, \Sigma)$。

定义高斯混合分布为

$$p_M(x) = \sum_{i=1}^{k} \alpha_i p(x|\mu_i, \Sigma_i) \tag{5-8}$$

该分布由k个混合成分组成，每个混合成分对应一个高斯分布。而$\alpha_i > 0$为相应的混合系数，$\sum_{i=1}^{k} \alpha_i = 1$。

高斯混合算法认为数据是从k个高斯函数组合而来的，最终的分布就是一个高斯混合分布形式，而k则是需要提前给出的。而对于模型的均值、协方差矩阵等参数，如何求解呢？显然，当给定样本集合D时，可采用极大似然估计。

$$LL(D) = \ln\left(\prod_{j=1}^{m} p_M(x)\right) = \sum_{j=1}^{m} \ln\left(\sum_{i=1}^{k} \alpha_i p(x|\mu_i, \Sigma_i)\right) \tag{5-9}$$

然后采用EM算法（expectation maximization algorithm）进行迭代优化求解。

5.2.4 密度聚类

基于密度的聚类方法（density-based clustering method，DBCM）假设聚类结构能够通过样本内部的紧密程度确定，通常情形下，密度聚类算法从样本密度的角度来考察样本之间的可连接性，并基于可连接样本不断扩展聚类簇，以获得最终的聚类结果。密度聚类的思想在于通过计算样本点的密度的大小来实现一个簇/类别的形成，样本点密度越大，越容易形成一个类，从而实现聚类。

密度聚类算法可以克服基于距离的聚类算法只能发现凸型集合的缺点，其可根据密度的分布发现任意形状的聚类，且对噪声数据不敏感。但因密度聚类算法需计算每个样本点附件的样本密度，故计算复杂度比较大。

DBSCAN（density-based spatial clustering of applications with noise，具有噪声的基于密度的聚类方法）是一个比较具有代表性的基于密度的聚类算法。与划分聚类、层次聚类不同的是，它将簇定义为密度相连的样本点的最大集合，可在有噪声样本的样本集中发现任意形状的簇。

DBSCAN是基于一组邻域参数来刻画样本分布的紧密程度的。给定数据集 $D=\{x_1, x_2, \cdots, x_n\}$，我们有如下的基本概念：

（1）ϵ-邻域：对于 $x_j \in D$，其 ϵ-邻域包含样本集D中与x_j的距离不大于 ϵ 的子样本集，即 $N_\epsilon(x_j) = \{x_i \in D \mid \text{distance}(x_i, x_j) \leq \epsilon\}$，这个子样本集的个数记为 $|N_\epsilon(x_j)|$。

（2）核心对象：对于任一样本 $x_j \in D$，如果其 ϵ-邻域对应的 $N_\epsilon(x_j)$ 至少包含MinPts个样本，即如果 $|N_\epsilon(x_j)| \geq \text{MinPts}$，则$x_j$是核心对象。

（3）密度直达：如果x_i位于x_j的ϵ-邻域中，且x_j是核心对象，则称x_i由x_j密度直达。注意反之不一定成立，即此时不能说x_j由x_i密度直达，除非x_i也是核心对象。

（4）密度可达：对于x_i和x_j，如果存在样本序列 $p_1, p_2, \cdots, p_t$ 满足 $p_1 = x_i, p_t = x_j$ 且 p_{t+1} 由 p_t 密度直达，则称x_j由x_i密度可达。也就是说，密度可达满足传递性。此时序列中的传递样本 $p_1, p_2, \cdots, p_{t-1}$ 均为核心对象，因为只有核心对象才能使其他样本密度直达。注意密度可达也不满足对称性，这个可以由密度直达的不对称性得出。

（5）密度相连：对于x_i和x_j，如果存在核心对象样本x_k，使x_i和x_j均由x_k密度可达，则称x_i和x_j密度相连。注意密度相连关系是满足对称性的。

基于以上概念，DBSCAN将"簇"定义如下：由密度可达关系导出的最大的密度相连样本集合。形式化地说，给定邻域参数$(\epsilon, \text{MinPts})$，簇 $C \subseteq D$ 是满足以下性质的非空样本子集：

连接性：$x_i \in C$，$x_j \in C \Rightarrow x_i$ 和x_j密度相连；

最大性：$x_i \in C$，x_j由x_i密度可达 $\Rightarrow x_j \in C$。

DBSCAN的聚类定义很简单：由密度可达关系导出的最大密度相连的样本集合，即我们最终聚类的一个类别，或者说一个簇。

簇里面可以有一个或者多个核心对象。如果只有一个核心对象，则簇里其他的非核心对象样本都在这个核心对象的ϵ-邻域里；如果有多个核心对象，则簇里的任意一个核心对象的ϵ-邻域中一定有一个其他的核心对象，否则这两个核心对象无法密度可达。这些核心对象的ϵ-邻域里所有的样本的集合组成一个DBSCAN聚类簇。

那么怎么才能找到这样的簇样本集合呢？DBSCAN使用的方法很简单，它任意选择一个没有类别的核心对象作为种子，然后找到所有这个核心对象能够密度可达的样本集合，即一个聚类簇。接着继续选择另一个没有类别的核心对象去寻找密度可达的样本集合，这样就得到另一个聚类簇。一直运行到所有核心对象都有类别为止。

基于上述思想，我们将DBSCAN算法流程表示如下：

输入：样本集$D=\{x_1,x_2,\cdots,x_n\}$，邻域参数$(\epsilon,\mathrm{MinPts})$，样本距离度量方式输出：簇划分$C$。

（1）初始化核心对象集合$\Omega=\varnothing$，初始化聚类簇数$k=0$，初始化未访问样本集合$\Gamma=D$，簇划分$C=\varnothing$。

（2）对于$j=1,2,\cdots,m$，按下面的步骤找出所有的核心对象：

a. 通过距离度量方式，找到样本x_j的ϵ-邻域子样本集$N_\epsilon(x_j)$。

b. 如果子样本集样本个数满足$|N_\epsilon(x_j)|\geqslant \mathrm{MinPts}$，将样本$x_j$加入核心对象样本集合：$\Omega=\Omega\cup\{x_j\}$。

（3）如果核心对象集合$\Omega=\varnothing$，则算法结束，否则转入步骤（4）。

（4）在核心对象集合Ω中，随机选择一个核心对象O，初始化当前簇核心对象队列$\Omega_C=\{o\}$，初始化类别序号$k=k+1$，初始化当前簇样本集合$C_k=\{o\}$，更新未访问样本集合$\Gamma=\Gamma-\{o\}$。

（5）如果当前簇核心对象队列$\Omega_C=\varnothing$，则当前聚类簇C_k生成完毕，更新簇划分$C=\{C_1,C_2,\cdots,C_k\}$，更新核心对象集合$\Omega=\Omega-C_k$，转入步骤（3）。

（6）在当前簇核心对象队列Ω_C中取出一个核心对象o'，通过邻域距离阈值ϵ找出所有的ϵ-邻域子样本集$N_\epsilon(o')$，令$\Delta=N_\epsilon(o')\cap\Gamma$，更新当前簇样本集合$C_k=C_k\cup\Delta$，更新未访问样本集合$\Gamma=\Gamma-\Delta$，更新$\Omega_C=\Omega_C\cup(N_\epsilon(o')\cap\Omega)-o'$，转入步骤（5）。

输出结果：簇划分$C=\{C_1,C_2,\cdots,C_k\}$。

与k-means算法相比，DBSCAN最大的不同就是不需要输入类别数k，当然它最大的优势是可以发现任意形状的聚类簇，而不是像k-means，一般仅仅使用于凸的样本集聚类。同时它在聚类的同时还可以找出异常点。一般来说，如果数据集是稠密的，并且数据集不是凸的，那么用DBSCAN算法会比k-means等算法聚类效果好很多。但是如果数据集不是稠密的，则不推荐用DBSCAN来聚类。

5.3 基于聚类的数据分析

5.3.1 数据分析——纽约出租车乘车时间预测

数据来源于Kaggle网站真实数据集"New York City Taxi Trip Duration—Share code and data to improve ride time predictions"，数据集可通过如下网址下载：https://www.kaggle.com/c/nyc-taxi-trip-duration/data。我们的求解过程参考了论坛中的几个Kernel方案，本部分的图、表和

计算结果及相应的算法,全部应用Python中的函数实现。

数据文件给出时,已分成了训练集和测试集,其中训练集包含145万余条的数据记录以用来进行数据处理。其数据集中共有11个字段,其中包括上下车时间、上下车经纬度、旅程时长、乘客人数、数据记录发送类别(储存发送还是直接发送)、数据提供者的ID编号等。

首先根据数据记录可以看出纽约市街道的出租车热点图,如图5-1所示。

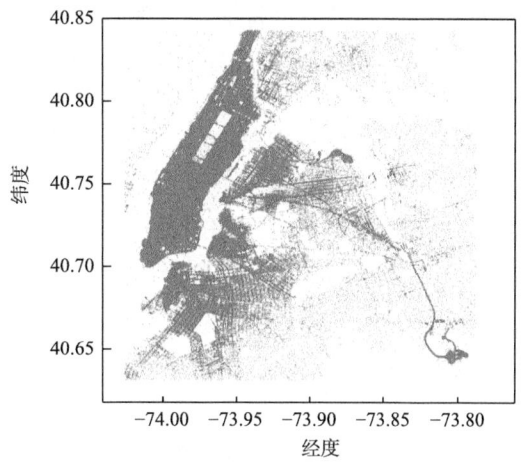

图 5-1 纽约市街道出租车热点图

然后我们依据乘客上车点和下车点对整个街道进行聚类划分,应用k-means算法,当k=15时,有图5-2中的结果。

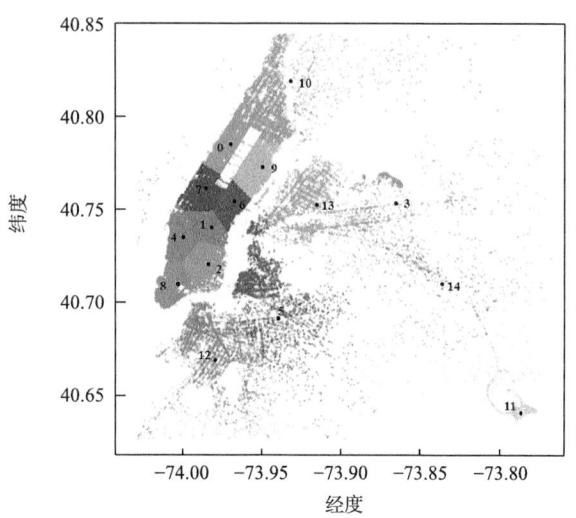

图 5-2 纽约市街道的聚类结果

正如我们看到的,聚类的结果在一定程度上将纽约市划分为不同的区域,而部分区域与纽约市的自然划分相同。我们采用不同的数字表示各自区域。其中:上东区(Upper East)为区域9,中央公园西侧(West side of Central Park)为区域4,西城区

(West Midtown)为区域0,切尔西(Chelsea)和纽约西村(West Village)为区域6,商业区为区域1,金融中心(Financial District)为区域8,下东城(Lower East)为区域2,中心城和时代广场为区域7,哈林区(Harlem)为区域10,纽约东村和SoHo商业区为区域5,JFK机场和La LaGuardia 机场有自己的聚类区域(区域3和区域11),同样Queens和Harlem区域也是自身的聚类区域(区域14和区域12)。最后,我们计算出每个聚类的聚类中心点,并标注在图5-2中。

下面我们进行出租车在城区间的方向性研究,图5-3给出了不同时间点出租车的主要方向。从图5-3中可以看到,早上的大部分交通发生在曼哈顿区域。而去往布鲁克林区的主要来自威廉斯堡,且大部分在深夜。因为在早上的时候并没有类似相反的运动方向,可以断定这并不是彼此交流导致的。由于这些通常发生在21:00后,更可能是人们离开回家。由于箭头只表示对应一小时内的相关打车情况,可能指向布鲁克林的箭头是由于相对于去曼哈顿的打车事件相对减少的原因。在每天早上,大部分的打车发生在往返两个机场,而这时候由图5-3中可以看出,相对于城市的其他部分相对打车事件减少。

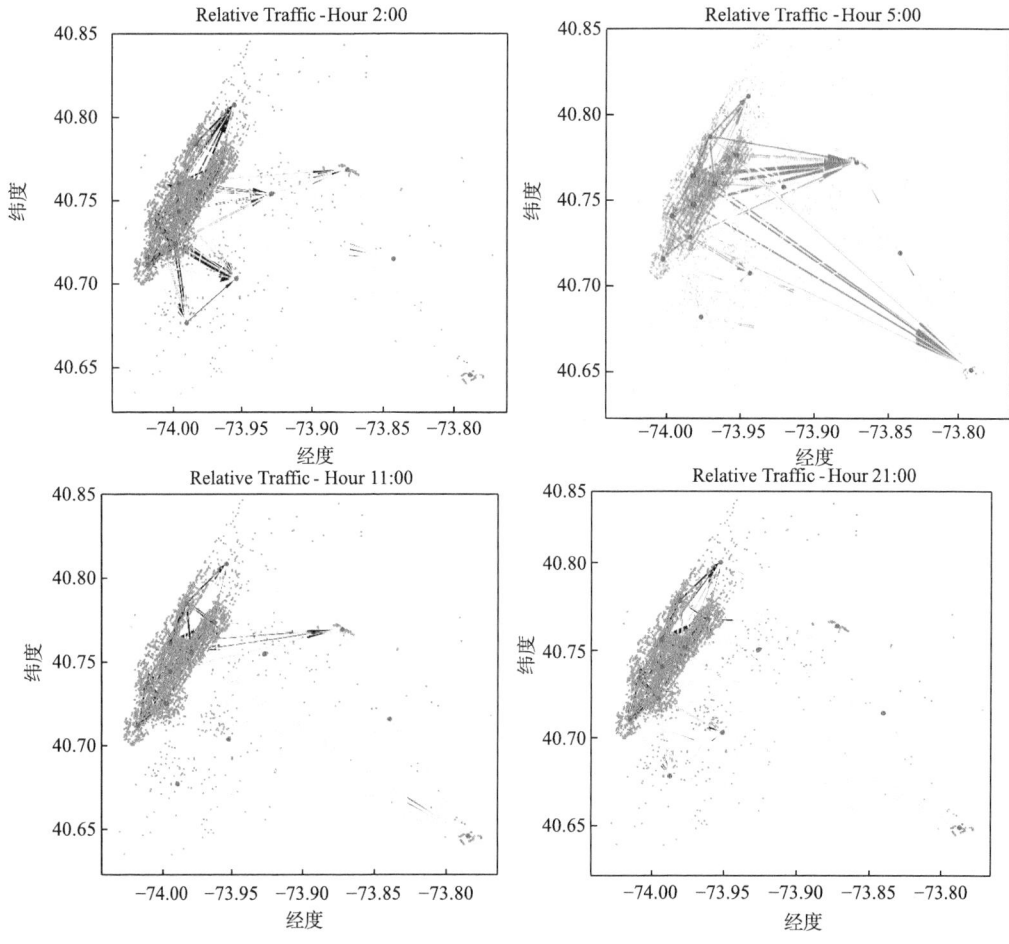

图 5-3　不同时间出租车主要方向

从乘车区域间的数据可以看到，曼哈顿城区周围是出租车聚集最多的区域，以纽约上东区内部乘车最多。我们发现大部分乘车发生在区域内部。观察可知，热点图对应的矩阵基本上是对称的，也就是指在这些区域中，没有完全的上车区域或者是下车区域。为了进一步说明这一点，我们做了一个区域的进、出点统计图，见图5-4。

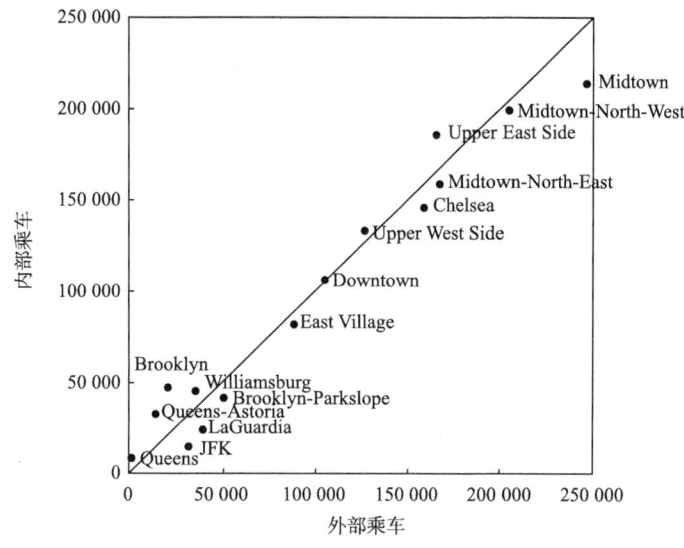

图 5-4　区域的进、出点统计图

5.3.2　数据分析二——葡萄酒类别分析

数据来源于Kaggle网站真实数据集"Wine_pca"，数据集可通过如下网址下载：https://www.kaggle.com/akram24/wine-pca（同时，该数据集也是著名UCI网站经典数据集Wine Data Set，可参考：https://archive.ics.uci.edu/ml/datasets/wine）。我们的求解过程参考论坛中的几个Kernel方案，本部分的图、表和计算结果及相应的算法，全部应用Python或R语言中的函数实现。

葡萄酒是一种成分复杂的酒精饮料，不同产地、年份和品种的葡萄酒成分不同，这也是导致质量差异过大的重要因素。至今，质量评价主要还是依靠专家的感官，主观性较强。为了评估葡萄酒的质量，我们提出的方法就是根据酒的物理化学性质与质量的关系，对葡萄酒进行分类。

这些数据包括3种酒中13种不同成分的数量：乙醇（Alcohol）、羟基丁二酸（Malic_Acid）、灰（Ash）、灰碱度（Ash_Alcalinity）、镁（Magnesium）、总酚（Total_Phenols）、黄酮（Flavanoids）、非类黄酮酚（Nonflavonoid_Phenols）、花青素苷（Proanthocyanins）、色度（Color_Intensity）、色调（Hue）、经稀释后的吸光度比值（OD280）、脯氨酸（Proline）。

其中共有数据178个，我们假设并不知道其共为3种酒，将验证应用k-means算法的聚类效果及数据分析能力。

首先我们分析13种属性的特点。这里我们采用统计方法，先看13个属性的各自数值分布情况，如图5-5所示。

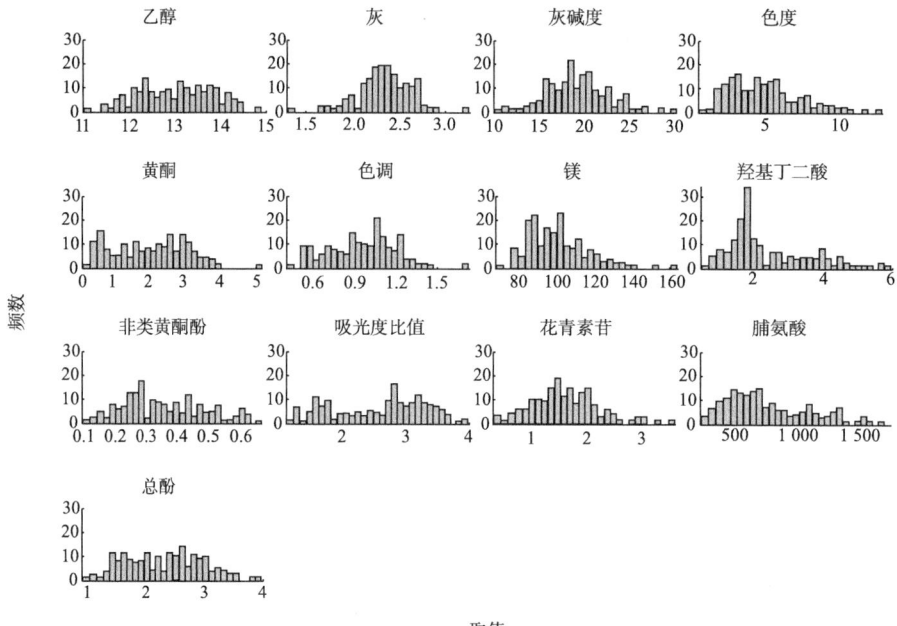

图 5-5　不同属性的各自数值分布情况

接着讨论各个属性之间是否有相关性。为了回答这个问题，我们比较了各个属性之间的关系矩阵，并根据数值画出相关图，见图5-6。

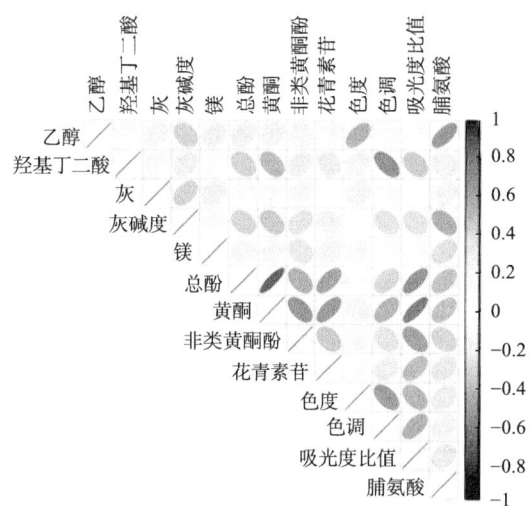

图 5-6　各个属性之间的关系矩阵

通过图5-6，可以看出，属性Total_Phenols和属性Flavonoids具有较强的线性相关性。我们可以假设两个变量具有线性的等式关系，建立模型，并进行拟合，得到图5-7的关系图。

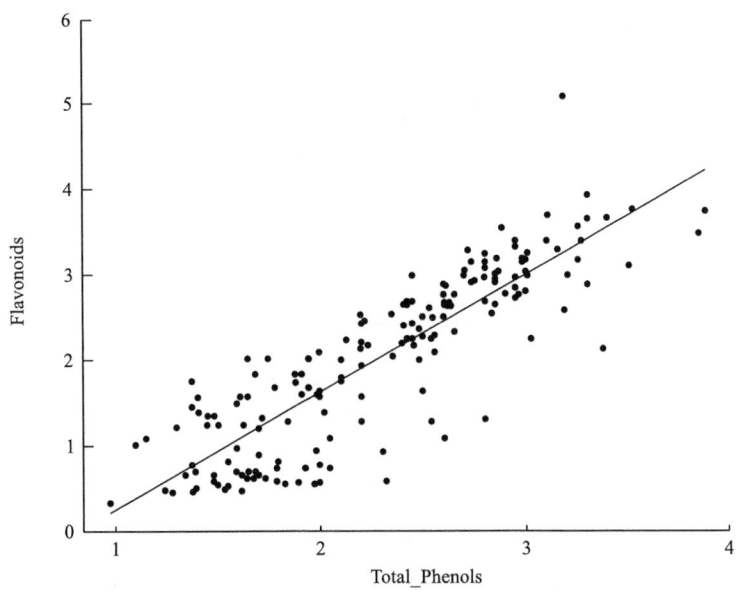

图 5-7　Total_Phenols 和 Flavonoids 线性关系图

我们在应用 k-means 算法进行聚类分析时，最直接的问题就是 k 值选取多少。首先我们将 k 值从 1 取到 10，分别计算其聚类后的聚类组间的聚类平方和总量（between）和聚类组内的聚类平方和总量（total），结果如图 5-8 所示。

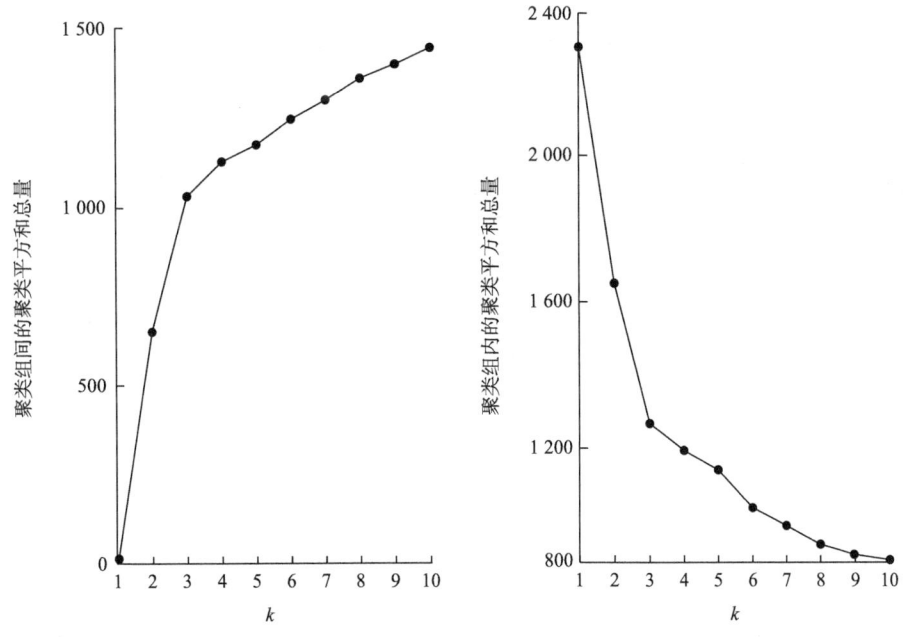

图 5-8　不同 k 值对应的 between 和 total

从图 5-8 中可以看出，聚类组间的聚类平方和总量随着 k 值变大而增加，而聚类组内的聚类平方和总量随着 k 值增大而减小，我们希望得到两个总量相对都大的点，通过观察可以得到，当 $k=3$ 时，两个指标相对较高，效果相对最好。同时，我们将不同属性分别聚类的效果展示在图5-9中。

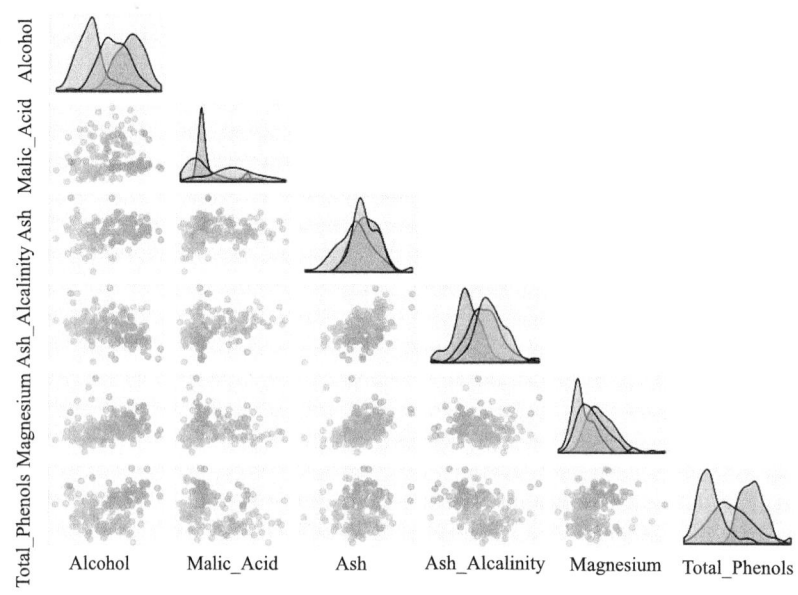

图 5-9 不同属性的聚类效果

5.4 应用案例

5.4.1 案例1——电商平台客户忠诚度聚类方法

本案例参考了郑凯伦等的专利"忠诚度聚类的方法和装置"。

用户忠诚度是CRM中的重要概念，它可以体现一个用户是否是网站、品牌、视频、社交平台或支付平台等的忠实用户，企业在进行精准营销时，可以结合用户是否忠诚进行精细化营销。例如，用户较为忠诚，则为了让该类用户保持一定的忠诚度，可根据其消费情况定期给一些优惠券、返利等，如用户不够忠诚，则为了让该用户最大限度地成为企业的忠诚用户，则可针对该类型用户进行精准化营销，在该类用户徘徊犹豫期发送优惠活动消息、优惠券等。所以用户忠诚度能较好地支持精准营销、商品推荐等一系列业务。

以电子商务行业为例，在常见的电子商务模式中，需要实现精准营销，而精准营销则需要准确的用户画像作为支持，用户的忠诚度是电子商务网站用户画像中最重要的标签之一。现有的用户忠诚度模型是网站全站的忠诚度表现，其不仅能体现用户在网站全站的忠诚度，而在实际应用场景中，不同品牌用户的忠诚度表现差异性较大，所以要针对不同品牌的业务特征，开发一套适合不同品牌的忠诚度标签。

现有技术中，若需针对不同的网站、品牌、视频、社交平台或支付平台等开发相应的忠诚度标签，需人工确定各个网站、品牌、视频、社交平台或支付平台等所需的特征，且人工无法准确地判断所需的是哪几种特征，故所需的工作量较大，不易开发。

上述的问题主要包括两方面的困难。

（1）特征差异较大，不同的网站、品牌、视频、社交平台或支付平台等之间有一定的特征差异，有些特征在某些聚类时很显著，但在另外的聚类时可能是无用的特征，现有技术不能自适应地选择计算忠诚度所需的特征。

（2）工程量较大，人工干预量比较大，需要对不同的网站、品牌、视频、社交平台或支付平台等手动选择它们最合适的特征。

为了克服以上困难，提出了忠诚度聚类的方法，其主要包括如下步骤。

步骤一：获取样本，将所述样本分类为不同用户特征。在本步骤中，可以通过定义忠诚度的类型，构建用户特征集合来获得不同用户特征。忠诚度的类型可分为高度—忠诚型、中度—忠诚型、近期—普通型、远期—普通型、近期—偶然型、近期—投机型、远期—偶然型、远期—投机型。用户特征集合通过模型样本提取、用户特征加工和数据清洗来构建。

模型样本提取。可以提取近一年有过购物、浏览、登录或支付等行为的用户作为目标用户，然后选择这些用户近一年的用户特征作为模型聚类的样本。用户特征加工的特征集合可以但不限于包括购物天数、优惠率、末单距今天数、SKU（stock keeping unit，库存量单位）、三级品类数、父单量、加购数、浏览时长、浏览数、浏览三级品类数。数据清洗可以首先根据具体的业务场景需求，排除刷单用户（单价小于5元，且订单量大于10单）、风险用户（如黄牛商家、机器注册的用户和企业用户等异常用户），确保模型的适用性和鲁棒性。其次，可以采用箱型图等方法排除某些极大值，采用均值补全法补全缺失值等。最后，为了保证不同数量级的特征相差过大，提升模型的收敛速度，可以对数据进行归一化处理。

步骤二：利用k-means聚类模型选择计算忠诚度所需的特征，根据所述特征利用k-means聚类模型获得忠诚度的聚类中心点。本步骤采用了两层聚类，第一层k-means聚类模型是用小样本和随机的用户特征进行k-means聚类，然后选择WSSSE（within set sum of squared error，组内误差平方和）最小的k-means聚类模型对应的特征组合，接着第二层k-means聚类模型使用该特征组合和全量的样本去进行第二层k-means聚类，得到最终的忠诚度的聚类中心点。

步骤三：根据所述忠诚度的聚类中心点对用户的忠诚度进行聚类。本步骤可以根据忠诚度的聚类中心点对所有用户的忠诚度进行聚类，即利用本模型得到的各个聚类中心点将这些用户的忠诚度聚到相应的类，然后打上该类的标签。将其步骤总结如图5-10所示。

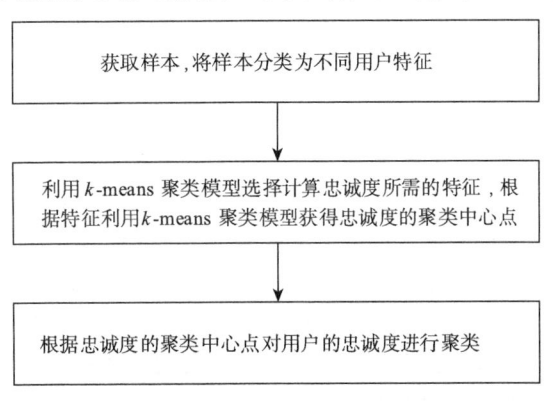

图5-10　应用聚类的主要思路

因为采用随机k-means模型选择计算忠诚度所需特征,进行用户的忠诚度聚类的技术手段,所以克服了不同网站、品牌、视频、社交平台或支付平台等之间特征差异较大带来的需要手动选择最适特征、人工干预量大的技术问题,进而达到自适应地选择计算忠诚度所需特征,以及并行地计算所有用户忠诚度聚类结果的技术效果,从而可以清晰地将样本分类为不同用户特征,以便后续根据用户特征进行计算忠诚度所需特征的选择,通过忠诚度的类型信息标签,从而可以对网站、品牌、视频、社交平台或支付平台等的忠诚型用户进行精准营销,提升复购率等,还可以针对其他相似网站、品牌、视频、社交平台或支付平台等的忠诚度较高用户进行精准营销,提升站内拉入新用户等,还可以利用各个用户的忠诚度差异进行差异化营销。通过随机选择用户特征和样本构建聚类模型,计算该k-means聚类模型的WSSSE并选取最小的所对应的用户特征,可以较准确地获取计算忠诚度所需特征,以便后续根据计算忠诚度所需的特征实现用户忠诚度的聚类。

5.4.2 案例2——基于大数据的电力系统缴费渠道评价方法

本案例参考了胡博等的专利:"基于大数据的电力系统缴费渠道评价方法。"

随着社会经济技术的飞速发展,用电量一直持续增长,用电客户数量和售电量也持续大幅提高。为了更好地服务广大用户,缴费渠道一直向着多样化、多元化的方向发展。但是不同的缴费渠道在不同程度上存在着弊端,如营业网点布局不合理、营业窗口设置不灵活、人力资源配置不平衡、电费回收存在风险、费控协议签订缓慢等。如何利用电力营销系统的大数据实现对现有缴费渠道的量化评价,进一步为缴费渠道的建设规划和改造提供科学依据是很值得研究的问题。

针对上述问题提出了一种基于大数据的电力系统缴费渠道评价方法,具体步骤如下。

步骤1:基于调查问卷获取用户属性及用户缴费行为数据,采用一聚类算法建立用户缴费行为画像,即确定若干个用户属性分类与若干个用户缴费行为分类之间的对应关系。

步骤1.1:通过调查问卷获取用户属性数据和用户缴费行为数据,用户属性数据包括性别、年龄、职业、文化程度,用户缴费行为数据包括缴费方式、缴费频率、取消自有营业厅之后可能采用的缴费渠道、用户认为最方便的缴费渠道。

步骤1.2:对调查问卷进行集成、清理、变更、归约,获得有效的调查问卷,利用统计分析软件SPSS形成用户属性和用户缴费行为的样本空间。

步骤1.3:利用k-means聚类算法对用户属性进行聚类分析,获得若干类用户属性。

步骤1.4:利用k-means聚类算法对用户缴费行为进行聚类分析,获得若干类用户缴费行为。

步骤1.5:利用k-means聚类算法对一类用户属性与若干类用户缴费行为分别进行聚类分析,得到若干个相近程度不同的聚类结果,其中相近程度最大的聚类结果对应的用户缴费行为类别,即该类用户最倾向采用的缴费行为,得出该类用户属性与该类用户缴费行为的对应关系,即完成了该类用户属性的用户缴费行为画像,以此类推完成其他类用户属性的用户缴费行为画像。

图5-11为建立用户画像的流程图。

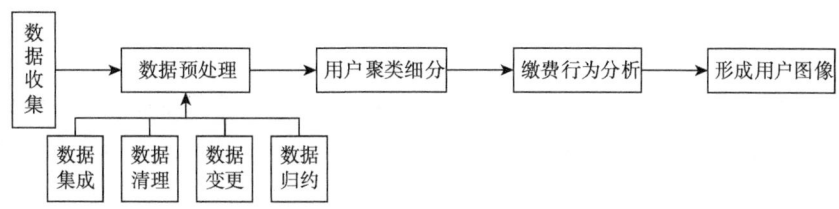

图 5-11　采用一聚类算法建立用户画像流程图

步骤2：完善电力系统缴费渠道评价因素数据，并对其进行最近邻聚类，产生电力系统缴费渠道的评价指标，并构建指标体系。

步骤2.1：电力系统缴费渠道评价因素包括渠道的覆盖率、渠道的利用率、成本、工作效率、用户缴费行为画像、便捷性、客户满意度、渠道发展趋势，其中将步骤1得到的用户缴费行为画像作为用户缴费行为画像的初值，其余各因素的初值根据专家经验值确定。

步骤2.2：利用k-最近邻法对电力系统缴费渠道评价因素进行最邻近聚类，将对缴费渠道影响相似的评价因素聚为一类，聚合结果作为电力系统缴费渠道评价指标，各类评价指标形成缴费渠道评价指标体系。

步骤3：采用模拟遗传退火算法确定评价指标体系中各评价指标的权重，建立缴费渠道评价模型，获得各缴费渠道的评价值，所述缴费渠道评价模型为先求出每项评价指标与权重的乘积，再求各乘积的和。

步骤4：利用电力系统实际缴费数据，判断缴费渠道评价模型是否适用于新的地区或新的时期，若适用，则缴费渠道评价模型继续使用，否则采用模拟遗传退火算法重新确定各评价指标的权重，确定适用于新的地区或新的时期的缴费渠道评价模型。

步骤4.1：利用电力系统实际缴费数据获得当前用电量，由新的地区或新的时期电力系统实际缴费历史数据折线图确定用电量预测值。

步骤4.2：利用用电量与缴费渠道评价值之间的比例关系，求出用电量预测值对应的缴费渠道评价值。

步骤4.3：若用电量预测值对应的缴费渠道评价值与当前用电量对应的缴费渠道评价值之差小于0.1，则继续使用当前缴费渠道评价模型，否则采用模拟遗传退火算法重新确定各评价指标的权重，返回步骤3建立新的缴费渠道评价模型。

我们提出一种基于大数据的电力系统缴费渠道评价方法，首先基于调查问卷的用户属性和用户缴费行为数据，采用一聚类算法对用户缴费行为进行画像分析，识别出各类用户属性与各类用户缴费行为的对应关系。利用k-最近邻法对电力系统缴费渠道评价因素进行最邻近聚类，聚合结果作为缴费渠道评价指标，建立缴费渠道评价体系。利用模拟遗传退火算法确定缴费渠道评价指标的权重，从而形成缴费渠道评价模型。对于新的地区或新的时期，利用电力系统实际缴费数据判断缴费渠道评价模型是否适用，若不适用，建立新的缴费渠道评价模型。本发明填补了电力系统领域的一项技术空白，实现了对电力系统缴费渠道的量化评价，为缴费渠道规划建设与改造提供了科学的决策依据。

【本章小结】

聚类算法在机器学习和数据挖掘领域出现相对较晚，但其种类众多，发展也很迅速。一个重要原因是聚类问题不存在客观标准；给定数据集，总能从某个角度找到以往算法未覆盖的某种标准从而设计出新的算法。本章主要介绍了常用的 k-means 算法、k-modes 算法、高斯混合聚类和 DBSCAN。在选择聚类方法时，根据各自算法的特点，还可以采用聚类集成的方法，通过多个聚类学习器进行集成，能有效降低聚类假设与真实聚类结构不符、聚类过程中的随机性等因素带来的不利影响。而聚类技术本身在现实任务中十分重要，本章给出了多个专利应用案例和数据分析实例。

【课后思考题】

1. 假设你想使用 k-means 聚类算法将 7 个观测值聚类到 3 个簇中。在第一次迭代簇之后，C_1、C_2 和 C_3 具有以下观测值：

C_1：{（2，2），（4，4），（6，6）}

C_2：{（0，4），（4，0）}

C_3：{（5，5），（9，9）}

如果继续进行第二次迭代，求集群的质心。

2. 如果聚类分析现在有两个变量 V_1 和 V_2，对于 k-means 分析（$k=3$），如果 V_1 和 V_2 完全相关，簇的质心是否会在一条直线上？

3. 根据图 5-12 的结果，簇的数量的最好选择是什么？

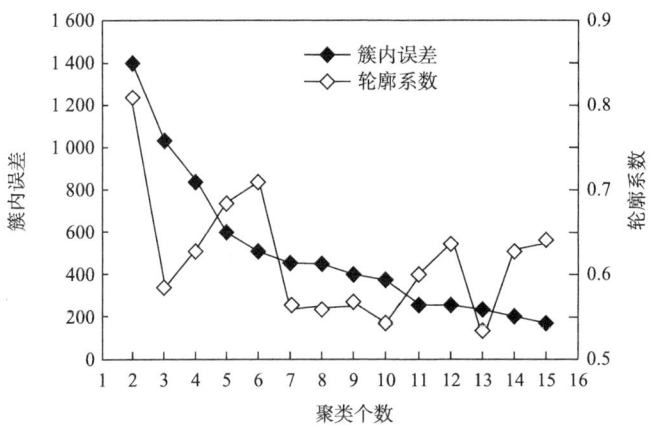

图 5-12 聚类数目对应的簇内误差与轮廓系数变化

4. 举例说明多种表示距离的公式，并描述其在聚类算法中的重要性。

5. 浅析 DBSCAN 算法是相对噪声的，并且适用于不规则形状和大小。

6. 表 5-1 是对 6 000 个数据点进行聚类分析后聚集成的 3 个簇：A、B 和 C，结合本章知识，计算集群 B 的 F_1 分数是多少。

表 5-1　聚类后的混淆矩阵

		Actual			
		A	B	C	SUM
Predicted	A	600	400	200	1 200
	B	1 000	1 200	200	2 400
	C	400	400	1 600	2 400
	SUM	2 000	2 000	2 000	

第6章 商务智能中的分类

【本章导读】

在电子商务中,经常遇到进行识别分类的问题,此类问题就是如何通过已有的数据进行客户识别,挖掘企业的潜在客户。潜在客户是经营性组织机构的产品或服务的可能购买者。这类客户数量大、分布广,通过企业的努力推销,就有可能使其成为企业的现实客户。因此识别企业的潜在客户成为企业开展进一步营销活动的关键所在。通过已有客户信息,对其他客户进行识别和预测,主要应用数据挖掘中的分类算法。本章将介绍多个机器学习分类算法,并在最后给出相应算法的真实数据分析和应用案例。

6.1 分类算法简介

分类算法有别于聚类算法,其需要已有数据和类别,也就是将数据映射到预先定义好的群组或者类当中。由于在分析已有数据前,已经定义了类别,因此分类算法属于"有监督的学习"。常用的分类算法包括决策树分类法、朴素的贝叶斯分类算法、支持向量机分类法、神经网络法、k-最近邻法等。下面将简要介绍几类经典的分类方法。

6.2 代表性的分类算法

6.2.1 支持向量机

支持向量机方法建立在统计学习理论基础上,根据有限的样本信息在模型的复杂性(即对特定训练样本的学习精度)和学习能力(即无错误地识别任意样本的能力)之间寻求最佳折中,从而达到在统计样本量较少的情况下,亦能获得良好统计规律的目的。其对于解决小样本、非线性及高维模式识别中表现出许多特有的优势,并能够推广应用到函数拟合等其他机器学习问题中。

机器学习中的分类方法,通常是基于训练集在样本空间找到一个划分的超平面,将不同类别的样本分开,而这样的超平面其实有很多,但是怎样给出一个划分超平面的方法,该方法所产生的结果最具鲁棒性,对未见示例的泛化能力最强,这就是支持向量机方法的出发点。

在样本空间中，划分超平面可通过如下的线性方程来描述：

$$a^T x + b = 0 \quad (6\text{-}1)$$

其中，$a = (a_1, a_2, \cdots, a_n)$ 为法向量，决定了超平面的方向；b 为位移项，决定了超平面与原点间的距离。由此样本空间中任意点 x 到超平面的距离可以表示为

$$d = \frac{|a^T x + b|}{\|a\|} \quad (6\text{-}2)$$

若超平面能够将训练样本正确分类，则对于样本集 S 中的 (x_i, y_i)，若 $y_i = 1$，则有 $a^T x + b > 0$；若 $y_i = -1$，则有 $a^T x + b < 0$，不妨假设

$$\begin{cases} a^T x_i + b \geqslant 1, y_i = 1 \\ a^T x_i + b \leqslant -1, y_i = -1 \end{cases} \quad (6\text{-}3)$$

因此我们可以得出距离超平面最近的训练样本点使得等号成立，它们就是支持向量，分属不同类别的支持向量到超平面的距离之和为

$$\gamma = \frac{2}{\|a\|} \quad (6\text{-}4)$$

如图6-1所示，其中划分两类的超平面分别为

$$\begin{cases} H_1 : a^T x_i + b = 1 \\ H_0 : a^T x_i + b = 0 \\ H_2 : a^T x_i + b = -1 \end{cases}$$

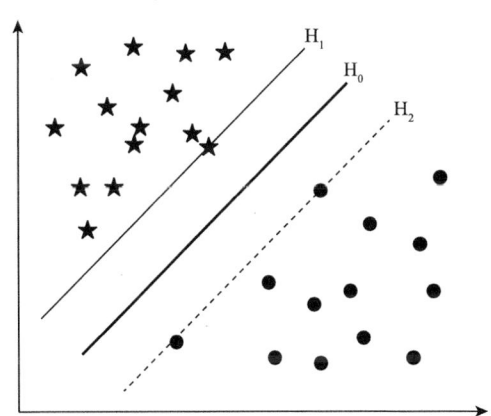

图 6-1　支持向量机超平面间隔示例

为了得到最大间隔距离的划分超平面，也就是要确定参数 a 和 b，使得 γ 最大，等价于求解如下最优化问题：

$$\begin{cases} \max\limits_{a,b} \dfrac{2}{\|a\|} \\ \text{s.t.} \, y_i (a^T x_i + b) \geqslant 1, i = 1, 2, \cdots, n \end{cases} \quad (6\text{-}5)$$

为了便于求解，通过观察可知，最大化 γ，等价于最小化 $\|a\|^2$，则模型（6-5）可以转

化为如下形式：

$$\begin{cases} \min\limits_{a,b} \dfrac{1}{2}\|a\|^2 \\ \text{s.t.} \, y_i\left(a^\mathrm{T} x_i + b\right) \geqslant 1, i=1,2,\cdots,n \end{cases} \quad (6\text{-}6)$$

最优化模型（6-6）转化为一个凸二次规划问题，被称为支持向量机的基本型。

对于上述二次规划问题，有相应的算法进行求解，同时观察模型结构，可以通过拉格朗日对偶（Lagrange duality）方法得到最优解。这样的算法更容易求解，同时可以引入和函数，推广到非线性分类问题。

对于模型（6-6），给出其拉格朗日函数：

$$L(a,b,\alpha) = \dfrac{1}{2}\|a\|^2 - \sum_{i=1}^{n}\alpha_i\left(y_i\left(a^\mathrm{T}x_i + b\right) - 1\right) \quad (6\text{-}7)$$

其中，$\alpha = (\alpha_1, \alpha_2, \cdots, \alpha_n)$。

优化模型（6-6）的对偶问题可得

$$\begin{cases} \max\limits_{\alpha} \sum\limits_{i=1}^{n}\alpha_i - \dfrac{1}{2}\sum\limits_{i=1}^{n}\sum\limits_{j=1}^{n}\alpha_i\alpha_j y_i y_j x_i^\mathrm{T} x_j \\ \text{s.t.} \sum\limits_{i=1}^{n}\alpha_i y_i = 0, i=1,2,\cdots,n \\ \alpha_i \geqslant 0, i=1,2,\cdots,n \end{cases} \quad (6\text{-}8)$$

从对偶问题中解出 α_i 是拉格朗日乘子，而对偶问题是一个不等式约束条件下的二次函数寻优问题，存在唯一解 α^*。由拉格朗日函数最优性可知：

$$\alpha^* = \sum_{i=1}^{n} y_i \alpha_i^* x_i \quad (6\text{-}9)$$

对于偏移项 b^*，所有的支持向量均满足：

$$y_s\left(\sum \alpha_i y_i x_i^\mathrm{T} x_s + b\right) = 1 \quad (6\text{-}10)$$

因此可以选取任意支持向量并通过求解上式得到 b^*，但现实任务中通常采用更为鲁棒的方法，使用所有支持向量求解的平均值：

$$b^* = \dfrac{1}{|S|}\left(\sum_{s\in S} y_s - \sum \alpha_i^* y_i x_i^\mathrm{T} x_s\right) \quad (6\text{-}11)$$

从而得到最优的超平面 (a^*, b^*)。

注意到：α^* 的每一个分量 α_i^* 都与一个训练点相对应。而超平面仅仅依赖于 α_i^* 不为0的训练点，而与为0的训练点无关。我们将这些不为0的训练点称为支持向量。最终在求得超平面以后，检验样本可以通过如下式子进行分类：

$$f(x_j) = \text{sign}\left(\sum \alpha_i y_i x_i^\mathrm{T} x_j + b\right) \quad (6\text{-}12)$$

其中，sign（·）为指示函数，指示样本所属类别。

以上我们主要介绍了线性划分的情形，而对于许多现实问题，样本并不是可以线性划分的，如图6-2所示。

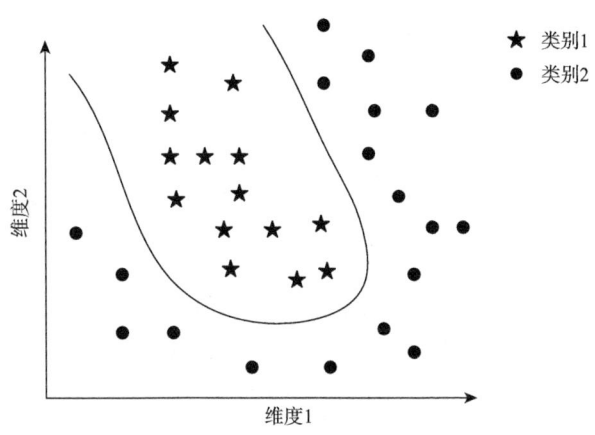

图 6-2 非线性可分示例

对于这样的问题,则需要将样本原来的空间映射到一个更高维的特征空间,使得样本在这个特征空间内线性可分。幸运的是,如果原始空间是有限维,即属性数量有限,那么一定存在一个高维特征空间使其样本可分。而这时,我们需要引入一个映射函数的概念,也就是核函数。

定理6.1(Mercer定理) 任何半正定的函数都可以作为核函数。

由Mercer定理可知,核函数的形式可以是多样的。我们希望样本在特征空间内线性可分,因此特征空间的好坏对支持向量机的性能十分重要。在不知道特征映射的情况下,我们也不知道什么样的核函数适合,而核函数也仅是隐式地定义了一个特征空间,因此我们对于核函数的选择称为支持向量机性能的最大变数,如果核函数选择不合适,将会导致分类不佳,常用的核函数有如下形式:

(1)线性核函数 $K(X_1, X_2) = \langle X_1, X_2 \rangle$;

(2)多项式核函数 $K(X_1, X_2) = (\langle X_1, X_2 \rangle + 1)^r, r \in R^+$;

(3)RBF核函数 $K(X_1, X_2) = \exp\left\{-\frac{\|X_1 - X_2\|}{\sigma^2}\right\}$;

(4)Sigmoid核函数 $K(X_1, X_2) = \tanh(v(\langle X_1, X_2 \rangle) + c)$。

支持向量机算法应用于分类问题时,相对于其他分类方法,训练相对较慢,分类速度一般,但是分类效果较好。在面对非线性可分情况时,可以引入松弛变量进行处理或者通过空间变换到另一个线性可分空间进行处理。同时支持向量机有很多实现工具,如LibSVM/SVM light/SVMTorch等,应用十分方便。

6.2.2 决策树

决策树是基于特征对实例进行分类的过程,既可以认为是if-then规则的集合,也可以认为是定义在特征空间与类空间上的条件概率分布。其主要优点是模型具有可读性,分类速度快。分类决策树可以认为是一种对描述实例进行分类的树形结构。

决策树可以看成一个if-then规则的集合,由决策树的根结点到叶子结点的每一条路径构建一条规则;路径内部结点的特征对应着规则的条件,而叶子结点的类对应着规则的结论。而每一个实例都被一条路径或者一条规则所覆盖,且只被一条路径或者一条规则所覆盖。

决策树还可以表示给定特征条件下类的条件概率分布。条件概率分布定义在特征空间的一个划分上,将特征空间分为互不相交的单元或是区域,并在每个单元定义一个类的概率分布就构成了一个条件概率分布,决策树的一条路径对应于划分中的一个单元。

1. 分类决策树模型

分类决策树模型是一种描述对事例进行分类的树形结构。决策树由结点和有向边组成。结点有两种类型:内部结点和叶子结点。内部结点表示一个特征或者属性,叶子结点表示一个类。图6-3就是一个分类决策树模型。

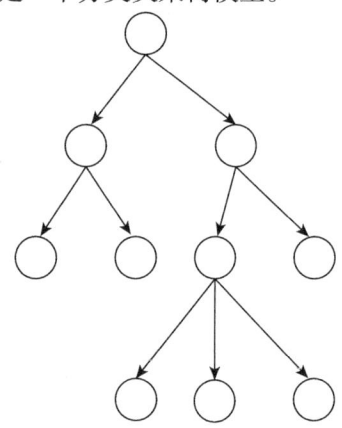

图 6-3 分类决策树模型

通过决策树进行的学习过程,从本质上讲,是从训练集中归纳出一组分类准则。与训练集不相矛盾的决策树可能有多种形式,也可能一个都没有。我们需要一个与训练数据相比矛盾较小的决策树,同时具有很好的泛化能力。

决策树学习算法,通常是递归地选择最优特征,根据该特征对训练数据进行分割,使得对各个子数据集有一个更好的分类过程。这一过程对应着特征空间的划分,也对应着决策树的建立。

在决策树算法中通常有三种情形会导致递归返回:①当前结点中包含的样本数据全属于同一类别,无须划分;②当前属性集为空或是所有样本在所有属性上取值相同,无法划分;③当前结点包含的样本集为空,不能划分。在情形②下,我们将当前结点标记为叶子结点,并将其类别设定为该结点所含样本最多的类别;在情形③下,同样把当前结点标记为叶子结点,但将其类别设定为其父结点所含样本最多的类别。而这两种情况处理方式在实质上是不同的:情形②是利用当前结点的后验分布,而情形③则是把父结点的样本分布作为当前结点的先验分布。

决策树构建中最重要的就是特征的选择,其在于选取对于训练数据具有分类能力的特征,从而提高决策树的学习效率。我们希望决策树分支结点所包含的样本尽可能属于同一类别,也就是结点的"纯度"越来越高。而选择属性的不同标准决定了很多不同的算法,常用的属性选择标准包括信息增益(information gain,IG)、信息增益率、

Gini指数和χ^2检验等。

1）信息增益

信息论和概率统计中，熵表示随机变量不确定性的度量，信息熵是度量样本集合纯度的指标。假定当前样本集合D中第k类样本所占比例为$p_k(k=1,2,\cdots,n)$，则D的信息熵可以定义为

$$H(D) = -\sum_{k=1}^{n} p_k \log_2 p_k \tag{6-13}$$

$H(D)$的值越小，说明D的纯度越高。

设有随机变量(X, Y)，其联合概率分布为

$$P(X=x_i, Y=y_j) = p_{ij}, i=1,2,\cdots,n; j=1,2,\cdots,m$$

条件熵$H(Y|X)$表示在已知随机变量X的条件下随机变量Y的不确定性。随机变量X给定的条件下随机变量Y的条件熵，定义为X给定条件下Y的条件概率分布的熵对于X的数学期望。

$$H(Y|X) = \sum_{i=1}^{n} p_i H(Y|X=x_i) \tag{6-14}$$

其中，$p_i = P(X=x_i), i=1,2,\cdots,n$。

信息增益表示得知特征X的信息而使得类Y的信息的不确定性减少的程度。

定义6.1（信息增益） 特征A对训练数据集D的信息增益$G(D,A)$，定义为集合D的熵$H(D)$与特征A给定条件下D的条件熵$H(D|A)$之差，即

$$G(D,A) = H(D) - H(D|A) \tag{6-15}$$

一般地，信息增益越大，意味着使用特征A来进行划分所获得的纯度提升越大。因此，我们可以用信息增益来进行决策树的划分属性选择。

以经典的天气预报数据为例，其数据集如表6-1所示。

表6-1 天气预报数据集

天气	气温	湿度	风力	是否出去玩
晴天	高	高	小	否
晴天	高	高	大	否
阴天	高	高	小	是
雨天	中	高	小	是
雨天	低	中	小	是
雨天	低	中	大	否
阴天	低	中	大	是
晴天	中	高	小	否
晴天	低	中	小	是
雨天	中	中	小	是
晴天	中	中	大	是
阴天	中	高	大	是
阴天	高	中	小	是
雨天	中	高	大	否

当我们以"是否出去玩"作为学习的目标时,可以看出,表6-1中共有14组数据样例,包括9个正例(出去玩)和5个负例(不出去)。那么当前信息熵计算如下:

$$H(D) = -\frac{9}{14}\log_2\frac{9}{14} - \frac{5}{14}\log_2\frac{5}{14} = 0.940\,286$$

当以"天气"作为划分属性时,可知应分为三类,"晴天"、"阴天"和"雨天",其对应的各自信息熵计算如下:

$$H(\text{晴天}) = -\frac{2}{5}\log_2\frac{2}{5} - \frac{3}{5}\log_2\frac{3}{5} = 0.970\,951$$

$$H(\text{阴天}) = -\frac{4}{4}\log_2\frac{4}{4} - 0 \times \log_2 0 = 0$$

$$H(\text{雨天}) = -\frac{2}{5}\log_2\frac{2}{5} - \frac{3}{5}\log_2\frac{3}{5} = 0.970\,951$$

那么天气属性的条件熵可以得到:

$$H(D|\text{天气}) = \frac{5}{14} \times 0.970\,951 + \frac{4}{14} \times 0 + \frac{5}{14} \times 0.970\,951 = 0.693\,536$$

最后可以计算得到由天气属性带来的信息增益为

$$G(D,\text{天气}) = H(D) - H(D|\text{天气}) = 0.246\,75$$

著名的ID3算法就是依据信息增益为准则来选择划分属性的。ID3算法的核心是在决策树各个结点上应用信息增益准则选择特征,递归地构建决策树。具体方法:从根结点开始,对结点计算所有可能的特征的信息增益,选择信息增益最大的特征作为结点的特征,由该特征的不同取值建立子结点;再对子结点递归地调用以上方法,构建决策树;直到所有特征的信息增益均很小或没有特征选择(feature selection)为止。最后得到一棵决策树。

ID3算法相当于用极大似然法进行概率模型的选择。但其在计算中也存在一些问题。例如,当计算信息增益时,可能偏向取值种类较多的属性,一些属性在决策树构建过程中被检验多次,等等。C4.5算法继承了ID3算法的优点,算法的基本过程与ID3算法相似,但在选择决策树的分支属性时,应用的不是信息增益,而是信息增益率。

定义6.2(信息增益率) 特征A对于训练数据集D的信息增益率$G_R(D,A)$定义为其信息增益$G(D,A)$与训练数据集D关于特征A的熵$H_A(D)$之比,即

$$G_R(D,A) = \frac{G(D,A)}{H_A(D)} \tag{6-16}$$

其中,$H_A(D) = -\sum_{i=1}^{n}\frac{|D_i|}{|D|}\log_2\frac{|D_i|}{|D|}$;$n$为特征$A$取值的个数。

2)Gini指数与CART算法

Gini指数是一种不纯度函数,应用在经济学中,是用来衡量收入分配公平度的指标。而在分类问题中,主要用于分类回归树(classification and regression tress,CART)的分类算法,适合可分类型和数值型数据的分类。值得注意的是CART算法生成的是一棵二叉树。不纯度函数用来度量数据集中的数据关于类的纯度或同质性,度量每个属性的二元划分。

定义6.3（Gini指数） 分类问题中，假设K个类，样本点属于第K类的概率p_k，则概率分布的Gini指数定义为

$$\text{Gini}(p) = \sum_{k=1}^{K} p_k(1-p_k) = 1 - \sum_{k=1}^{K} p_k^2 \qquad (6\text{-}17)$$

对于二分类问题，若样本点属于一个类的概率是p，则概率分布的Gini指数为

$$\text{Gini}(p) = 2p(1-p) \qquad (6\text{-}18)$$

对于给定的样本集合D，其Gini指数为

$$\text{Gini}(D) = 1 - \sum_{k=1}^{K} \left(\frac{|C_k|}{|D|}\right)^2 \qquad (6\text{-}19)$$

其中，C_k为D中属于第k类的样本子集；K为类的个数。

如果样本集合D根据特征A是否取某一可能值a被分割成D_1和D_2两部分，即

$$D_1 = \{(x,y) \in D | A(x) = a\}, \quad D_2 = D - D_1$$

则特征A的条件下，集合D的Gini指数定义为

$$\text{Gini}(D, A) = \frac{|D_1|}{|D|}\text{Gini}(D_1) + \frac{|D_2|}{|D|}\text{Gini}(D_2) \qquad (6\text{-}20)$$

$\text{Gini}(D)$表示集合D的不确定性，指数值越大，样本集合的不确定性就越大，这一点与熵相似。

依照Gini指数选取最优特征，从而构建二叉树的决策树方法就是CART算法。算法的主要步骤为递归地对每个结点进行如下操作构建二叉决策树。

（1）计算现有特征对于数据集D的Gini指数。对于每一个特征A，对其可能取的每一个值a，根据样本点对于$A=a$的测试为"是"或"否"将D分割成D_1和D_2两部分，计算$A=a$的Gini指数$\text{Gini}(D,A)$。

（2）在所有可能的特征A及它们所有可能的切分点a中，选择Gini指数最小的特征及对应的切分点作为最优特征和最优切分点。进一步，依据最优特征与最优切分点从现结点生成两个子结点，将训练数据集依据特征分配到两个子结点中去。

（3）对两个子结点递归地调用步骤（1）和步骤（2），直到满足终止条件。

3）χ^2检验与CHAID算法

CHAID算法的全称为chi-squared automatic interaction detector，可以翻译为卡方自动交叉检验，从名称可以看出，它的核心是χ^2检验。χ^2检验只针对分类变量，它是统计样本的实际观测值与理论推断值之间的偏离程度。实际观测值与理论推断值之间的偏离程度就决定χ^2值的大小。χ^2值越大，偏离程度越大；χ^2值越小，偏离程度越小；若两个值完全相等时，χ^2值就为0，表明理论值完全符合。CHAID算法的核心思想就是根据结果变量与解释变量对样本进行最优分割，按照χ^2检验的结果进行多元列联表的自动判断分组。

CHAID算法可以生成非二叉树，每个树结点可以有两个以上的分支。CHAID算法自动把数据拆分为无遗漏的、互斥的组群，最终输出一个直观的决策树。CHAID算法

细分的样本由多个属性变量共同描述，因此该方法属于多个变量分析方法。

CHAID算法的基本步骤表示如下。

（1）计算决定合并类别的统计量P值。P值计算的方法根据目标变量的类型确定。若目标变量是连续性数据，则采取F检验方法。如果目标变量是分类数据，则建立一个交叉类表，其中属性变量的类别作为行，目标变量的类别作为列，采用卡方检验的方法，此时的P值就是卡方值χ^2。

（2）找到P值最小的两个属性类别，并把P值与预先设定的合并临界点α_m比较，若P值小于α_m，则把两个类别合并形成一个新的类别，重复该步骤。

（3）对于那些新合并的包含了三个或者三个以上原始类别的类别，通过P值判断是否需要再拆分成两组。把P值与预先设定的分裂临界点α_s比较，若P值大于α_s，则把该类别拆分成两个类别，返回步骤（2）。

（4）执行步骤（2）和步骤（3），直到满足终止条件，得到决策树。

其中，算法中的终止条件包括以下几类：如果决策树的层数达到指定深度，停止生长；对于父结点，如果结点的样本量已经少于最少样本量限值，则不再分组；当输入变量与输出变量的相关性小于一个指定值时，则不必进行分组。

CHAID算法能够较好地处理缺失值、非线性数据，同时容易解释结果，易于掌握，所以常用于做市场分析，也可以用于生物学研究、居民卫生服务和人力资源分析等领域。

2. 决策树的剪枝

决策树方法对于训练数据集会得到很好的效果，但是对于测试数据集效果不一定好，有可能面临着"过拟合"的难题。在应用决策树方法进行学习时，为了尽可能正确分类训练样本数据，结点划分过程将不断重复，有时会造成决策树分支过多，这时就可能出现因训练样本学得"太好"了，以至于把训练样本自身的一些特点（如噪声数据、冲突数据等）当作了整个数据都具有的一般性质进行学习，从而导致了其分类标准并不适用于新的测试数据集，出现了过拟合现象。而解决这一难题的主要手段，就是通过主动去掉一些分支来降低过拟合的风险，也就是决策树的剪枝操作。

决策树的剪枝操作通常利用统计方法删除最不可靠的分支，以满足最小描述长度的要求，提高分类识别的鲁棒性，其实质是消除训练集中的噪声。剪枝操作的基本策略分为两种：预剪枝（prepruning）和后剪枝（postpruning）。预剪枝是指在决策树生成过程中，对每一个结点在划分前进行估计，若当前结点的划分不能带来决策树泛化性能提升，则停止划分并将当前结点标记为叶子结点；后剪枝则是先从训练集生成一棵完整的决策树，然后从底部向上对非叶子结点进行考察，若将该结点对应的子树替换为叶子结点能够提升决策树的泛化能力，则将该子树替换为叶子结点。

下面我们以CART算法为例，说明对其有效的剪枝算法。CART算法从"完全生长"的决策树底部剪去一些子树，使决策树变小（模型变简单）。CART算法主要由两步组成：首先从生成算法产生的决策树T_0底端开始不断剪枝，直到T_0的根结点，形成一个子树序列$\{T_0, T_1, \cdots, T_n\}$；然后通过交叉验证法在独立的验证数据集上对子树序列进行测试，从中选择最优子树。

第一步：剪枝，形成一个子树序列。

在剪枝过程中，计算子树的损失函数：

$$C_\alpha(T) = C(T) + \alpha|T| \tag{6-21}$$

其中，T为任意子树；$C(T)$为对训练数据的预测误差（如Gini指数）；$|T|$为子树的叶子结点个数；$\alpha \geq 0$为参数；$C_\alpha(T)$为参数是α时的子树T的整体损失，参数α权衡训练数据的拟合程度与模型的复杂度。

对于固定的α，一定存在使损失函数$C_\alpha(T)$最小的子树，将其表示为T_α，T_α在损失函数$C_\alpha(T)$最小的意义下是最优的。容易验证这样的最优子树是唯一的。当α大的时候，最优子树T_α偏小；当α小的时候，最优子树T_α偏大。在极端情况下，当$\alpha=0$时，整体树是最优的；当$\alpha \to \infty$时，根结点组成的单结点树是最优的。可以用递归的方法进行剪枝。

从整体树T_0开始剪枝。对T_0的任意内部结点t，以t为单结点树的损失函数为

$$C_\alpha(t) = C(t) + \alpha \tag{6-22}$$

以t为根结点的子树T_t的损失函数为

$$C_\alpha(T_t) = C(T_t) + \alpha|T_t| \tag{6-23}$$

当$\alpha=0$及α充分小时，有不等式：

$$C_\alpha(T_t) < C_\alpha(t) \tag{6-24}$$

当α增大时，在某一α有

$$C_\alpha(T_t) = C_\alpha(t) \tag{6-25}$$

当α再增大时，不等式反向。只要$\alpha = \dfrac{C(t) - C(T_t)}{|T_t| - 1}$，$T_t$与$t$有相同的损失函数值，而$t$的结点少，则表明$t$比$T_t$更可取，对$T_t$进行剪枝。

对T_0中的每一内部结点t，计算：

$$g(t) = \frac{C(t) - C(T_t)}{|T_t| - 1} \tag{6-26}$$

其表示剪枝后整体损失函数减少的程度。在T_0中剪去$g(t)$最小T_t，将得到的子树作为T_1，同时将最小的$g(t)$设为α_1。T_1为区间$[\alpha_1, \alpha_2)$的最优子树。

如此剪枝过程，直至得到根结点。在这一过程中，不断地增加α的值，产生新的区间。

第二步：在剪枝得到的子树序列$\{T_0, T_1, \cdots, T_n\}$中通过交叉检验选择最优子树$T_\alpha$。

利用独立的检验数据集，测试子树序列$\{T_0, T_1, \cdots, T_n\}$中的每棵子树的平方误差或Gini指数。平方误差或Gini指数最小的决策树被认为是最优的决策树。在子树序列中，每棵子树都对应这样一个参数，因此，当最优子树T_k确定时，对应的α_k也确定了，即得到最优决策树T_α。

6.2.3 贝叶斯决策

贝叶斯决策是概率框架下实施决策的基本方法。对于分类任务来说，在所有相关概率已知的理想情形下，贝叶斯决策考虑如何基于这些概率和误判损失来选择最优的类别标记。

贝叶斯定理是由英国数学家贝叶斯提出的，它是一种把先验知识与样本中得到的新信息相结合的统计方法。朴素贝叶斯分类方法是基于贝叶斯定理和特征条件独立假设的分类方法。对于给定的训练数据集，首先基于特征条件独立假设学习属性与类别的联合概率分布；然后基于此模型，对给定的输入 x，利用贝叶斯定理求出后验概率最大的输出 y。朴素贝叶斯分类方法实现简单，学习预测的效率都很高，是一种常用的分类方法。

定理6.2（贝叶斯定理） 假设 X 和 Y 在分类中分别表示样本的属性集合类别。$p(X,Y)$ 表示它们的联合概率，$p(X|Y)$ 和 $p(Y|X)$ 表示条件概率，其中 $p(Y|X)$ 是后验概率，而 $p(Y)$ 称为 Y 的先验概率。X 和 Y 的联合概率和条件概率满足下列关系：

$$p(X,Y) = p(Y|X)p(X) = p(X|Y)p(Y) \tag{6-27}$$

也可以表示为

$$p(Y|X) = \frac{p(X|Y)p(Y)}{p(X)} \tag{6-28}$$

贝叶斯定理提供了先验概率 $p(Y)$ 计算后验概率 $p(Y|X)$ 的方法。在分类时，给定测试数据的属性集 X。利用训练样本数据可以计算不同类别的 Y 值的后验概率，后验概率 $p(Y|X)$ 最大的类别 Y 可以作为样本的分类。

朴素贝叶斯方法实际上学习到的是生成数据的机制，所以属于生成模型。条件独立的假设等于说用于分类的特征在类的确定条件下都是条件独立的。这一假设使朴素贝叶斯方法变得简单，但有时会牺牲一定的分类准确率。

朴素贝叶斯分类时，对给定的输入 x，通过学习到的模型计算后验概率分布，将后验概率最大的类作为 x 的类输出。后验概率计算根据贝叶斯定理进行：

$$p(Y = y_k | X = x) = \frac{p(X = x | Y = y_k)p(Y = y_k)}{\sum_k p(X = x | Y = y_k)p(Y = y_k)} \tag{6-29}$$

进一步转化可得

$$p(Y = y_k | X = x) = \frac{p(Y = y_k)\prod_j p(X^{(j)} = x^{(j)} | Y = y_k)}{\sum_k p(Y = y_k)\prod_j p(X^{(j)} = x^{(j)} | Y = y_k)} \tag{6-30}$$

这也是朴素贝叶斯分类方法的基本公式。常用的朴素贝叶斯分类器可表示为

$$y = f(x) = \arg\max_{y_k} \frac{p(Y = y_k)\prod_j p(X^{(j)} = x^{(j)} | Y = y_k)}{\sum_k p(Y = y_k)\prod_j p(X^{(j)} = x^{(j)} | Y = y_k)} \tag{6-31}$$

注意到 $f(x)$ 中的分母都是相同的，因此，最大化问题可以转化为直接求解

式（6-32）：

$$\arg\max_{y_k} p(Y=y_k)\prod_j p(X^{(j)}=x^{(j)}|Y=y_k) \tag{6-32}$$

最终只需找到使得 $p(Y=y_k)\prod_j p(X^{(j)}=x^{(j)}|Y=y_k)$ 最大的类别 y_k 即可。

应用朴素贝叶斯方法，学习过程意味着估计 $p(Y=y_k)$ 和 $p(X^{(j)}=x^{(j)}|Y=y_k)$。一般应用极大似然估计的方法估计相应的概率。先验概率 $p(Y=y_k)$ 的极大似然估计是

$$p(Y=y_k)=\frac{\sum_{i=1}^{N}I(t_i=y_k)}{N}, k=1,2,\cdots,K \tag{6-33}$$

设第 j 个特征 $x^{(j)}$ 可能取值的集合为 $\{a_{j1},a_{j2},\cdots,a_{jS}\}$，条件概率 $p(X^{(j)}=a_{jl}|Y=y_k)$ 的极大似然估计是

$$p(X^{(j)}=a_{jl}|Y=y_k)=\frac{\sum_{i=1}^{N}I(x_i^{(j)}=a_{jl},t_i=y_k)}{\sum_{i=1}^{N}I(t_i=y_k)} \tag{6-34}$$

其中，$x_i^{(j)}$ 为第 i 个样本的第 j 个特征；a_{jl} 为第 j 个特征可能取的第 l 个值；$I(x)$ 为指示函数。

最后可以给出朴素贝叶斯方法的步骤：

（1）给定实例 **x** 计算先验概率及条件概率：

$$p(Y=y_k)=\frac{\sum_{i=1}^{N}I(t_i=y_k)}{N}, k=1,2,\cdots,K \tag{6-35}$$

$$p(X^{(j)}=a_{jl}|Y=y_k)=\frac{\sum_{i=1}^{N}I(x_i^{(j)}=a_{jl},t_i=y_k)}{\sum_{i=1}^{N}I(t_i=y_k)} \tag{6-36}$$

（2）对于给定的实例 $\boldsymbol{x}=(x^{(1)},x^{(2)},\cdots,x^{(n)})^{\mathrm{T}}$，计算：

$$p(Y=y_k)\prod_j p(X^{(j)}=x^{(j)}|Y=y_k) \tag{6-37}$$

（3）确定实例 **x** 的类。

$$y=\arg\max_{y_k} p(Y=y_k)\prod_j p(X^{(j)}=x^{(j)}|Y=y_k) \tag{6-38}$$

综合来看，朴素贝叶斯并不朴素。相对于其他很多更复杂的学习方法，朴素贝叶斯对不相关特征更具鲁棒性；朴素贝叶斯对概念漂移（concept drift）更鲁棒（概念漂移是指类别的定义随时间变化）；当有很多同等重要的特征时，该方法优于决策树类方法；该方法的（训练和测试）速度非常快，且存储开销少。因此，朴素贝叶斯是最基本的分类算法之一。

6.2.4 人工神经网络

人工神经网络是一种应用类似于大脑神经中枢连接的结构进行信息处理的数学模型，其广泛应用于人工智能的众多领域，也是人工智能最底层的技术之一。本节中我们介绍的人工神经网络主要指的是分类算法中的"神经网络学习"算法，也就是机器学习和神经网络两个学科领域的交叉部分。

神经网络是由具有适应性的简单单元组成的广泛并行互连的网络，它的组织能够模拟生物神经系统对真实世界物体所作出的交互反应。神经网络中最基本的成分是神经元模型，也就是其"简单单元"。而刻画这一过程的最简单模型就是经典的M-P神经元模型，如图6-4所示。其中神经元连接收到来自n个其他神经元传递过来的信号，这些输入信号通过带权重的连接进行传递，神经元接收的总输入值将与神经元的阈值进行比较，然后通过激活函数处理以产生神经元的输出。理想中的激活函数一般是将输入值映射成"0"或者"1"。而实际将Sigmoid函数作为激活函数。典型的 $\text{Sigmoid}(x)=\dfrac{1}{1+\mathrm{e}^{-x}}$ 函数如图6-5所示，它把较大变换范围的输入值挤压到（0，1）输出范围内。

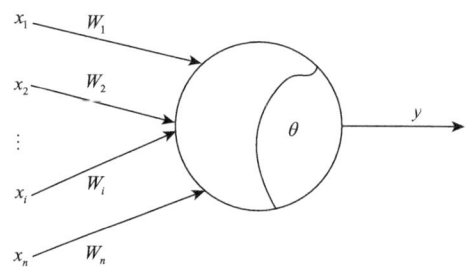

图 6-4　M-P 神经元模型

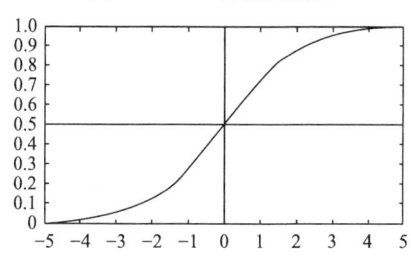

图 6-5　Sigmoid 函数

将上述的神经元按照一定的层次结构连接起来，就得到了神经网络。

首先，我们介绍由两层神经元组成的感知机，如图6-6所示，输入层接收外界输入信号后传递给输出层，输出层是一个M-P神经元。感知机能够轻易地实现逻辑与、或、非的运算。但是由于其只有输出层神经元进行激活函数处理，只有一层功能神经元，其学习分类能力有限。事实上，感知机只能处理线性可分问题，对于异常点存在或者简单的非线性问题，都无法解决。

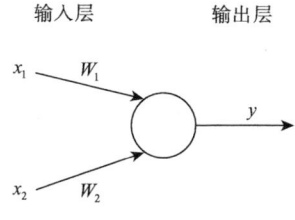

图 6-6 感知机模型

要解决非线性可分问题，需要考虑多层功能神经元。在输出层和输入层之间还存在一层神经元，被称为隐层或者隐含层，隐含层和输出层神经元都是拥有激活函数的功能神经元。更一般地，常见的神经网络的层级结构如图6-7所示，每层神经元与下一层神经元互连，神经元之间不存在同层相连，也不存在跨层相连。这样的神经网络结构通常被称为多层前馈神经网络，其中输入层神经元接收外界输入，隐含层和输出层神经元对信号进行加工，最终结果由输出层神经元输出。输入层仅是接收输入，不进行函数处理，隐含层和输出层包含功能神经元。

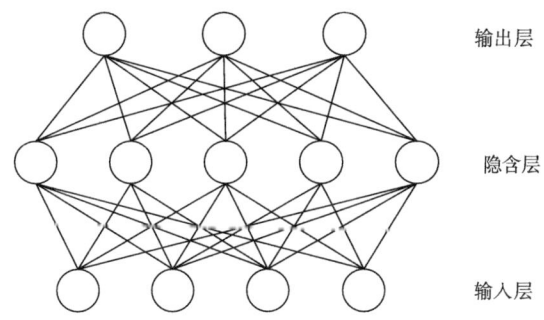

图 6-7 多层前馈神经网络结构示意图

多层前馈神经网络结构的学习能力得到很大的提升。若要训练多层网络，简单感知机学习规则是不行的，需要强大的学习算法，不同的学习算法对应的不同的神经网络学习方法。其中，最常用的就是反向传播BP算法，它是迄今最为成功的神经网络学习算法。

假设在一个有d个输入神经元，l个输出神经元，q个隐含层神经元的多层网络结构中，输出层第j个神经元的阈值为θ_j；隐含层第h个神经元的阈值用γ_h表示。输入层第i个神经元与隐含层第h个神经元之间的连接权重为v_{ih}；隐含层第h个神经元与输出层第j个神经元之间的连接权重为w_{hj}。记隐含层第h个神经元接收到的输入为$\alpha_h = \sum_{i=1}^{d} v_{ih} x_i$，输出层第$j$个神经元接收到的输入为$\beta_j = \sum_{h=1}^{q} w_{hj} b_h$，其中，$b_h$为隐含层第$h$个神经元的输出。假设隐含层和输出层神经元都使用Sigmoid函数。

对于训练数据(x_k, y_k)，假设神经网络的输出为$\hat{y}_k = \left(\hat{y}_1^k, \hat{y}_2^k, \cdots, \hat{y}_l^k \right)$，即

$$\hat{y}_j^k = f(\beta_j - \theta_j)$$

则网络中的均方差为

$$E_k = \frac{1}{2}\sum_{j=1}^{l}\left(\hat{y}_j^k - y_j^k\right)^2 \quad (6\text{-}39)$$

BP算法是一个迭代学习的参数，在迭代的每一轮中采用广义的感知机学习规则对参数进行更新估计，对任意参数v的更新估计式为

$$v \leftarrow v + \Delta v \quad (6\text{-}40)$$

我们以隐含层到输出层的连接权重w_{hj}为例来进行推导。

BP算法基于梯度下降的策略，以目标的负梯度方向对参数进行调整。给定学习率η，有

$$\Delta w_{hj} = -\eta \frac{\partial E_k}{\partial w_{hj}} \quad (6\text{-}41)$$

注意到w_{hj}先影响到第j个输出层的神经元的输入值β_j，再影响到其输出值$\hat{y}_j^k$，然后影响到E_k，有

$$\frac{\partial E_k}{\partial w_{hj}} = \frac{\partial E_k}{\partial \hat{y}_j^k} \cdot \frac{\partial \hat{y}_j^k}{\partial \beta_j} \cdot \frac{\partial \beta_j}{\partial w_{hj}} \quad (6\text{-}42)$$

根据β_j的定义，显然有

$$\frac{\partial \beta_j}{\partial w_{hj}} = b_h \quad (6\text{-}43)$$

而Sigmoid函数有一个很好的性质：

$$f'(x) = f(x)(1-f(x)) \quad (6\text{-}44)$$

则有

$$\begin{aligned} g_i &= \frac{\partial E_k}{\partial \hat{y}_j^k} \cdot \frac{\partial \hat{y}_j^k}{\partial \beta_j} \\ &= -\left(\hat{y}_j^k - y_j^k\right)f'\left(\beta_j - \theta_j\right) \\ &= \hat{y}_j^k\left(1 - \hat{y}_j^k\right)\left(y_j^k - \hat{y}_j^k\right) \end{aligned} \quad (6\text{-}45)$$

最后得到BP算法中关于w_{hj}的更新公式：

$$\Delta w_{hj} = -\eta g_i b_h \quad (6\text{-}46)$$

类似地可以最终得到阈值γ_h的更新公式：

$$\gamma_h = -\eta b_h\left(1 - b_h\right)\sum_{j=1}^{l} w_{hj} g_j \quad (6\text{-}47)$$

表明隐含层的阈值梯度取决于隐含层神经元输出，输出层阈值梯度和隐含层与输出层的连接权重。在多层前向网络中，当前层的阈值梯度取决于下一层的阈值梯度，这就是BP算法的精髓。只要知道上一层神经元阈值梯度，就可以算出当前层神经元阈值梯度和连接权值梯度，从而可以算出输出层神经元阈值梯度，最后得到整个网络的神经元阈值和连接权值的梯度，从而达到训练网络的目的。

对每个训练样例，BP算法执行以下操作：先将输入实例提供给输入层神经元，然后逐层将信号前传，直到产生输出层的结果；然后计算输出层的误差，再将误差逆向

传播至隐含层神经元，最后根据隐含层神经元的误差来对连接权和阈值进行调整，该迭代过程循环进行，直到达到某些停止条件为止。

学习率这个参数可避免陷入局部最小。学习率太小，会使网络学习速度慢，而太大的学习率可能使学习过程振荡。通常在网络训练的初期学习率设置大一些，随着训练误差的减少，学习率可逐渐变小。

对于BP算法而言，其核心技术为梯度下降。对于参数空间内梯度为0的点，只要其误差函数小于临点的误差函数值，就是局部极小点，全局最小一定是局部极小点，但反之则不成立。基于梯度的搜索是使用最为广泛的参数寻优方法。在此方法中，我们从初始点出发，迭代寻找最优参数值。每次迭代中，我们计算误差函数在当前点的梯度，然后根据梯度确定搜索方向。若误差函数在当前点的梯度为0，则已达到局部极小，更新量将为0，这就意味着参数迭代更新将停止。因此BP算法的一个典型缺点就是容易陷入局部极小点。另外一个问题就是虽然BP算法本质上是梯度下降，但是它所要优化的目标函数又非常复杂，这使得BP算法效率低下。而针对这些缺点学者也提出了很多改进方法，如修正负梯度方向、动量-自适应学习速率调整、L-M学习规则等。

一般来说，参数越多的模型复杂程度越高，而复杂模型的训练效率就会降低，易陷入过拟合现象，也难以得到人们的青睐。但是随着云计算和大数据时代的到来，计算能力的大幅提高可以改善训练的效率，进而使得以"深度学习"为代表的复杂模型开始受到人们的关注。典型的深度学习模型就是很深层的神经网络。增加隐含层数量，隐含层多了，相应的神经元连接权、阈值等参数就会更多。模型复杂度也可以通过单纯增加隐含层神经元的数目来实现。而增加隐含层数量不仅增加了拥有激活函数的神经元数目，还增加了激活函数嵌套的层数。所以增加隐含层的数目比增加隐含层神经元的数目更加有效。但面对复杂的多隐含层神经网络，难以直接应用经典算法进行训练，因为误差在多隐含层内逆传播时，往往会发散而不是收敛到稳定状态。

无监督逐层训练是多隐含层网络训练的有效手段，其基本思想是每次训练一层隐结点，训练时将上一层隐结点的输出作为输入，而将本层隐结点的输出作为下一层隐结点的输入，这个过程为"预训练"；在预训练完成后，再对整个网络进行"微调"训练。而这样的"预训练+微调"的做法可视为将大量参数分组，对每组先找到局部较好的设置，然后基于这些局部较优的结果联合起来进行全局寻优。这样就在利用了大量参数所提供的自由度的同时，有效地节省了训练开销。另一种节省训练开销的策略是"权共享"，让一组神经元使用相同的连接权。这个策略在卷积神经网络中发挥了重要作用。

6.2.5 遗传算法

群体智能算法是一类新的求解优化问题的算法。其核心思想是通过随机模拟的自然界中的现象或者机理来搜索最优的策略，从而解决优化问题。此类算法的本质特性总结为三个词汇：随机、模拟和搜索。模拟的现象有很多，如模拟动物界优胜劣汰的遗传算法、模拟鸟群觅食行为的粒子群算法（particle swarm optimization，PSO）、模拟蚂蚁觅食行为的蚁群算法（ant colony optimization，ACO）、模拟固体加温至充分高再让其徐徐冷却过程的模拟退火（simulated annealing，SA）算法等。我们以遗传算法为例讲解其算法思想及应用。

遗传算法是由美国密歇根大学的Holland教授在20世纪60年代受达尔文进化论的启发提出的。其借鉴了生物进化中的遗传、变异、杂交和自然选择的基本思想。遗传算法具有很多优越的性能：①遗传算法从问题解的集合开始搜索，而不是从单个解开始。这是遗传算法与传统优化算法的极大区别，遗传算法从串集开始搜索，覆盖面大，相当于全局择优。②遗传算法采用并行化处理方式，能够同时处理群体中的多个个体，即对搜索空间中的多个解进行评估，避免陷入局部最优解。③遗传算法基本上不用搜索空间的知识或其他辅助信息，而仅用适应度函数值来评估个体，在此基础上进行遗传操作。适应度函数不但不受连续可微的约束，而且其定义域可以任意设定。这一特点使得遗传算法可以广泛应用于复杂的非线性规划问题的求解中。④遗传算法采用概率的变迁规则来指导它的搜索方向，在有噪声的情况下仍然能够有很大的概率找到最优解。⑤遗传算法还具有自组织性、自适应性和自学习性。当遗传算法利用进化过程获得信息自行组织搜索时，适应度大的个体具有较高的生存概率，并获得更适应环境的基因结构。该算法一般用于求解各类优化问题，已经被广泛应用于组合优化、机器学习、信号处理、自适应控制等诸多领域。

遗传算法的很多术语沿用了基于生物遗传学中的表示，为了方便理解，我们将生物遗传概念在遗传算法中的应用作了一一对应，并列在表6-2中。

表6-2 生物遗传概念在遗传算法中的对应形式

生物遗传概念	在遗传算法中的应用
适者生存	目标值比较大的解被选择的可能性大
个体（individual）	解
染色体（chromosome）	染色体
基因（gene）	解的编码中每一分量
适应性（fitness）	适应度函数值
群体（population）	根据适应度值选定的一组解（解的个数为群体的规模）
变异（mutation）	编码的某一分量发生变化的过程

对于遗传算法，首先要解决的就是根据实际问题解的情况进行编码。编码形式的优劣直接影响到算法中算子的设计，进而影响算法的性能。常见的编码形式有两种：一个是二进制编码；另一个是实数编码。二进制编码采用二进制串表示一个可行解，每一个0-1分量称为基因。二进制编码更适合计算机的编译原理，且与生物中的基因形式很贴切，因此应用也比较广泛。但是其也有缺点，容易忽略问题解值的性质。因此亦可以采用实数编码，其更接近解的真实值，但是其相对应的算子操作需要特殊的处理。

适应度函数用于评价个体的适应程度，其通常为优化问题的目标函数或者目标函数的映射。当我们对每个可行解进行编码以后，通过可行解计算目标函数值，便可以得到适应度函数值，根据适应度值的大小判断是否为最优值，如果不是最优值，则需要产生新的解。整个过程需要通过适应度函数值的比较，不断更新种群中的个体，从而使得其不断地进行进化，且相对得到适应度函数值较好的子代。上述过程循环进行，则可以找到最优解。

遗传算法主要包括三类算子：选择算子、交叉算子和变异算子。

选择算子可以视为模拟自然界选择的一个人工版本，体现了进化论中的"优胜劣汰"的思想，其执行主要依赖于个体适应度。一般来说，适应度高的个体被选择的概率较大；相反，适应度低的个体被选择的概率较小。在遗传算法中，通常采用的选择算子包括轮盘赌选择（roulette wheel selection）和锦标赛选择（tournament selection）。

轮盘赌是依据个体的适应度值计算每个个体在子代中出现的概率，并按照此概率随机选择个体构成子代种群。轮盘赌的出发点是适应度值越好的个体被选择的概率越大。因此，在求解最大化问题的时候，我们可以直接采用适应度值来进行选择。但是在求解最小化问题的时候，我们必须首先将问题的适应度函数进行转换，以将问题转化为最大化问题。下面给出最大化问题求解中遗传算法轮盘赌选择策略的一般步骤：

（1）将种群中个体的适应度值叠加，得到总适应度值=1；

（2）每个个体的适应度值除以总适应度值得到个体被选择的概率；

（3）计算个体的累积概率以构造一个轮盘；

（4）轮盘选择：产生一个[0，1]区间内的随机数，若该随机数小于或等于个体的累积概率且大于个体1的累积概率，选择个体进入子代种群。

重复步骤（4），得到的个体构成新一代种群。

锦标赛选择是每次从种群中取出一定数量个体，然后选择其中最好的一个进入子代种群。重复该操作，直到新的种群规模达到原来的种群规模。具体的操作步骤如下：

（1）确定每次选择的个体数量（本书以占种群中个体个数的百分比表示）；

（2）从种群中随机选择个体（每个个体入选概率相同）构成组，根据每个个体的适应度值，选择其中适应度值最好的个体进入子代种群；

（3）重复步骤（2），得到的个体构成新一代种群。

需要注意的是，锦标赛选择每次是从个体中选择最好的个体进入子代种群，因此可以通用于最大化问题和最小化问题，不像轮盘赌那样，在求解最小化问题的时候还需要将适应度值进行转换。

在遗传算法中，交叉算子通过个体间的信息交换来模仿自然界的交配过程。在群体中随机选择两个个体，交叉算子以交叉概率 p_c 对它们执行交叉操作。通常的交叉算子包括单点交叉和二点交叉。单点交叉：在个体码串中随机设定一个交叉点，实行交叉时，该点前或后的两个个体的部分结构进行互换，并生成两个新的个体。二点交叉：随机设置两个交叉点，将两个交叉点之间的码串相互交换。图6-8给出了相关单点交叉操作的示意图。

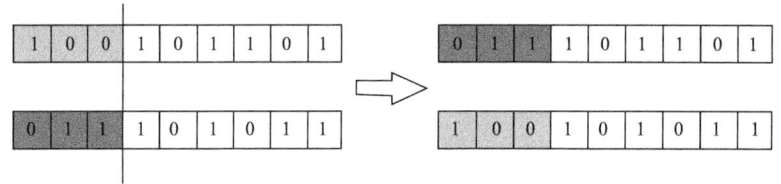

图 6-8 单点交叉操作

遗传算法的变异算子旨在模仿生物界的基因突变过程。变异算子对执行完交叉操作后的种群中的每个个体以概率 p_m 执行变异操作。首先对每个个体随机产生k个需要变异的位置。然后分别随机产生第k个位置上基因的数值，如果是0-1二进制变量时，只需要将0变为1或者1变为0即可，对于实数编码，可以随机在可行域范围内产生新的值。图6-9给出了一个二进制编码的多点变异操作的图例。

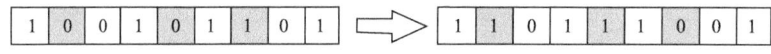

图 6-9 多点变异操作

除了多点变异方法，变异算子还有很多其他形式。例如，逆转变异：在个体码串中随机选择两点（逆转点），然后将两点之间的基因值以逆向排序插入原位置中；插入变异：在个体码串中随机选择一个码，然后将此码插入随机选择的插入点中间；互换变异：随机选取染色体的两个基因进行简单互换；移动变异：随机选取一个基因，向左或者向右移动一个随机位数。可根据问题解的特点选择一个或几个变异算子执行变异操作。

遗传算法的执行过程如下：

（1）选择编码策略，把参数转换成串；

（2）根据群体大小N，随机产生N个串构成的群体；

（3）根据适应度函数$F=f(x)$计算各个串的适应度；

（4）根据串的复制概率$F=f(x)$选择一个串进行复制，直至已经复制了N个串，适应度越高，复制概率越大；

（5）复制后的串两两配对，以交叉概率进行交叉；

（6）对每个串中的基因按变异概率进行翻转；

（7）从步骤（3）起重复进行，直到满足某一性能指标或规定的遗传代数。

6.3 应用案例及数据分析

6.3.1 案例1——信用卡评估体系

本部分参考刘新海等的文献。信用卡业务具有透支笔数巨大、单笔金额小的特点，使得数据挖掘技术在信用卡业务中的应用成为必然。信用风险评估是信用卡业务经营管理中重要的一部分。在信用卡申领过程中，发卡机构必须确认申领人的信用情况。信用风险评估结果不仅用于判断发卡机构是否批准信用卡申请，还会作为发卡机构给个人信用额度的重要参考指标。信用风险评估体系可以分为对持卡人的风险方法、特约商户风险防范、发卡机构内部风险防范及对利用信用卡欺诈的风险防范等。

美国的FICO（Fair Isaac Corporation，费尔艾克公司）将每个人的初始信用分值设为850分，信用评分模型利用征信数据从多个评分因素考察消费者的信用风险，从850分中减分。大致来看，美国个人消费者信用评分人群分布状况呈现两头小中间大的形态，信用分数处于750~850分的人群有40%之多，其中信用分数在800~850分的大约占总人数的13%，在750~799分的超过总人数的25%，这是整个信用社会的中间阶层，对应于美国的中产阶级。其中，美国个人消费者的平均FICO评分为678分。从图6-10可以看出，还有大量的人群评分远低于平均的678分。根据FICO的标准，如果人们未能如期还款或者缺乏借贷经历，他们就会自动被视为风险人士，他们的贷款也就会被惩罚性地给予更高的利率。但是并不是所有的危险人士都有真正的恶意，他们有可能遇到了医疗紧急事故，或者最近刚刚移民美国。根据FICO评分将服务人群分为四个区间，并对应不同的金融服务机构。信用记录不完整或者不够完善的个人消费者，依据传统信用评估体系（FICO评分），往往很难被传统金融服务机构所覆盖，即使在金融体系发达的美国也无法获得常规的金融服务，或者需要付出很大的代价才能获得常规的金融服务。

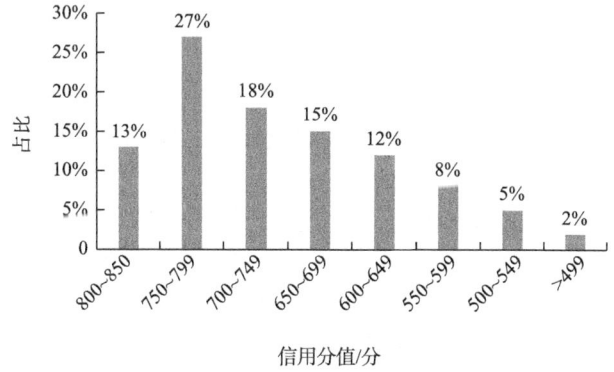

图6-10　FICO评分在美国人口中分布情况

ZestFinance，原名ZestCash，2009年9月成立于洛杉矶，由互联网巨头Google的前信息总监道格拉斯·梅瑞尔（Douglas Merrill）和金融机构Capital One的信贷部高级主管肖恩·卜德（Shawn Budde）（曾管理过收益超过10亿美元的次级信贷业务）联合创办。ZestFinance前期的业务主要通过ZestCash平台提供放贷服务，后来专注于提供信用评估服务，旨在利用大数据技术重塑审贷过程，为难以获得传统金融服务（underbanked）的个人创造可用的信用，降低他们的借贷成本。

ZestFinance起初是为传统的发薪日贷款（payday loan）提供在线替代的产品。发薪日贷款因借款人承诺在发薪日还款而得名。由于美国传统的信用风险评估体系无法覆盖全部的人群，大约15%的人因没有信用评分而被银行排斥在外，无法满足基本的信贷需求。除了解决传统信用评估体系无法解决的无信用评分借贷问题，ZestFinance还主要面向传统信用评估解决不好的领域，将信用分数低而借贷成本高的人群视为服务对象，利用大数据技术降低他们的信贷成本。与传统信贷管理业务比较，ZestFinance的处理效率提高了将近90%；风险控制方面，ZestFinance的模型相比于传统信用评估模型性能提高了40%。

传统的FICO评分模型的基本思想是比较借款人信用历史资料与数据库中的全体借款人的信用习惯，检查借款人的发展趋势跟经常违约、随意透支、申请破产等各种陷入财务困境的借款人的发展趋势是否相似。它主要从五个方面考察用户的信贷资质。但随着信贷业务的进一步开展，FICO信用评分由于单一的标准、严苛的门槛和片面的评估结果而饱受诟病。传统的信用评估模型虽然在进行信用风险管理过程中发挥了很大的作用，如曾经促进了美国房贷市场的飞速发展，但在大数据背景下个人消费者出现许多信息维度，如电子商务、社交网络和搜索行为等，传统信用评估模型解决问题的能力越来越受限。

由于传统的基于FICO评分的信用评估模型覆盖人群窄、信息维度单一、时间滞后，所以，在大数据时代，需要探索信用评估的新思路。国外三大征信机构和FICO都已经开始了如何利用大数据技术来完善传统信用评估体系的前瞻性研究，如益百利（Experian）投入研究团队关注社交网络数据对信用评分的影响，FICO多年前就开始了在线评估的信息工具和基于互联网的信用评估系统的项目研究。

ZestFinance的基本理念是认为一切数据都是和信用有关的，在能够获取的数据中尽可能地挖掘信用信息。ZestFinance对大数据技术的应用主要从大数据采集和大数据分析两个层面为缺乏信用记录的人挖掘信用。

ZestFinance以大数据技术为基础采集多源数据，一方面，继承了传统征信体系的决策变量，重视深度挖掘授信对象的信贷历史。另一方面，将能够影响用户信贷水平的其他因素也考虑在内，如社交网络信息、用户申请信息等，从而实现了深度和广度的高度融合。ZestFinance的数据来源十分丰富，依赖于结构化数据的同时也导入了大量的非结构化数据。另外，它还包括大量的非传统数据，如借款人的房租缴纳记录、典当行记录、网络数据信息等，甚至将借款人填写表格时使用大小写的习惯、在线提交申请之前是否阅读文字说明等极边缘的信息作为信用评价的考量因素。类似地，非常规数据是客观世界的传感器，反映了借款人真实的状态，是客户真实的社会网络的映射。只有充分考察借款人借款行为背后的线索及线索间的关联性，才能提供深度、有效的数据分析服务，降低贷款违约率。多维度的征信大数据可以使得ZestFinance能够不完全依赖于传统的征信体系，对个人消费者从不同的角度进行描述和进一步深入地量化信用评估。

ZestFinance融合多源信息，采用了先进机器学习的预测模型和集成学习的策略，进行大数据挖掘。首先，数千种来源于第三方（如电话账单、租赁历史等）和借贷者的原始数据将被输入系统。其次，寻找数据间的关联性并对数据进行转换。再次，在关联性的基础上将变量重新整合成较大的测量指标，每一种变量反映借款人的某一方面特点，如诈骗概率、长期和短期内的信用风险及偿还能力等，然后将这些较大的变量输入不同的数据分析模型中去。最后，将每一个模型输出的结论按照模型投票的原则，形成最终的信用分数。

ZestFinance开发了10个基于机器学习的分析模型，对每位信贷申请人的超过1万条数据信息进行分析，得出超过7万个可对其行为作出测量的指标，在5秒钟内就能全部完成。这10个模型以如下的方式进行投票：让最聪明的10个朋友坐在一张桌子旁，然后询问他们对某一件事情的意见。这种机制的决策性能远远好于业界的平均水平。

将这种基于大数据技术的信用评估体系和传统信用评估体系（以美国的征信体系为例）相比，发现主要的区别有以下几个方面。

（1）从服务的人群来说，新的信用评估体系可以服务没有被传统征信体系覆盖的人群，即没有征信记录的人群（美国的征信体系能够覆盖85%的人群，覆盖不到的人群有15%）。

（2）从数据源来说，这种新的信用风险评估体系大量采用非传统的信用数据，包括互联网上的行为数据和关系数据，传统的信用数据（银行信贷数据）的比重仅占到了40%，甚至完全不用传统的信贷信用数据进行风险评估。

（3）从关注的侧重点来看，传统的信用评估模型更关注授信对象的历史信息，致力于深度挖掘。而新的信用评估体系更看重用户现在的信息，致力于横向拓展。

（4）信用量化评估的方式也发生了改变，新的信用评估体系抛弃了只用很少变量的FICO信用评分模型，基于大数据技术，不但采用机器学习的模型，而且使用更多变量，一方面可以使信用评估的决策效率提高；另一方面还明显降低了风险违约率。

ZestFinance的成功实践告诉我们，互联网中的海量数据可以作为征信的数据源，如何将海量庞杂、看似无用的数据，经过清洗、匹配、整合和挖掘转换成信息数据，并提升信用评估的效率和准确性是信用卡管理领域值得探讨和解决的首要问题。

通过ZestFinance公司的分析，我们了解了金融行业信用评估的重要性。接下来，针对上述的信用卡评估中风险管理部分，我们应用实际数据进行信用卡反欺诈行为的预测。数据来源于Kaggle网站真实数据集"Credit Card Fraud Detection——Anonymized credit card transactions labeled as fraudulent or genuine"，数据集可通过如下网址下载：https://www.kaggle.com/mlg-ulb/creditcardfraud。我们的求解过程参考论坛中的几个Kernel方案，全部算法应用Python实现。

这个数据集来自2013年9月欧洲信用卡交易数据，总共包括两天的交易数据。在284 807次交易中共发现了492例诈骗行为。数据集极其不平衡，诈骗频率只占了交易频次的0.172%。这个数据因为涉及敏感信息，用主成分分析进行了处理，V1，V2，…，V28是主成分，Time和Amount是没有经过主成分分析处理的。Time是每次交易与第一次交易之间距离的时间，以秒计；Amount代表消费金额；Class代表响应变量；1代表欺诈；0代表正常。数据样例如图6-11所示。

V19	V20	V21	V22	V23	V24	V25	V26	V27	V28	Amount	Class
0.40399296	0.2514121	-0.0183068	0.27783758	-0.1104739	0.06692807	0.12853936	-0.1891148	0.13355838	-0.0210531	149.62	0
-0.145783	-0.0690831	-0.2257752	-0.638672	0.10128802	-0.3398465	0.1671704	0.12589453	-0.0089831	0.01472417	2.69	0
-2.2618571	0.52497973	0.24799815	0.7716794	0.90941226		-0.689281	-0.3276418	-0.1390966	-0.0553528	-0.0597518	378.66	0
-1.232622	-0.2080378	-0.1083005	0.0052736	-0.1903205	-1.1755753	0.64735703	-0.2219288	0.06272285	0.06145763	123.5	0
0.80348692	0.40854236	-0.0094307	0.79827849	-0.1374581	0.14126698	-0.2060096	0.50229222	0.21942223	0.21515315	69.99	0
-0.0331938	0.08496767	-0.2082535	-0.5598248	-0.0263977	-0.3714266	-0.2327938	0.10591478	0.25384422	0.08108026	3.67	0
-0.045575	-0.2196326	-0.1677163	-0.2707097	-0.1541038	-0.7800554	0.75013694	-0.2572368	0.03450743	0.00516777	4.99	0
0.32450473	-0.1567419	1.94346534	-1.0154547	0.05750353	-0.649709	-0.4152666	-0.0516343	-1.2069211	-1.0853392	40.8	0
0.57032817	0.05273567	-0.0734251	-0.2680916	-0.2042327	1.0115918	0.67320468	-0.3841573	0.01174736	0.14240433	93.2	0

图 6-11　数据样例

我们观察数据集发现其包含很多维度，要解决的问题是预测持卡人是否会发生信用卡被盗刷。信用卡持卡人是否会发生被盗刷只有两种可能，发生被盗刷或不发生被盗刷。而这份数据是已经标注好的（字段Class是目标列），也就是说，它是一个监督学习的场景。于是，我们判定信用卡持卡人是否会发生被盗刷是一个二元分类问题，意味着可以通过二分类相关的算法来找到具体的解决办法。我们首先想到的二元分类算法是逻辑回归和支持向量机。在进行学习预测之前要先分析数据集。

数据集内是结构化数据，不需要做特征抽象。特征V1至V28经过主成分分析处理，而特征Time和Amount的数据规格与其他特征差别较大，需要对其做特征缩放，将特征缩放至同一个规格。在数据质量方面，没有出现乱码或空字符的数据，可以确定字段Class为目标列，其他列为特征列。初步分析数据的特性，在所有交易数据中，只包含了极少部分的欺诈信息，诈骗频率只占了交易频次的0.172%。两个类型的分布可从图6-12中看出。

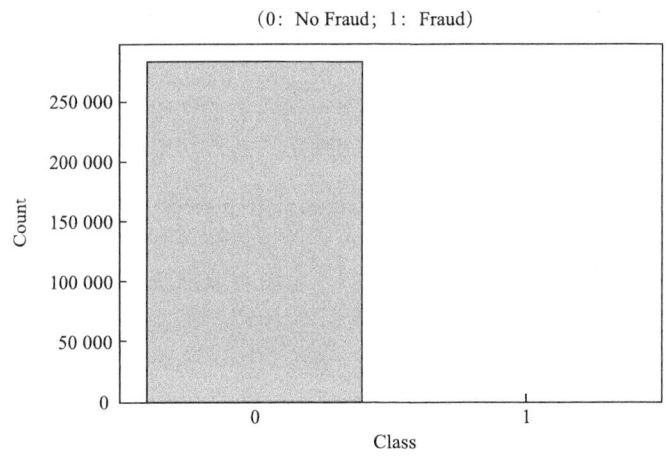

图6-12　欺诈与正常交易的分布比例

如何去处理这个数据集不平衡问题是解决此问题的关键。如果直接在原始数据集上应用机器学习的方法进行训练、学习和分类，通常得到所有的情形都为正常情形。这样的结果对于银行是没有任何意义的，因此我们首先得解决数据不平衡问题。

数据不平衡问题一般采用欠采样或过采样的方法。这里我们采用随机欠采样的方法。首先将数据集分成两部分，可选择80%为训练数据，20%为测试数据，为进行交叉验证做准备。由于欺诈事件总共发生492次，在剩下的正常交易中，随机选取492个事件，最终合并成一个新的子样本集合。

接着，我们探讨所有在信用卡欺诈事件中变量间的相关性。经过分析可得出，部分数据存在较强的相关性，由图6-13和图6-14可以看出，V7和V20与盗刷数额正相关，而V2和V5与盗刷数额负相关。

第6章　商务智能中的分类　109

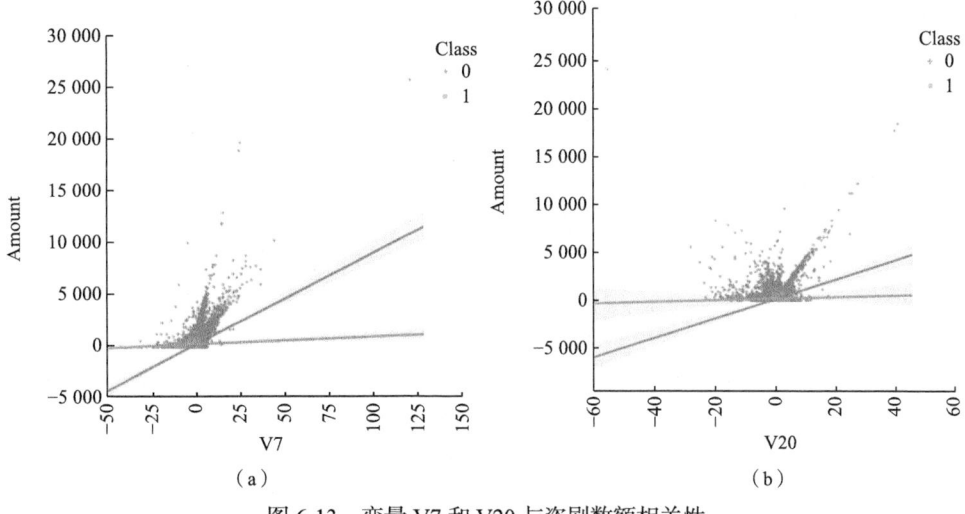

图 6-13　变量 V7 和 V20 与盗刷数额相关性

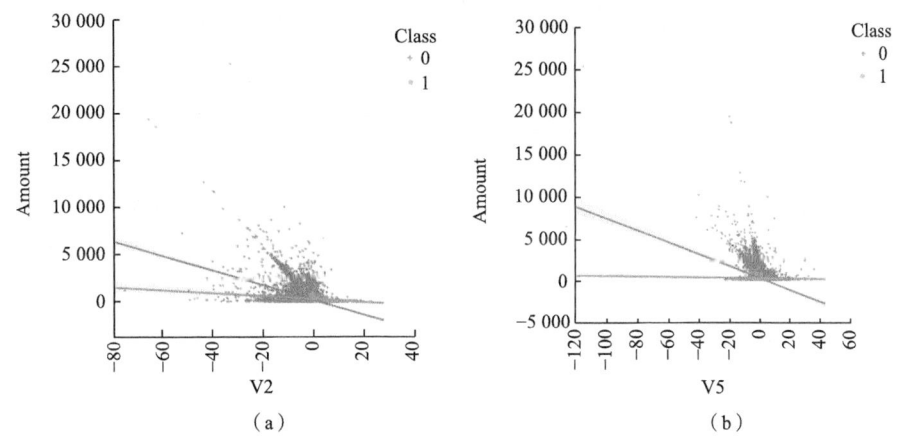

图 6-14　变量 V2 和 V5 与盗刷数额相关性

进一步，我们对特征的重要性进行排序，可以得到图6-15中的结果。

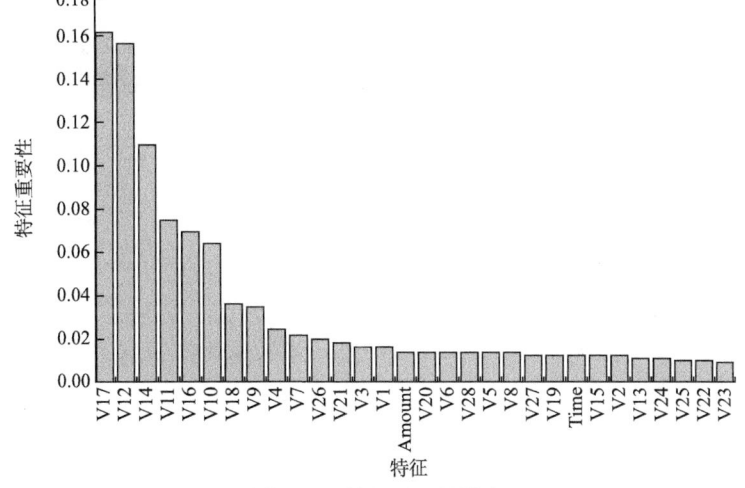

图 6-15　特征重要性排序

接着我们需要对数据进行降维处理，通过图6-16中的比较可以看出，最好的降维方法就是应用t-SNE。

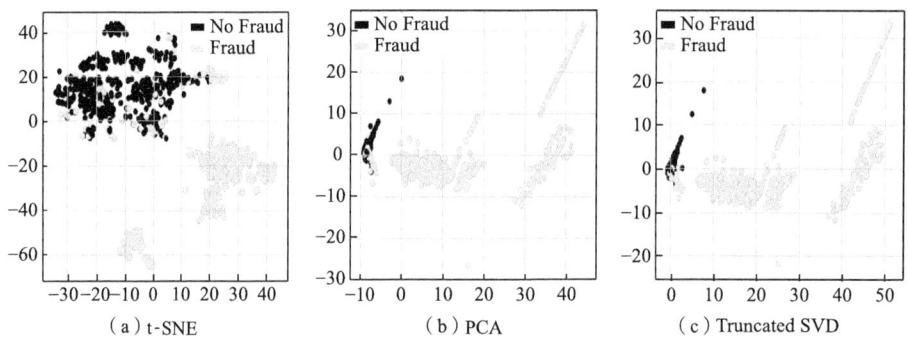

图6-16　降维方法比较

我们应用不同的机器学习算法进行分类。为了说明不同算法的结果优劣性，我们选用了四种算法进行比较分析：逻辑回归、支持向量机、k-最近邻法和决策树。四种算法的学习曲线如图6-17所示。

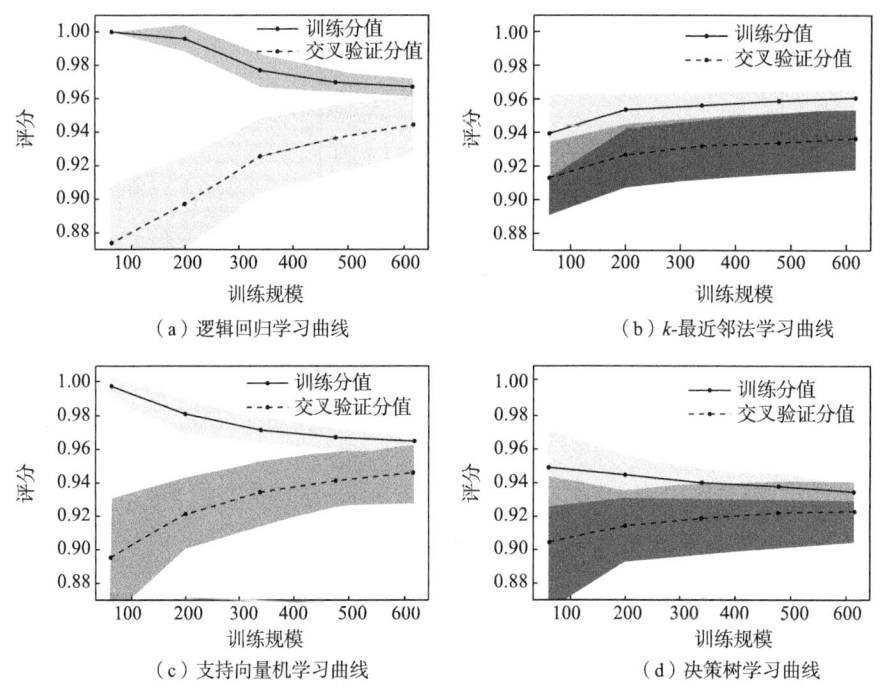

图6-17　四种算法的学习曲线

为了进一步说明算法的优劣，我们引用ROC曲线值，四种算法的ROC曲线值如图6-18所示，可以看出逻辑回归和支持向量机是求解该类问题较好的方法。

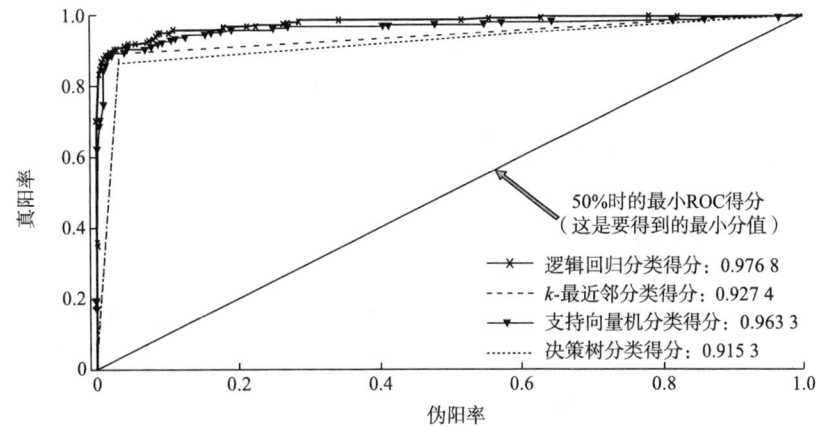

图 6-18 四种算法的 ROC 曲线值

6.3.2 案例 2——农夫山泉：海量照片提升销量

农夫山泉作为国内知名的饮用水生产企业，也曾遭遇过增长瓶颈。2004~2007年，农夫山泉的销售额一直维持在20亿元左右，增长极度缓慢。但是从2008年起，农夫山泉却每年以30%~50%的速度增长，2015年已达到年销售额150亿元。而这背后与其数据驱动的决策思维密不可分。

农夫山泉拥有超过150万家销售门店及一万多名业务员，每名业务员每天按照一定的线路拜访销售门店，每个门店用移动终端拍摄10张照片：水怎么摆放、位置有什么变化、高度如何……每名业务员每天要跑15个销售门店，按照规定，下班之前150张照片就被传回了杭州总部。每名业务员每天产生的数据量在10M，这似乎并不是个大数字。但农夫山泉全国有10 000名业务员，这样每天的数据就是100G，每月为3TB。其结构化数据的体量更为庞大。

通过这些数据，农夫山泉管理者想知道如下的问题：怎样摆放水堆更能促进销售？什么年龄的消费者在水堆前停留更久，他们一次购买的量有多大？气温的变化让购买行为发生了哪些改变？竞争对手的新包装对销售产生了怎样的影响？不少问题目前也可以回答，但目前更多是基于经验，而不是基于数据。

SAP从2003年开始与农夫山泉在企业管理软件ERP方面进行合作。彼时，农夫山泉仅仅是一个软件采购者和使用者，而SAP还是服务商的角色。而等到2011年6月，SAP和农夫山泉开始共同开发基于"饮用水"这个产业形态中运输环境的数据场景。

关于运输环境的数据场景到底有多重要呢？将自己定位成"大自然搬运工"的农夫山泉，在全国有十多个水源地。农夫山泉把水灌装、配送、上架，一瓶超市售价2元的550毫升饮用水，其中3毛钱花在了运输上。在农夫山泉内部，有着"搬上搬下，银子哗哗"的说法。如何根据不同的变量因素来控制自己的物流成本，成为问题的核心。

基于上述场景，SAP团队和农夫山泉团队开始了场景开发，他们将很多数据纳入进来：高速公路的收费、道路等级、天气、配送中心辐射半径、季节性变化、不同市场的售价、不同渠道的费用、各地的人力成本，甚至突发性的需求（如某城市召开一次大型运动会）。

在没有数据实时支撑时，农夫山泉在物流领域花了很多冤枉钱。例如，某个小品相的产品（350毫升饮用水），在某个城市的销量预测不到位时，公司通常的做法是通过大区间的调运来弥补终端货源的不足。"华北往华南运，运到半道的时候，发现华东实际有富余，从华东调运更便宜。但很快发现对华南的预测有偏差，华北短缺更为严重，华东开始往华北运。此时如果太湖突发一次污染事件，很可能华东又出现短缺。"

这种没头苍蝇似的状况让农夫山泉头疼不已。在采购、仓储、配送这条线上，农夫山泉特别希望大数据获取解决三个顽症：首先是解决生产和销售的不平衡问题，准确获知该产多少，送多少；其次，让400家办事处、30个配送中心能够纳入体系中来，形成一个动态网状结构，而非简单的树状结构；最后，让退货、残次等问题与生产基地能够实时连接起来。也就是说，销售的最前端成为一个个神经末梢，它的任何一个痛点，在大脑这里都能快速感知到。

"日常运营中，我们会产生销售、市场费用、物流、生产、财务等数据，这些数据都是通过工具定时抽取到SAP BW或Oracle DM，再通过Business Object展现。"农夫山泉首席信息官胡健表示，这个"展现"的过程长达24小时，也就是说，在24小时后，物流、资金流和信息流才能汇聚到一起，彼此关联形成一份有价值的统计报告。当农夫山泉的每月数据积累达到3TB时，这样的速度导致农夫山泉每个月财务结算都要推迟一天。更重要的是，胡健等农夫山泉的决策者只能依靠数据来验证以往的决策是否正确，或者对已出现的问题作出纠正，仍旧无法预测未来。

2011年，SAP推出了创新性的数据库平台SAP HANA，农夫山泉则成为全球第三个、亚洲第一个上线该系统的企业，并在当年9月宣布系统对接成功。采用SAP HANA后，同等数据量的计算速度从过去的24小时缩短到0.67秒，几乎可以做到实时计算结果，这让很多不可能的事情变为了可能。

有了强大的数据分析能力做支持后，农夫山泉近年以30%~50%的年增长率，在饮用水方面快速超越了原先的三甲：娃哈哈、乐百氏和可口可乐。根据2017年国家统计局公布的数据，饮用水领域的市场份额，农夫山泉、康师傅、娃哈哈、可口可乐的冰露，分别为34.8%、16.1%、14.3%、4.7%，农夫山泉几乎是另外三家之和。

6.3.3 案例3——电商网站客户细分

我们应用实际数据进行电商网站客户细分。数据来源于Kaggle网站真实数据集"E-Commerce Data—Actual transactions from UK retailer"，数据集可通过如下网址下载：https://www.kaggle.com/carrie1/ecommerce-data。我们的求解过程参考论坛中的几个Kernel方案，本部分的图、表和计算结果及相应的算法，全部应用Python中的函数实现。

数据集包含了从2010年12月1日到2011年12月9日时间内，英国某电商网站的交易信息，其主要经营各类型礼品，只通过互联网销售，客户主要是批发零售商。数据集包含有效数据共406 829次记录，涉及4 372位客户，3 684种产品的交易信息，具体数据样例如图6-19所示。

观察交易数据，交易价格分布情况如图6-20所示。可以看出，约65%的交易价格都高于200英镑。

	InvoiceNo	StockCode	Description	Quantity	InvoiceDate	UnitPrice	CustomerID	Country
0	536365	85123A	WHITE HANGING HEART T-LIGHT HOLDER	6	2010-12-01 08:26:00	2.55	17850	United Kingdom
1	536365	71053	WHITE METAL LANTERN	6	2010-12-01 08:26:00	3.39	17850	United Kingdom
2	536365	84406B	CREAM CUPID HEARTS COAT HANGER	8	2010-12-01 08:26:00	2.75	17850	United Kingdom
3	536365	84029G	KNITTED UNION FLAG HOT WATER BOTTLE	6	2010-12-01 08:26:00	3.39	17850	United Kingdom
4	536365	84029E	RED WOOLLY HOTTIE WHITE HEART.	6	2010-12-01 08:26:00	3.39	17850	United Kingdom

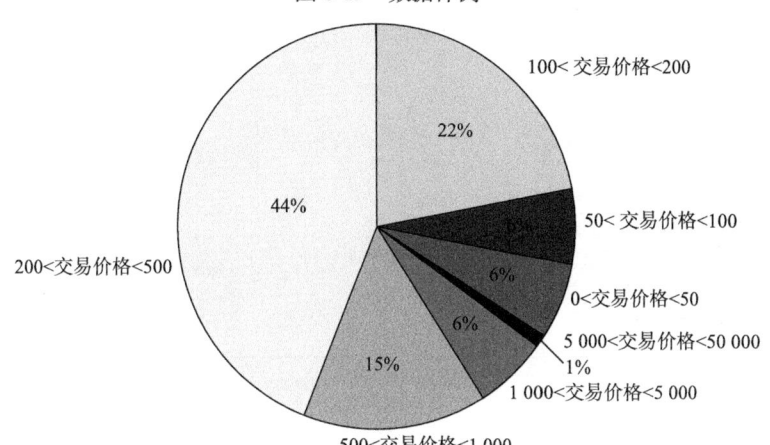

图 6-19　数据样例

图 6-20　交易价格分布情况

在数据集中，产品采用的是编号表示的变量。在“Description”部分对每一种产品进行了简单的描述，我们应用这些描述文字把产品分成不同的类型。首先我们将描述中的英文单词进行计数统计，其次按照关键词进行排序，关键词出现频率如图6-21所示。

我们得到超过1 400个关键词，其中应用最多的关键词出现在超过200种产品的描述中。重新观察这些关键词，注意到一些名字并没有用，并不能带来任何信息，如颜色。因此我们将这些词从关键词列表中删掉，且只留下次数超过13次的词语。

通过将关键词与产品建立关系矩阵，把产品分成不同类别。在以0-1编码的矩阵情况下，最适合的计算距离的测度应该是Hamming距离。注意到，传统的*k*-means算法应用的是欧氏距离，但其并不是最适合的分类变量。因此我们应用改进的*k*-means算法。

为了定义最优的类别数量，我们需要计算轮廓系数（silhouette coefficient）。轮廓系数适用于实际类别信息未知的情况。对于单个样本，设a是与它同类别中其他样本的平均距离，b是与它距离最近不同类别中样本的平均距离，轮廓系数为

$$s=\frac{b-a}{\max(a,b)} \tag{6-48}$$

对于一个样本集合，它的轮廓系数就是所有样本轮廓系数的平均值。轮廓系数的取值范围是[−1，1]，同类别样本距离相近且不同类别样本距离越远，分数越高。

对于不同的聚类后的类别数量，我们计算出相应的轮廓系数，并列在表6-3中。从

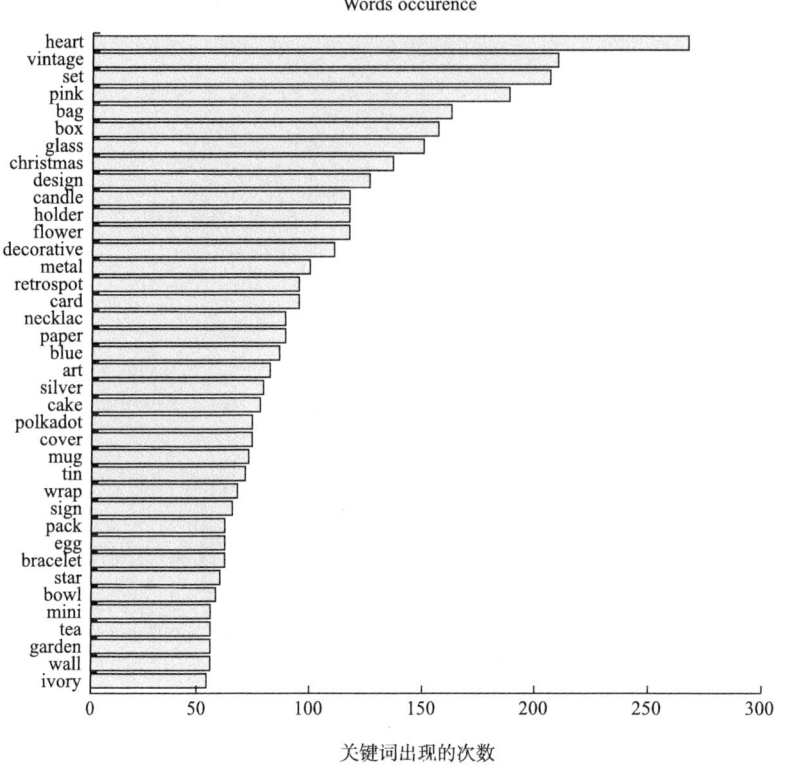

图 6-21 关键词出现频率

表6-3中可以看到，当类别数量大于3时，对应的轮廓系数保持在0.1±0.05附近。另外，我们发现，当类别数量超过5以后，会出现部分类别中包含极少的样本，因此我们最终选择聚类数量为5个。为了保证每次运行都有一个较好的分类结果，我们重复试验直到得到最好的轮廓系数位置，也就是在0.15左右。

表 6-3　不同类别数量对应的轮廓系数

类别数量	轮廓系数
3	0.100 716 817 581
4	0.126 098 937 473
5	0.146 313 552 489
6	0.143 891 143 540
7	0.151 659 629 857
8	0.147 108 263 245
9	0.122 096 798 066

我们得到的5种类型的产品数量分布如下：

- 类 4　　1 009
- 类 2　　964
- 类 1　　762
- 类 3　　673
- 类 0　　470

为了讨论分类结果的质量，我们计算了每个元素对应的不同类别的内部聚类轮廓系数值，并最终呈现在图6-22中。

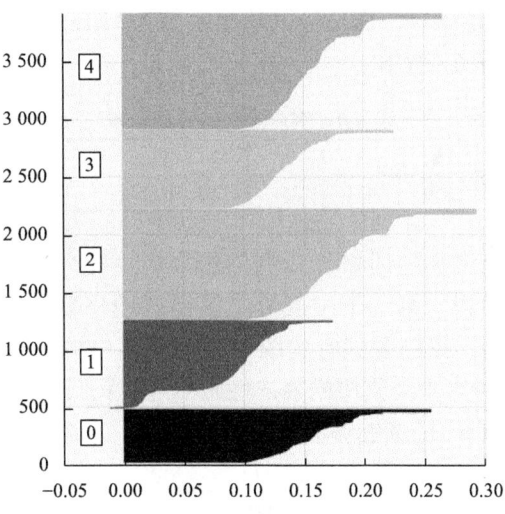

图 6-22　不同类别的内部聚类轮廓系数值

我们想要查看每种类别产品的描述。将每类产品的关键词进行词频统计，然后将其排序，利用词云图表示，如图6-23所示。

图 6-23　五种类别的词云图

从图6-23的表示中，我们可以看到其中一个聚类中包含了与礼物相关的词语（关键词：christmas，pack，card，…）；另一个聚类中包含了很多奢侈品或者珠宝首饰（关键词：necklac，bracelet，lace，silver，…）。同时可以看到有许多词语是同时出现在不同的聚类类别中，并且很难完全地区分开它们。

为了说明聚类类别真实被分开，我们需要查看其构成成分。我们应用主成分分析对其进行分析。通过可视化结果可以看出，仅需要较少的成分即可将类别区分开。

下面我们分析客户的类别问题。类似于产品分类方法，我们仍然想利用k-means算法进行聚类。而对于聚类类别数量，则通过轮廓系数的计算，选择最优的聚类数量。我们得到最优的聚类数量为11，而对应的轮廓系数为0.213。而最终我们得到了11种客户类别的数量分布，如表6-4所示。

表6-4 客户类别的数量分布

客户类别	4	8	1	5	10	2	0	7	6	3	9
客户数量	1 453	476	433	351	293	235	185	153	12	10	7

为了说明客户类别聚类的质量，我们依然采用主成分分析。由主成分相关客户类别分布图我们可以看到，第一个主成分能够很好地将数量最少的客户类别与其他类别区分开。更一般地，我们看到有些图中，两个客户类别是被明显区分开的。

为了进一步说明11种客户类别中的客户性质不同，我们构造出不同属性的雷达图，如图6-24所示，11种客户的特点能够形象的表示出来。从图6-24中可以看到，前5种类别分别对应5个属性极突出的情形。

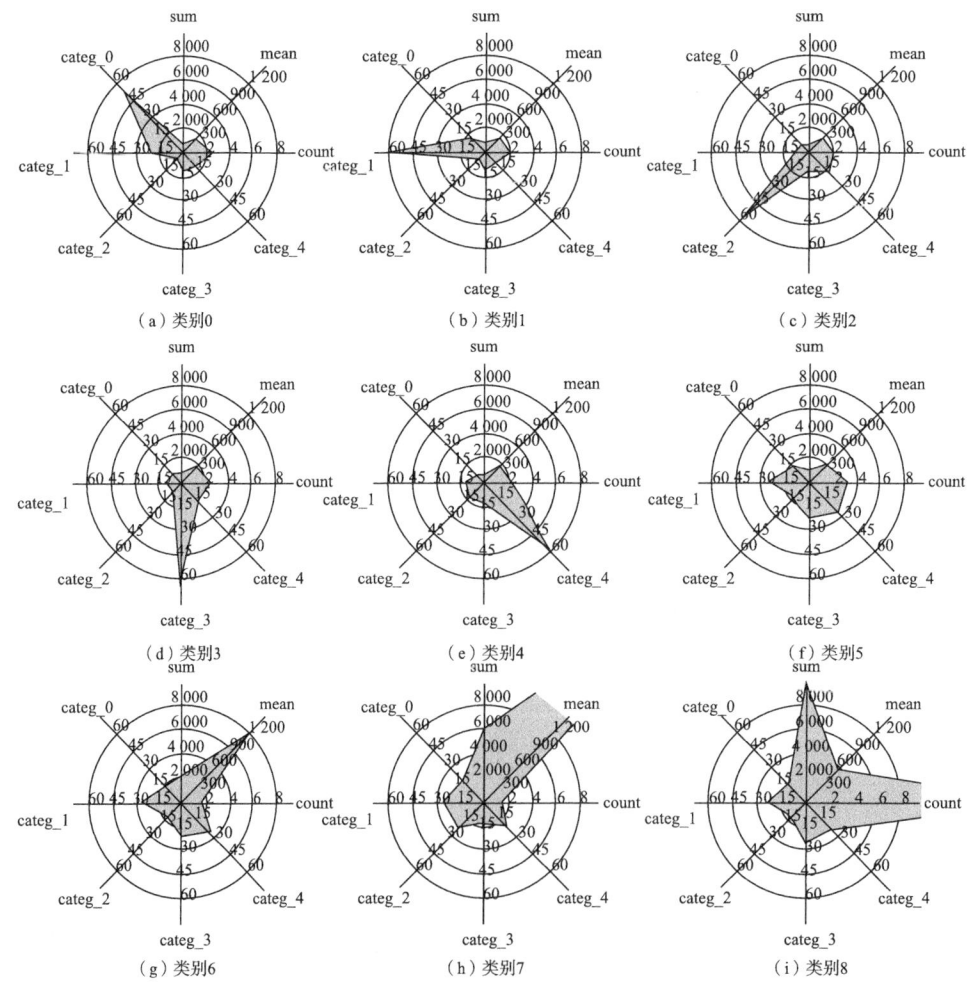

(a) 类别0　　　　　　　(b) 类别1　　　　　　　(c) 类别2

(d) 类别3　　　　　　　(e) 类别4　　　　　　　(f) 类别5

(g) 类别6　　　　　　　(h) 类别7　　　　　　　(i) 类别8

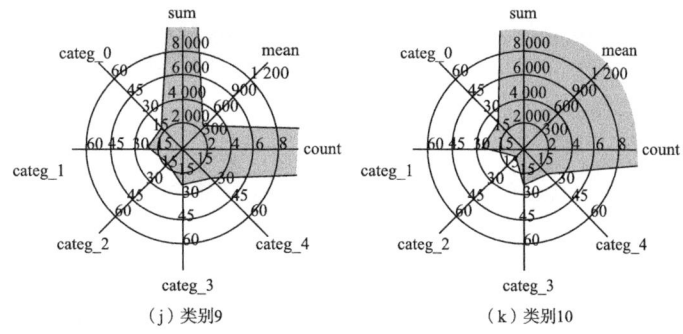

图 6-24　客户类别属性特点雷达图

接着对于已经聚好的类别，进行分类算法分类，从而使客户刚一到达，就知道客户属于哪一类别的预测需求。因为分类的目的是对已到达的客户进行预测，因此我们将在原始数据集中舍掉部分信息，如客户的访问次数、客户购物价格随时间变化情况等。我们采取多种分类方法同时比较的方法，分别得到各自方法的学习曲线、准确率等数据，然后比较得出最好的分类方法。主要的算法函数我们采用Python中的scikit-learn包中的分类算法。

首先我们采用支持向量机分类方法，其中支持向量机模型的超参数（hyperparameter）选取最优值，数据折叠将用于交叉验证。我们得到其最终的预测准确度为83.93%。其误差矩阵如图6-25所示。

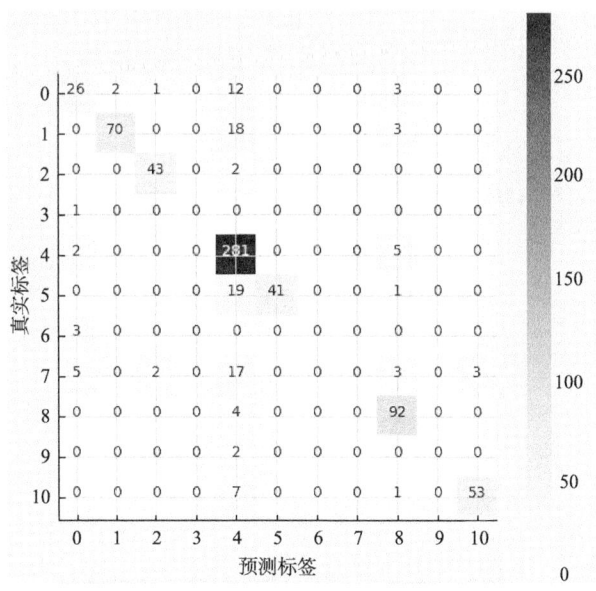

图 6-25　误差矩阵

为了说明分类算法的好坏，我们还可以观察算法的学习曲线（图6-26），其通常能反映出算法可能存在的问题，如是否存在过拟合、欠拟合等现象。

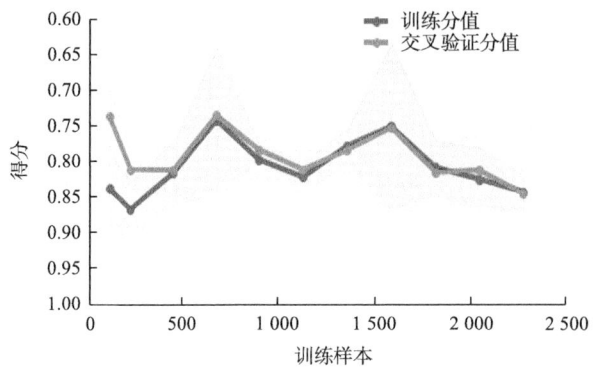

图 6-26 支持向量机的学习曲线

通过观察学习曲线,我们可以得知训练和交叉验证分值有着相同的变化趋势。这是典型的低方差模型且说明模型并未发生过拟合现象,同样我们观察训练曲线的准确率,其为一个对称的轻微的波动,因此模型也没有欠拟合现象。

类似地,我们对其他算法也进行了相关分析,逻辑回归算法、k-最近邻法、决策树算法、随机森林(random forest,RF),以及Ada提升(AdaBoosting)和梯度提升(gradient boosting,GB)算法。其最终的学习曲线如图6-27所示。

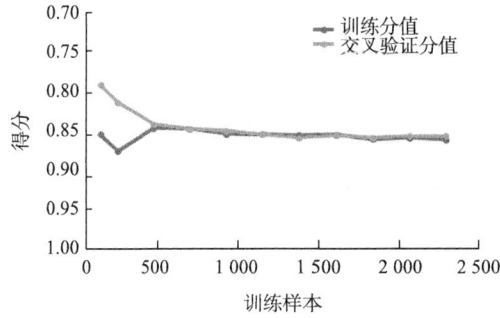

(a)逻辑回归算法学习曲线

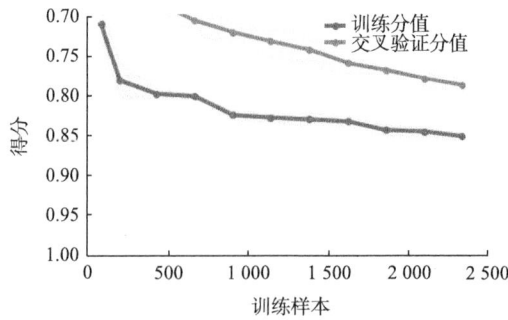

(b)k-最近邻法学习曲线

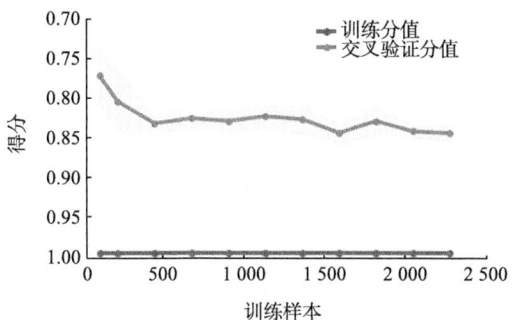

(c)决策树算法学习曲线

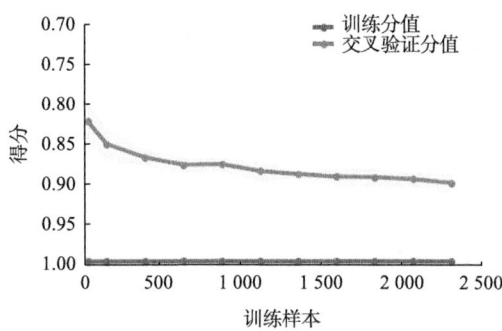

(d)随机森林学习曲线

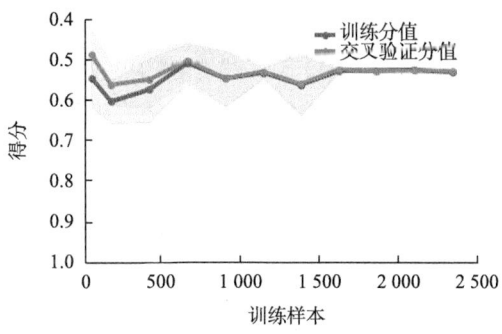

(e)Ada 提升算法学习曲线

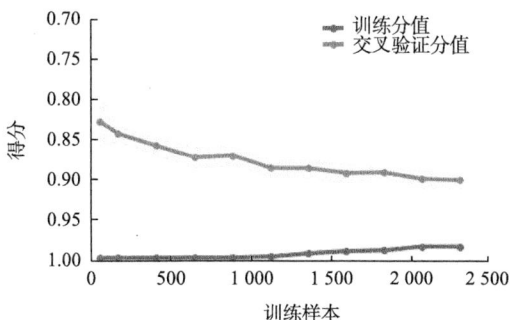

(f)梯度提升算法学习曲线

图 6-27　多个分类算法的学习曲线

面对不同分类算法的结果，我们采用投票的方法进行优化。最终得到了准确率为 89.89% 的分类结果。

【本章小结】

本章主要介绍了数据挖掘中一类重要的算法——分类算法。我们系统学习了支持向量机、决策树、贝叶斯决策、人工神经网络、遗传算法等多种分类方法。每种分类算法有各自的特点，在应用相关算法时要根据数据的特点和问题特性进行选择，当无法判断哪个算法更适合时，可以采取多种方法同时进行、比较投票等方法。此外，还有更多的改进分类算法，但它们都离不开基本的分类问题和模型。在本章最后，我们结合多个案例和数据分析实例，说明了分类算法在商务活动中的应用。

【课后思考题】

1. 分类算法的实质是什么？如何看待不同分类算法的区别？如何评价分类算法的好坏？分类算法的指标有哪些？
2. 运筹学与概率论在机器学习算法中有着重要的作用，请结合本章学习的算法举例说明。
3. 核函数的方法能否应用到支持向量机和神经网络中？其算法能够应用到什么样的场景中？
4. 试分析支持向量机对噪声敏感的原因。
5. 连续属性如何离散化？请用 ID3 算法和 C4.5 算法举例说明。
6. 在实践中使用贝叶斯分类器分类时，如若数据的维度非常高，则概率的连乘结果接近 0，从而导致下溢。试述防止下溢的可能方案。
7. 举例说明适合二分问题的分类算法及其应用。
8. Bagging 算法（套袋法）是一种常见的提升算法，其主要步骤如下：首先给定一个大小为 n 的训练集 D，Bagging 算法从中均匀、有放回地（即使用自助抽样法）选出 m 个大小为 n' 的子集 D_i，作为新的训练集。在这 m 个训练集上使用分类、回归等算法，则可得到 m 个模型，再通过取平均值、取多数票等方法，即可得到 Bagging 的结果。采用这种策略的技术称为集成方法。Bagging 算法可以有效提升多种算法的性能，但是其难以提升朴素贝叶斯分类器的性能，试分析其原因。

第 7 章　商品信息检索

【本章导读】

目前电商平台中的商品信息检索技术主要是基于传统的信息检索技术，故本章在知识安排上先介绍了传统信息检索相关知识，然后结合京东电商平台介绍了京东的商品信息检索相关技术。围绕传统信息检索介绍了信息检索的概念、过程、经典信息检索模型及评价标准，依据信息检索的实现过程，介绍了特征选择、特征提取及相关反馈知识。特征选择和特征提取是两项不同的技术，二者既有区别也有联系。本章对京东商品检索技术的介绍源自京东搜索部门负责人王春明的一次访谈。

信息检索起源于图书馆的参考咨询和文摘索引工作，从19世纪下半叶开始发展，至20世纪40年代，索引和检索成为图书馆独立的工具和用户服务项目。随着1946年世界上第一台电子计算机问世，计算机技术逐步走进信息检索领域，并与信息检索理论紧密结合起来。20世纪60年代到20世纪80年代，在信息处理技术、通信技术、计算机和数据库技术的推动下，信息检索在教育、军事和商业等各领域高速发展。

7.1　信息检索的概念

信息检索有广义和狭义之分。广义的信息检索全称为信息存储与检索，是指将信息按一定的方式组织和存储起来，并根据用户的需要找出有关信息的过程。狭义的信息检索为信息存储与检索的后半部分，通常称为信息查找或信息搜索，是指从信息集合中找出用户所需要的有关信息的过程。狭义的信息检索包括三个方面的含义：了解用户的信息需求、信息检索的技术或方法、满足信息用户的需求。

由信息检索原理可知，信息的存储是实现信息检索的基础。这里要存储的信息不仅包括原始文档数据，还包括图片、视频和音频等，首先要将这些原始信息进行计算机语言的转换，并将其存储在数据库中，否则无法进行机器识别。待用户根据意图输入查询请求后，检索系统根据用户的查询请求在数据库中搜索与查询相关的信息，通过一定的匹配机制计算出信息的相似度大小，并按从大到小的顺序将信息转换输出。

7.2　信息检索的过程

信息检索是计算机科学的一大领域，主要研究如何为用户访问他们感兴趣的信息提供各种便利的手段，正如上文所述，信息检索涉及对文档、网页、联机目录、结构化和半结构化记录及多媒体对象等信息项的表示、存储、组织和访问。在范围上，信息检索的发展已经远远超出了其早期目标。如今，信息检索的研究包括建模、Web搜索、文本分类、系统架构、用户界面、数据可视化、过滤和语言处理技术，其应用范围已经渗透到人们生活的方方面面。图7-1展示了信息检索的基本过程。

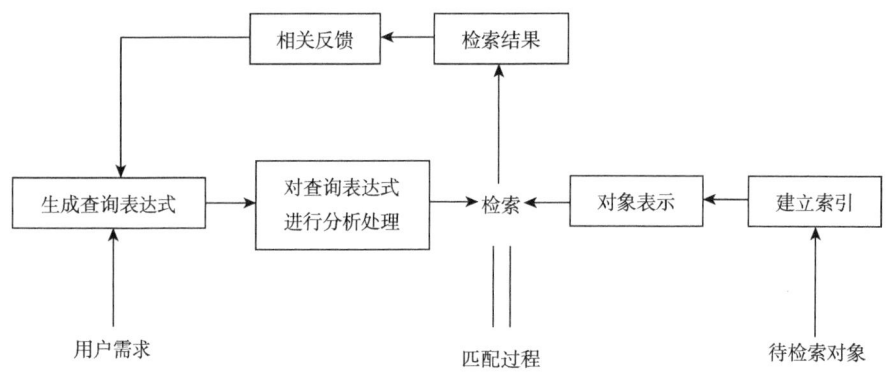

图 7-1　信息检索的基本过程

观察图7-1可以发现，信息检索过程实际上就是左边用户需求和右边文档的匹配过程。匹配实际上就是二者的相似度计算，相似度值越大则二者越匹配，文档越可能满足用户的检索需求。图7-1中左边是对查询的处理，右边是对文档的处理，上面是为了得到更好的检索效果，通过相关反馈修正用户的初始查询表达式。下面以京东平台为例简述商品信息检索的过程。首先在京东平台的检索框中输入查询"打印、复印、扫描一体机"，根据用户查询平台返回图示的检索结果（图7-2展示了部分检索结果）。

图 7-2　京东平台针对用户查询需求的部分检索结果

观察检索结果可以发现，图7-2中每个商品中均出现了用户查询中的术语"打印、复印、扫描一体机"，故直观地，我们可以认为检索的过程就是检查已有的商品描述中有没有和查询相同的术语，如果有，则将成为检索结果，该过程为图7-1的匹配过程；再观察可发现，检索结果中术语的顺序并不和查询一致，如图7-2中第一件商品的描述方法为"一体机（打印、复印、扫描）"，可猜想，检索过程中查询和商品描述的表示并不是直接以句子的形式，那应该以什么形式？如果以术语的形式表示，那应该选择哪些术语呢？这就是对象和查询的表示。根据首次检索结果，如果商家发现用户仅看了"激光类别的打印、复印、扫描一体机"，则智能的商务平台可以此为反馈，重新修正用户的初始查询，从而使得检索结果能更好地满足用户的需求，该过程为相关反馈。

综上所述，信息检索的实现涉及的关键技术包括索引建立、相关反馈和相似度计算，其中索引的建立涉及特征选择和特征提取。

7.3 特征选择

特征选择本质上是一个组合优化的问题，它的定义方法有多种，但是目的基本相同：寻找最优特征子集描述目标。图7-3为特征选择过程流程图。由流程图可以发现，特征选择的过程主要包括四部分：确定特征子集、对特征子集进行评价、特征选择的结束条件和对选择的特征子集进行性能评价。目前该方面的研究主要围绕搜索策略和评价准则展开，其中基于搜索策略划分的特征选择方法包括全局最优搜索策略、启发式搜索策略和随机搜索策略，以上搜索策略都有自己的优点和缺点，在实际应用中，可根据不同的需要选择合适的搜索策略。例如，如果样本数比较少，可选择全局最优搜索策略，因为其搜索性能最优，但时间消耗大；如果对计算速度的要求比较高，则可选择启发式搜索策略；若在性能和速度上为二者的折中，则可选择随机搜索策略。若基于评价标准来划分特征选择方法，包括：过滤式和封装式。由于封装式的评价标准计算量大，所以时间消耗就比较大，不适合处理大数据，其优点是计算的准确率比较高。过滤式速度比较快，选出的特征子集与后续学习算法无关，其性能低于封装式。目前应用比较普遍的是过滤式特征选择方法，包括距离度量、信息度量、依赖性度量、一致性度量。

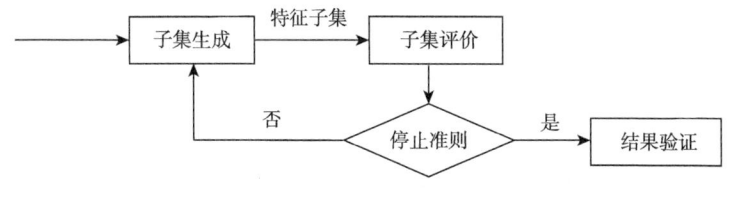

图 7-3 特征选择过程流程图

7.3.1 基于搜索策略的特征选择方法

基本的搜索策略按照特征子集的形成过程可分为以下三种：全局最优搜索、随机搜索和启发式搜索。一个具体的搜索算法会采用两种或者多种基本搜索策略。例如，遗传算法是一种随机搜索算法，同时也是一种启发式搜索算法。

1. 采用全局最优搜索算法的特征选择

全局最优搜索算法即找到全局最优的特征子集，这是理想的结果，该类算法的时间、空间消耗均很高，故应用性较差。典型代表是分支定界法，该算法的基本思想：首先，定义一个评价准则函数，该评价准则函数必须满足单调性条件，也就是说，对于两个子集X和Y而言，如果X是Y的子集，那么X对应的评价函数值必须小于Y对应的评价函数值。其次，在定义了该评价函数的前提下，该算法对最终特征子集的选择过程可以用一棵树来描述。树根是所有特征的集合，从树根往下，在树的每一级、每一分支都舍弃一个特征。最后，根据可分性判定值和事先定义好的最佳特征子集的数目，搜索满足要求的特征子集。该算法的空间复杂度为$O(2^N)$（其中N为特征的维数）。

全局最优搜索策略的不足之处包括：①运算时间数量级与耗尽搜索相差不远，消耗太大；②如何事先确定最优特征子集中特征的数量是一个难点，该问题涉及求解规模和实际应用性；③合乎问题要求的满足单调性的可分性判据难以设计。这里的合乎要求指最后选择的特征子集满足决策要求，并能取得高的决策正确率。该类算法不适合处理高维问题。

2. 采用随机搜索算法的特征选择

随机搜索算法属于非全局搜索策略。在计算过程中把特征选择问题与模拟退火算法、禁忌搜索算法、遗传算法等，或者仅仅是一个随机重采样过程结合起来，以概率推理和采样过程作为算法的基础，基于对分类估计的有效性，在算法运行中对每个特征赋予一定的权重；然后根据用户所定义的或自适应的阈值来对特征的重要性进行评价。当特征所对应的权重超出这个阈值时，它便被选中作为重要的特征来训练分类器。Relief算法就是一种典型的根据权重选择特征的随机搜索算法，它能有效地去掉无关的特征，但不能去除冗余，而且只能用于二分类问题。

随机搜索算法可以细分为完全随机方法和概率随机方法两种。虽然该类算法的搜索空间仍然是$O(2^N)$，但是可以通过设置最大迭代次数限制搜索空间小于$O(2^N)$。例如，遗传算法，由于采用了启发式搜索策略，它的搜索空间远远小于$O(2^N)$。

存在的不足之处：具有较高的不确定性，只有当总循环次数较大时，才可能找到较好的结果。在随机搜索策略中，可能需要对一些参数进行设置，参数选择的合适与否对最终结果的好坏起着很大的作用，因此参数选择是该类算法的一个关键步骤。

3. 采用启发式搜索算法的特征选择

采用启发式搜索算法的特征选择方法相对较多，主要包括单独最优特征组合、序列前向选择方法（sequential forward selection，SFS）、广义序列前向选择方法（generalized sequential forward selection，GSFS）、序列后向选择方法（sequential backward selection，SBS）、广义序列后向选择方法（generalized sequential backward selection，GSBS）、增l去r选择方法、广义增l去r选择方法、浮动搜索方法。

单独最优特征组合方法依靠计算各特征单独使用时的判据值对特征加以排队，取前d个特征作为满足条件的特征组。这种方法仅当单个特征的判据值满足加和性或乘性条件的时候才能选择出一组最优的特征。例如，在两类问题中，当两类都是正态分布情况，且各个特征间统计独立的时候，用Mahalanobis距离作为可分性判据，则可以达到这样的效果。但是特征间具有这种关系仅仅是极少数情况，大多数情况下，该算法甚至可能取到最差的特征组合。很多情况下，该方法可以用来去掉一些不重要的变量，如对所有变量排序，而后去掉排在后面的一定数目的变量。由于特征排序采用的判据计算较为简单，故在很大程度上可以较快地缩减特征选择的范围，所以该类方法是一种较好的特征预选方法。

SFS也称为集合增加法，它是一种自下而上的搜索方法。该方法首先把所需要的特征集合初始化为一个空集，每次向特征集合中增加一个特征，当所需要的特征集合达到要求时，将所得到的特征集合作为算法运行的结果。该过程可以描述如下：设所有的特征集合为Q，假设有一个已有d_1个特征的特征集合X_{d_1}，对每一个未入选的特征ξ_j（即$Q-X_{d_1}$中的特征）计算其准则函数$J_j = J(X_{d_1} + \xi_j)$。选择使得J_j最大的那个特征，并把它加入集合X_{d_1}中。实际上，在算法的每一步，都选择一个特征加入当前集合，使得特征选择准则最大。当最佳改进使特征集合性能变坏或达到最大允许的特征个数的时候，该算法认为已经选择出最佳的特征子集。该算法的运算量虽然相对较小，但是没有充分考虑特征间的统计相关性。从这个角度出发的搜索方式仅能适合一小部分满足特殊条件的特征集合。例如，算法第一步选出的必然是使准则函数最大的一个特征，而后来每步选出的都是对前一个特征集合作为最佳补充的一个特征。在实际过程中，最佳特征集合极有可能并不包括单独贡献率最大的那个特征，仅仅是一些单独贡献率极为普通的特征组合。在该类算法中每步都可能出现这样的现象。

GSFS是SFS算法的加速方法，它可以根据准则函数一次性向特征集合中增加r个特征。也就是在没有入选优化特征子集的剩余特征子集中，寻找一个规模为r的小特征子集Y_r，使得$J(X_{d_1} + Y_r)$最大。该方法相对于SFS在特征统计相关性上要稍好些，但是计算力量相对SFS增大许多，且在SFS中出现的问题依旧难以避免。

SBS是一种自上而下的方法。该方法在运行之初假定整个特征集合就是所需要的优化特征集。而后在算法的每步运行过程中删除一个对准则函数无贡献的特征，直到剩余特征个数符合基数要求。该方法在一个较大的变量集上计算准则函数J，所以该算法相对于SFS计算量要大。该方法的优势在于充分考虑特征之间的统计相关特性，因而在采用同样合理的准则函数的时候，它的实际计算性能和算法的鲁棒性要远远优于SFS算法。

GSBS是SBS算法的加速算法，它根据准则函数在算法的每个循环当中，一次性删除一定个数的无用特征。它是一种可应用于实际过程的快速特征选择方法。它的特点在于速度较快，性能相对较好。不足之处在于有的时候特征消除操作太快，容易丢失重要的变量，找不到最优的特征组。

增l去r选择方法。这种方法允许在特征选择过程中进行回溯，如果$l > r$，则该算法是自下而上的方法。用SFS方法将l个特征加入当前特征集合中，然后再用SBS方法删除r个最差的特征。这种方法消除嵌套问题，因为某一步获得的特征集不一定是下一步特征集的子集。如果$l<r$，则算法为自上而下的方法。从一个完全特征集开始，依次删除r个特征，再增加l个特征，直到获得满足要求个数的特征。该方法实际上是SBS方法和SFS方法的一种折中，它的运算速度要比SBS快，运算效果要比SFS好。

广义增l去r选择方法。该方法是在增l去r选择方法的基础上，用GSFS和GSBS分别代替SFS和SBS。前面讨论过的算法甚至可以看作它的特例算法，因而它包含极其广泛的理论意义。但操作较为复杂，难以制定实际规则加以利用。

浮动搜索方法改变上述一系列算法，采用浮动的步长，即在选择算法的不同步骤可以采用不同的l和r。实际上，每轮的l，r可以根据特征的统计特点来制定。这是一种非常实用的改良机制。

一般认为采用浮动广义后向选择方法（floating generalized sequential backward selection，FGSBS）是较为有利于实际应用的一种特征选择搜索策略。它既考虑了特征之间的统计相关性特点，又用浮动方法保证算法运行的快速稳定性。

综上所述，根据合理的启发式规则可以设计出非常实用的次优搜索方法应用于特征选择算法。该类算法并不检查每个特征的组合，但是它可以根据一组潜在的、有用的特征组合，甚至可以根据所制定的启发式规则对所有特征进行排序。在合理设计规则的作用下，实际应用中这类算法甚至能够达到和前两种搜索策略类似的效果，且具有运算速度快的特点。

7.3.2 基于评价准则的特征选择方法

从特征集合的评价准则上来分，特征选择方法大致可以分成两类：过滤式和封装式。过滤式与后续学习算法无关，一般直接利用所有的训练数据的统计性能评估特征，速度快，但评估与后续学习算法的性能偏差较大。封装式利用后续学习算法的训练准确率评估特征子集，偏差小，计算量大，不适合大数据。

1. 封装式评价策略的特征选择方法

封装式特征选择方法将特征选择算法作为学习算法的一个组成部分，并且直接使用分类性能作为特征重要性程度的评价标准。它的依据是选择子集最终被用于构造分类模型。因此，在构造分类模型时，直接采用那些能取得较高分类性能的特征即可，从而获得一个分类性能较高的分类模型。该方法在速度上比过滤式特征选择方法慢，但是它所选择的优化特征子集的规模相对要小得多，非常有利于关键特征的辨识；同时它的准确率比较高，但泛化能力比较差，时间复杂度较高。目前此类方法是特征选择领域的热点，相关文献也很多。

2. 过滤式评价策略的特征选择方法

过滤式特征选择方法一般使用评价准则来增强特征与类的相关性，削减特征之间的相关性。依据评价函数，该类特征选择方法可分为四类：基于距离度量、基于依赖性度量、基于一致性度量及基于信息度量。这类特征选择方法在信息检索领域应用较为广泛。

1）距离度量

距离度量通常也认为是分离性、差异性或者辨识能力的度量。最为常用的一些重要距离测度有欧氏距离、S阶Minkowski测度、Chebychev距离、平方距离等。两类分类问题中，对于特征X和Y，如果由X引起的两类条件概率差异性大于Y，则X优于Y。因为特征选择的目的是找到使两类尽可能分离的特征。如果差异性为0，则X和Y是不可区分的。判据的准则函数要求满足单调性，也可通过引进近似单调的概念放松单调性的标准。运用距离度量进行特征选择是基于这样的假设：好的特征子集应该使得属于同一类的样本距离尽可能近，属于不同类的样本之间的距离尽可能远，即类内距离最小，类间距离最大。

欧氏距离也称为欧几里得度量（Euclidean metric），是常采用的距离度量方法之一，指在m维空间中两个点之间的真实距离，在二维和三维空间中的欧氏距离就是两点之间的真实距离，在二维空间中的计算公式为

$$\rho = \sqrt{(x_2 - x_1)^2 + (y_2 - y_1)^2} \tag{7-1}$$

$$|X| = \sqrt{x_2^2 + y_2^2} \tag{7-2}$$

其中，ρ为点(x_2, y_2)与点(x_1, y_1)之间的欧氏距离；$|X|$为点(x_2, y_2)到原点的距离。将欧氏距离应用于特征选择的原理：假设特征子集A为从文档D中选出的表示特征组成的集合，运用式（7-1）计算二者的欧氏距离，距离值越小，则表示该子集越能代表原文档。

2）依赖性度量

许多统计相关系数，如Pearson相关系数、概率误差、Fisher分数、线性可判定分析、最小平方回归误差、平方关联系数、t-test和F-Statistic等被用来表达特征相对于类别可分离性间的重要性程度。在依赖性度量中，Hilbert-Schmidt依赖性准则可作为一个评价准则度量特征与类别的相关性。其核心思想是一个好的特征，应该最大化这个相关性，特征选择问题可以看作将组合最优化为

$$T_0 = \arg\max_{S \subseteq F} J(S), \text{s.t.} |S| \leq t, S \subseteq F \tag{7-3}$$

其中，t为所选特征个数的上限；F为特征集合；S为已选特征的集合；$J(S)$为评价准则。从式（7-3）可以看出，依据该策略完成特征选择需要解决两个问题：一是评价准则$J(S)$的选择；二是算法的选择。

3）一致性度量

给定两个样本，若它们特征值均相同，但所属类别不同，则称它们是不一致的；否则是一致的，一致性准则用不一致率来度量，它不是最大化类的可分离性，而是试图保留原始特征单独辨识能力，即找到与全集有同样区分类别能力的最小子集。它具有单调、快速、去除冗余和不相关特征、处理噪声等优点，能获得一个较小的特征子集。但其对噪声数据敏感，且只适合离散特征。

4）信息度量

信息是客观事物状态及其运动的一种普遍形式，它是确保客观世界或系统具有一定内部结构和功能的基础。客观世界存在各种各样的消息，而信息是这些消息所包含的新知识或者新内容，用于增强人们对客观事物的认知程度，从而减少认识的不确定

性。信息论是关于信息的理论,它是运用概率理论和数理统计的方法,从数量的角度出发研究信息的度量、获取、传递和处理等,以解决通信系统、数据传输、密码学和数据压缩等有关信息问题的一门科学。

信息论最初是由Shannon为解决数据通信领域中信息传递过程问题而提出的,当时主要用于解决通信控制系统中普遍存在的信息度量、变换和传递等问题。随着信息和信息科学的不断发展,人们对信息论的意义及其价值的认识不断加深,信息论的研究范围已经扩大到所有与信息相关的研究领域,如心理学、语言学和语义学等问题。

信息含量通常表示为所包含的数据不确定的程度,为了量化这种不确定的程度,信息论中给出了几个重要的概念:熵、信息熵、条件熵、联合熵。在特征选择领域,基于信息度量的特征选择方法均是以信息论的相关知识为基础,故本节首先对这四个概念中较简单的前两个概念做简单介绍。

熵的概念最早起源于统计热力学,表示系统的混乱、杂乱的程度,熵值越高表明系统的混乱程度越大,反之,熵值越低则系统的混乱程度越低。信息论中,熵也称作信息熵或者Shannon熵,其采用数值的形式表示随机变量的不确定程度。计算方法如下:

$$H(X) = -\int P(x)\log P(x)\mathrm{d}x = -E(\log P(x)) \qquad (7\text{-}4)$$

其中,X表示随机变量;$P(x)$表示随机变量X取值为x的概率。

信息熵$H(X)$的大小与X的取值无关,仅与X的概率分布有关,X的概率分布越大则其信息熵越大。以上是连续性变量X的信息熵计算方法,如果X为离散变量,则它的信息熵可采用式(7-5)计算:

$$H(X) = -\sum_{i=1}^{n} P(x_i)\log P(x_i) \qquad (7\text{-}5)$$

基于信息度量的特征选择多是基于上述基本理论。信息度量通常采用文档频度(document frequency,DF)、信息增益或互信息衡量。信息增益定义为先验不确定性与期望的后验不确定性之间的差异,它能有效地选择出关键特征,剔除无关特征。互信息描述的是两个随机变量之间相互依存关系的强弱。

下面对这三种方法做较为详细的介绍。

文档频度为术语在文档中出现的次数,该方法计算语料集合中每个术语的出现频度,并将频度低于指定阈值的术语删除。文档频度方法基于以下假设:出现次数少的术语不但在分类中提供不了足够的类别信息,而且将其删除也不会影响全局的性能,如果频度低的术语为噪声数据,将其删除肯定会提高分类的准确性。文档频度方法是最简单的降低特征维数的技术,对于大规模语料集合,其时间计算复杂度为线性。但是由于这种方法的理论依据不是很充足,故它常被用作一种借用算法。信息论指出,虽然某些特征出现的频率不高,但是包含了很多有用的信息,在分类上意义重大,所以不能直接使用文档频度方法来去除这些特征。此外,有些术语虽然频度较高,但是在文档集合中的大部分文档中都有出现,则其类区分能力比较差,故其重要程度(权重)应该降低,据此,在文档频度的基础上提出了另一种基于文档频度的信息度量方法TF-IDF(term frequency-inverse document frequency,术语频度-倒排文档频度)。

TF-IDF的主要思想:如果某个术语在文档中出现的频率高,并且在其他文档中很少出现，则认为该术语具有很好的类区分能力，适合用来描述文档。基于该思想，文档d_j中特征k_i的权重w_{ij}计算方法为

$$w_{ij} = \text{tf}_{ij} \times \text{idf}_i \tag{7-6}$$

tf_{ij}（文档频率）用来度量特征k_i出现的频率对权重的影响；idf_i（逆文档频率）用来衡量文档集合中出现特征k_i的文档数对权重的影响，理论上，含有术语k_i的文档数越少，则该术语的类区分能力越强。为保证权重w_{ij}的取值范围介于0到1，tf_{ij}、idf_i分别采用式（7-7）和式（7-8）计算：

$$\text{tf}_{ij} = \frac{n_{ij}}{\sum_k n_{kj}} \tag{7-7}$$

$$\text{idf}_i = \log \frac{|D|}{|\{d_j \bullet k_i \in d_j, d_j \in D\}| + 1} \tag{7-8}$$

其中，n_{ij}表示文档d_j中特征k_i出现的次数；$\sum_k n_{kj}$表示文档d_i中所有特征出现的次数和；$|D|$表示文档集合中的文档总数；$|\{d_j \bullet k_i \in d_j, d_j \in D\}|$表示文档集合中出现术语$k_i$的文档数；分母加1的目的是避免术语$k_i$不在文档集合中出现的情况。下面举例说明该公式的计算过程：假如在某商品的描述术语中"打印机"出现了3次，该商品所有术语出现的次数之和为50次；在整个商品库中的商品数为10 000件，其中出现术语"打印机"的商品数为100件，则术语"打印机"依据TF-IDF计算的权重值为

$$（3/50）\times \log（1\,000/101）\approx 0.060$$

信息增益实际上是以某特征提供给整个分类的信息量多少为依据来衡量该特征的重要性，再依据其重要程度来决定对该特征的取舍。通过对比有某一特征项或没有该特征项时，整个分类所获得的信息量的差异，就是该特征项的信息增益。从信息论的角度说，信息增益就是信息熵和条件熵的差值。假设系统原先的熵为$H(C)$，在条件Y已知的情况下系统的条件熵为$H(C|Y)$，则信息增益为

$$\text{IG} = H(C) - H(C|Y) \tag{7-9}$$

假设式（7-9）中的C代表类别的集合，Y代表特征k_j存在和不存在两种情况，信息增益计算公式可转化为

$$\begin{aligned}\text{IG}(k_j) &= H(C) - H(C|Y) \\ &= -\sum_{i=1}^m P(C_i) \log P(C_i) + P(k_j) \sum_{i=1}^m P(C_i|k_j) \log P(C_i|k_j) \\ &\quad + P(\bar{k}_j) \sum_{i=1}^m P(C_i|\bar{k}_j) \log P(C_i|\bar{k}_j)\end{aligned} \tag{7-10}$$

其中，$\{C_i\}(1 \leq i \leq m)$表示目标空间的类别集合；$P(k_j)$表示k_j的先验概率，即出现在文档中的概率；$P(\bar{k}_j)$表示特征k_j不在文档中出现的概率；C_i类在文档集合中出现的概率也属于先验概率，用$P(C_i)$表示。在文档包含特征k_j的前提下，类C_i出现的条件概率

用 $P(C_i|k_j)$ 表示；在文档不包含特征 k_j 的情况下，类 C_i 出现的概率用条件概率 $P(C_i|\bar{k}_j)$ 表示。

理论上，信息增益是最好的特征选择方法，但实际上那些信息增益较高的特征，其出现的频率却相对较低。因此，当使用该方法选择的特征数目较少时，数据稀疏的问题就随之产生了，这样就很难达到预期的分类效果。在实现某些系统时，应当首先计算训练语料中出现的特征词的信息增益，再指定一定的阈值，除去那些信息增益比阈值低的词条，也可以在选定一定量术语后，再按由高到低的增益值顺序对特征进行选择来获得最终的特征向量。信息增益的最大缺点是其存在数据不均衡的问题，对该方法的改进多是从解决数据不均衡问题入手。

信息增益的计算公式看上去比较复杂，其实计算起来比较容易。通常认为类别集合 C 中每个类别 C_i 均为等概率出现，即如果集合 C 中有 m 个类别，则 $P(C_i)=\dfrac{1}{m}$，$P(k_j)$ 为出现术语 k_j 的概率，如果文档总数为 n，其中 r 篇文档中出现了 k_j，则 $P(k_j)=\dfrac{r}{n}$，$P(\bar{k}_j)=1-\dfrac{r}{n}$，假如出现 k_j 的 r 篇文档中有 t 篇文档属于类别 C_i，则 $P(C_i|k_j)=\dfrac{t}{r}$。

假设有100篇文档可以分为4个类别 C_1,C_2,C_3,C_4；术语"计算机"在15篇文档中出现，其中5篇文档属于类别 C_1，7篇文档属于类别 C_2，3篇文档属于类别 C_3，0篇文档属于类别 C_4；术语"计算机"不出现的85篇文档中，20篇属于类别 C_1，30篇属于类别 C_2，15篇属于类别 C_3，20篇属于类别 C_4。则依据式（7-10）计算其信息增益的过程为

$$-\sum_{i=1}^{m}P(C_i)\log P(C_i)=\left[-4\times\frac{1}{4}\log\frac{1}{4}\right]=0.6021$$

$$P(k_j)\sum_{i=1}^{m}P(C_i|k_j)\log P(C_i|k_j)=\frac{15}{100}\times\left(\frac{5}{15}\log\frac{5}{15}+\frac{7}{15}\log\frac{7}{15}+\frac{3}{15}\log\frac{3}{15}+0\right)=-0.0680$$

$$P(\bar{k}_j)\sum_{i=1}^{m}P(C_i|\bar{k}_j)\log P(C_i|\bar{k}_j)=\frac{85}{100}\times\left(2\times\frac{20}{85}\log\frac{20}{85}+\frac{30}{85}\log\frac{30}{85}+\frac{15}{85}\log\frac{15}{85}\right)=-0.5001$$

$$\mathrm{IG}(k_j=\text{计算机})=0.6021-0.0680-0.5001=0.0340$$

互信息是为了衡量两个变量间相互依赖程度而引入的，用于衡量两个变量间共同拥有的信息含量。给定一个类别 C，特征 k，若它们的边缘概率分布分别为 $P(C)$ 和 $P(k)$，则类别 C 和特征 k 的互信息为

$$\mathrm{MI}(C,k)=\log_2\frac{P(C,k)}{P(C)\times P(k)}=\log_2\frac{P(k|C)}{P(k)} \quad (7\text{-}11)$$

其中，$P(C,k)$ 为类别 C 和特征 k 的联合概率分布。如果特征 k 和类别 C 完全无关或相互独立，则它们的互信息为0，意味二者不存在相同的信息，即不存在依赖关系，反之，它们则具有一定程度的依赖关系。互信息 $\mathrm{MI}(C,k)$ 越大，特征 k 包含的类信息越多，即互信息仅依据包含类别信息的多少来衡量特征的重要性。

假定有 m 个类别 $C_1,C_2,\cdots,C_m$，当不知道特征 k 属于哪个类别时，k 的互信息计算方

法如下：

$$\mathrm{MI}(C,k) = \sum_{i=1}^{m} p(C_i) \log_2 \frac{P(k|C_i)}{p(k)} \quad (7\text{-}12)$$

上述两种方法均为基本互信息的计算公式。通过分析公式，虽然互信息携带了类信息，但是在实际应用中往往存在不足，其不足之处在于互信息值受词条边缘概率的影响非常大，从互信息公式的另一种表现形式［式（7-13）］可以看出此缺点。

$$\mathrm{MI}(C,k) = \log_2 \frac{P(C,k)}{P(k)} = \log_2 P(k|C) - \log_2 P(k) \quad (7\text{-}13)$$

对于有相同条件概率 $\log_2 P(k|C)$ 的一些特征词，稀有特征的相对词频较低，即 $\log_2 P(k)$ 的值较小，从而导致该稀有词的 $\mathrm{MI}(C,k)$ 值较高，造成稀有词比常用词的评分还要高，忽略了词频对特征选择的影响。特征选择中，词频对文本分类的重要性是不可忽略的，而传统的互信息方法对特征词的词频没有加以充分考虑，该方法的优点是其考虑了类信息，即认为类区分能力大的词其互信息值越高。

下面结合实例阐述互信息的计算过程：表7-1给出了4个类别 C_1,C_2,C_3,C_4，假定四个类别涉及4个术语 k_1,k_2,k_3,k_4，类别和术语之间的包含关系如表所示，表中数字表示词频：

表 7-1 特征分布情况

类别	术语 k_1	术语 k_2	术语 k_3	术语 k_4
C_1	1	8	3	4
C_2	0	8	6	3
C_3	0	10	4	2
C_4	1	3	7	5

依据互信息的基本计算公式，计算 $\mathrm{MI}(C_1,k_2)$ 的过程为

$$\mathrm{MI}(C_1,k_2) = \log_2 \frac{P(k_2|C_1)}{P(k_2)} = \log_2 \frac{8/16}{29/65} = 0.164$$

由于本节介绍的特征选择方法较多，表7-2对本节介绍的特征选择方法做了简单总结统计。

表 7-2 经典特征选择方法总结

基于搜索策略	全局最优搜索			
	随机搜索			
	启发式搜索（单独最优特征组合序列前向、序列后向、增 l 去 r、浮动搜索等）			
基于评价准则	封装式评价策略			
	过滤式评价策略	距离度量		
		依赖性度量		
		一致性度量		
		信息度量	文档频度	
			信息增益	
			互信息	

7.4 特征提取

特征提取和特征选择都属于特征降维方法，二者有相同点，也有不同点。从概念上说，特征提取是指由原始数据获取到的特征经过线性或者非线性变化得到较少数量但是更具有表达能力的新特征；特征选择是从原始特征中挑选出一些最具有代表性、分类性能最好的特征子集。分析两个概念可知：特征提取的特征来源于原始特征而又不同于原始特征，是原始特征经过变换得到的新特征，而特征选择的结果是来自于原始特征集合中的特征。特征提取的主流方法包括主成分分析（也称为K-L变换）和线性评判分析（linear discriminant analysis，LDA）两种方法，下面对其做详细介绍。

7.4.1 主成分分析

从本质上来讲，主成分分析是一种空间映射方法，将在常规正交坐标系中的变量通过矩阵变换操作映射到另一个正交坐标系中的主元。做这个映射的目的是减少变量间的线性相关性，降低维度。针对主成分分析，我们要回答两个问题：

（1）主成分分析有什么作用？

（2）如何构建主成分分析的中间矩阵？

主成分分析的目的是将本来线性相关的变量映射到几个相互独立的主元，如果变量是作为分类特征的话，那么主成分分析起到了一种特征重建的作用；从主成分求解的过程来看，主成分分析可以用来降维。

为了减少变量之间的线性相关性，首先要清楚两个点：一是变量用什么来表示；二是怎么衡量变量之间的线性相关性。对于二维坐标而言，变量可用（x，y）坐标值来表示，同样也可以扩展到多维坐标系中。变量之间的线性相关性可用协方差进行衡量，协方差反映了两个变量间的同步性、变化规律的相似性，主成分分析就是采用协方差衡量变量的线性相关性。

假定有n个样本，每个样本有p个变量。构成一个$n \times p$阶的数据矩阵X：

$$X = \begin{bmatrix} x_{11} & x_{12} & \cdots & x_{1p} \\ x_{21} & x_{22} & \cdots & x_{2p} \\ \vdots & \vdots & & \vdots \\ x_{n1} & x_{n2} & \cdots & x_{np} \end{bmatrix} \qquad (7\text{-}14)$$

如果p比较大，则在p维空间中考虑问题可能比较麻烦。为了解决这个问题，需要进行降维处理，即用较少的几个综合指标代替原来较多的变量指标，且使得这些较少的指标既能尽量多地反映原来较多变量指标反映的信息，同时它们之间彼此独立。

假定$x_1, x_2, \cdots, x_p$为原定指标，$z_1, z_2, \cdots, z_m (m \leq p)$为新变量指标，新指标为原指标经过线性映射得到：

$$\begin{cases} z_1 = l_{11}x_1 + l_{12}x_2 + \cdots + l_{1p}x_p \\ z_2 = l_{21}x_1 + l_{22}x_2 + \cdots + l_{2p}x_p \\ \quad\quad\quad\quad \vdots \\ z_m = l_{m1}x_1 + l_{m2}x_2 + \cdots + l_{mp}x_p \end{cases} \quad (7\text{-}15)$$

系数 l_{ij} 的确定原则包括：

（1）z_i 与 $z_j(i \neq j)$ 是无关的；

（2）z_1 是 $x_1, x_2, \cdots, x_p$ 的所有线性组合中方差最大者，z_2 是与 z_1 不相关的 $x_1, x_2, \cdots, x_p$ 的所有线性组合中方差最大者，以此类推，z_m 是与 $z_1, z_2, \cdots, z_{m-1}$ 都不相关的 $x_1, x_2, \cdots, x_p$ 的所有线性组合中方差最大者。

经过上述线性映射后，$z_1, z_2, \cdots, z_m$ 分别称为原变量指标 $x_1, x_2, \cdots, x_p$ 的第一，第二，$\cdots$，第 m 主成分。从以上分析可以看出，主成分分析的实质就是确定原来变量 x_i 在所有主成分 z_j 上的载荷 l_{ij}，其计算过程涉及两个步骤：首先计算相关系数矩阵 R，其次计算特征值 λ_i 与特征向量 e_i，进而获得 l_{ij}。

相关系数矩阵 R 由原变量 $x_i, x_j (i=1,2,\cdots p; j=1,2,\cdots,p)$ 的相关系数 $r_{ij}(r_{ij}=r_{ji})$ 组成，计算公式为

$$r_{ij} = \frac{\sum_{k=1}^{p}(x_{ik}-\overline{x}_i)(x_{jk}-\overline{x}_j)}{\sqrt{\sum_{k=1}^{p}(x_{ik}-\overline{x}_i)^2 \times \sum_{k=1}^{p}(x_{jk}-\overline{x}_j)^2}} \quad (7\text{-}16)$$

式（7-16）中的分子表示变量 x_i，x_j 的协方差 $\text{cov}(x_i, x_j)$，分母为 x_i 的标准差与 x_j 的标准差的乘积。计算完所有相关系数后，可得到相关矩阵 R。

$$\boldsymbol{R} = \begin{bmatrix} r_{11} & r_{12} & \cdots & r_{1p} \\ r_{21} & r_{22} & \cdots & r_{2p} \\ \vdots & \vdots & & \vdots \\ r_{n1} & r_{n2} & \cdots & r_{np} \end{bmatrix} \quad (7\text{-}17)$$

然后用雅克比方法解特征方程 $|\lambda I - R| = 0$，求出特征值 λ_i，并使其按大小顺序排列：$\lambda_1 \geq \lambda_2 \geq \cdots \geq \lambda_p \geq 0$。接着求出对应于每个特征值 λ_i 的特征向量 $e_i(i=1,2,\cdots,p)$，$\|e_i\| = 1$，即 $\sum_{j=1}^{p} e_{ij}^2 = 1$，其中 e_{ij} 表示向量 e_i 的第 j 个分量。

最后依据上述计算结果可计算主成分贡献率 A_i、累计贡献率 B_i 和主成分载荷 l_{ij}：

$$A_i = \frac{\lambda_i}{\sum_{k=1}^{p} \lambda_k}, \ i=1,2,\cdots,p \quad (7\text{-}18)$$

$$B_i = \frac{\sum_{k=1}^{i} \lambda_k}{\sum_{k=1}^{p} \lambda_k}, \ i = 1, 2, \cdots, p \qquad (7\text{-}19)$$

$$l_{ij} = \sqrt{\lambda_i} e_{ij}, \ i, j = 1, 2, \cdots, p \qquad (7\text{-}20)$$

一般累计贡献率达到85%~95%的特征值 $\lambda_1, \lambda_2, \cdots, \lambda_m$ 对应第 $m(m \leqslant p)$ 个主成分。现结合实例简述主成分分析法的实现过程,假设有一组数据如表7-3所示。

表7-3　Data

x	y
2.5	2.4
0.5	0.7
2.2	2.9
1.9	2.2
3.1	3.0
2.3	2.7
2.0	1.6
1.0	1.1
1.5	1.6
1.1	0.9

表7-3中行表示样例,即有10个样例,每个样例有两个特征 x 和 y。可以假设表7-3的样本为10篇文档,x 表示10篇文档中特征"learn"出现的TF-IDF,y 表示特征"study"出现的TF-IDF。依据上述理论,计算步骤如下。

第一步:分别求 x 和 y 的平均值,然后所有样例的对应特征减去对应均值。经计算,x 的均值为1.81,y 的均值为1.91,那么减去均值后表7-3中的数据可调整为表7-4中的结果。

表7-4　DataAjust

x	y
0.69	0.49
−1.31	−1.21
0.39	0.99
0.09	0.29
1.29	1.09
0.49	0.79
0.19	−0.31
−0.81	−0.81
−0.31	−0.31
−0.71	−1.01

第二步：计算 x 和 y 的协方差矩阵 C，计算结果为

$$C = \begin{pmatrix} \text{cov}(x,x) & \text{cov}(x,y) \\ \text{cov}(y,x) & \text{cov}(y,y) \end{pmatrix} = \begin{pmatrix} 0.6166 & 0.6154 \\ 0.6154 & 0.7166 \end{pmatrix}$$

第三步：求协方差的特征值 λ_i 及对应的特征向量 e_i，经计算 $\lambda_1 = 0.0491$，$\lambda_2 = 1.2840$，对应的向量分别为 $e_1 = (-0.7352, 0.6779)$，$e_2 = (-0.6779, -0.77312)^T$。

第四步：将特征值按照从大到小的顺序排序，选择其中最大的 k 个，然后将其对应的 k 个特征向量分别作为列向量组成特征向量矩阵。该例子中只有两个，我们选择其中最大的特征值 λ_2 及与之对应的特征向量 e_2。

第五步：将样本点投影到选取的特征向量 e_2 上，即

$$\text{FinalData} = \text{DataAdjust} \times e_2 \tag{7-21}$$

综上，最终将两个特征"learn"和"study"投影为一个特征（可认为是LS），LS基本上可以代表"learn"和"study"两个特征，投影后新特征LS在10个样本中的TF-IDF为-0.828、1.778、-0.992、-0.274、-1.676、-0.913、0.991、1.145、0.438、1.224。

7.4.2 线性评判分析

线性评判分析与主成分分析类似，也是一种特征提取算法，它能够提高数据分析过程中的计算效率。二者的不同：主成分分析是寻找数据集中方差最大的方向作为主成分分量的轴，而线性评判分析是最优化分类的特征空间；主成分分析属于无监督算法，线性评判分析属于监督算法，相对于主成分分析而言，线性评判分析更适合对分类特征的提取。

线性评判分析的原理是将带上标签的数据，通过投影的方法，投影到维度更低的空间中，使得投影后的点形成按类别区分的情况。线性分类器是线性评判分析的关键，因为本质上线性评判分析就是一种线性分类器。

线性评判分析的目标是给出一个标注了类别的数据集，投影到一条直线后，能够使得点尽量按类别区分开，当 $k=2$ 时，即二分类问题。假设用来区分二分类的直线（投影函数）为

$$y = \boldsymbol{w}^T x \tag{7-22}$$

线性评判分析的目标是使得不同类别之间的距离越远越好，为了实现这个目标，首先定义如下几个关键值：

类别 i 的原始中心点：$m_i = \dfrac{1}{n_i} \sum\limits_{x \in D_i} x$（$D_i$ 表示属于类别 i 的点）。

类别 i 投影后的中心点：$\widetilde{m_i} = \boldsymbol{w}^T m_i$。

类别 i 投影后，衡量类别点之间的分散程度指标 $\widetilde{s_i}$：$\widetilde{s_i} = \sum\limits_{y \in Y_i} (y - \widetilde{m_i})^2$。

基于以上几个关键值，最终可得到线性评判分析投影到 w 后的损失函数，即

$$J(\boldsymbol{w}) = \frac{|\widetilde{m_1} - \widetilde{m_2}|^2}{\widetilde{s_1}^2 + \widetilde{s_2}^2} \tag{7-23}$$

分母表示每一个类别内的方差之和，方差越大表示一个类别内的点越分散，分子为两个类别各自的中心点的距离的平方，最大化 $J(w)$ 就可以求出最优的 w。

7.4.3 特征选择和特征提取的评价

特征选择和特征提取的评价指标主要包括最大正边缘评价、最小维数评价、最小负边缘评价、最小误分率评价。

最大正边缘评价：在其他条件相同的前提下，正边缘距离应尽可能大。也就是说，在负边缘距离、误分率和特征向量相同的前提下，根据最大正边缘距离选择和提取特征向量。

最小维数评价：在其他条件相同的前提下，特征向量的维数应尽可能小，即在正、负边缘距离和误分率相同的前提下，选择最小维数的特征向量。

最小负边缘评价：在其他前提条件相同的前提下，负边缘距离应尽可能小，换句话说，在正边缘距离、误分率和特征向量相同的前提下，根据最小负边缘距离选择和提取特征向量。

最小误分率评价：在其他条件相同的前提下，误分率如不能为零，应尽可能小，即在正、负边缘距离和特征向量相同的前提下，选择误分率最小的特征向量。

7.5 相关反馈

在信息检索系统中，文档集合和信息检索模型较为固定，但是用户的信息需求描述（查询）往往简短而模糊，有时查询本身也存在歧义，由此导致查询结果可能不能很好地满足用户的需求。为解决该问题，信息检索领域的研究者提出了查询扩展中的相关反馈技术，有时也称为查询重构。相关反馈的主要思想是在信息检索的过程中通过用户交互来提高最终的检索效果，具体过程如下。

（1）用户提交初始查询的关键词，系统对查询主题进行表达；
（2）经过不同的信息检索模型，系统返回初次检索后的文档排序集合；
（3）用户参与对检索出的部分结果进行相关性评判，将它们标注为相关或者不相关（显式反馈信息），或者系统通过收集数据、自动分析，估计用户对部分结果的满意度（隐式反馈信息）；
（4）系统基于用户的反馈信息，针对不同的检索模型，更新原始的查询，形成新的查询；
（5）系统利用新查询进行重新检索，生成新的检索结果排序。

在引入相关反馈技术后，反馈系统的关键是如何根据用户的反馈结果构造新的查询。Rocchio算法是相关反馈的一个经典算法，它提供了一种将相关反馈信息融入向量空间模型的方法。假定要寻找一个最优的查询向量 $\vec{q}$，该向量与相关文档之间的相似度最大且同时与不相关文档之间的相似度最小。假设 C_r 表示相关文档集，C_{nr} 表示不相关文档集，则最优的查询向量 $\vec{q}_{\text{optimal}}$ 应满足：

$$\vec{q}_{\text{optimal}} = \text{argmax}_{\vec{q}} \left[\text{sim}(\vec{q}, C_r) - \text{sim}(\vec{q}, C_{nr}) \right] \tag{7-24}$$

针对某个随机查询,其相关文档事先是未知的,故式(7-24)中的 C_r,C_{nr} 也是未知的,那么最优查询也就无法确定。Rocchio算法通过对式(7-24)修订得到一个可以实现的扩展查询:针对初始查询 $\vec{q}_o$,经过反馈获得其部分相关文档集 D_r 和部分不相关文档集 D_{nr},基于该相关反馈的扩展查询 $\vec{q}_m$ 为

$$\vec{q}_m = \alpha \vec{q}_o + \beta \frac{1}{|D_r|} \sum_{d_j \in D_r} \vec{d}_j - \gamma \frac{1}{|D_{nr}|} \sum_{d_j \in D_{nr}} \vec{d}_j \tag{7-25}$$

其中,α,β,γ 为权重参数,用于控制判定结果和原始查询向量之间的平衡:如果存在大量已经判断的文档,那么会给 β,γ 赋予较高的权重,β 为正反馈权重,γ 为负反馈权重,实际应用中,正反馈往往比负反馈更有价值,因此在很多检索系统中,会设置 $\beta > \gamma$,一个较为常用的设置是 $\alpha = 1, \beta = 0.75, \gamma = 0.15$。实际上,很多检索系统只允许进行正向反馈,即设置 $\gamma = 0$。

伪相关反馈是相关反馈技术中常用的一种方式,与传统相关反馈技术不同的是,它不是从用户那里获取反馈信息,即不需要用户对反馈结果进行评价,不需要用户的交互操作,也不用捕捉用户的点击和浏览行为,而是直接从系统检索结果本身获得反馈信息。常用的伪相关反馈通常将首次检索结果排序靠前的前N项作为相关文档,对这N项文档进行分析,并用于扩展用户的初始查询。虽然排序靠前的文档不一定全部都与用户的需求相关,但大部分都是用户感兴趣的,因此对改善查询质量是很有帮助的。伪相关反馈的基本过程如下:

(1)用户提交原始查询;
(2)系统根据原始查询返回初始查询结果;
(3)由系统将初始查询结果排名靠前的k篇文档标记为相关文档,其余文档标记为不相关文档;
(4)系统将步骤(3)的标记结果作为反馈结果构造出更好的查询来表示用户的信息需求;
(5)利用优化的查询返回新的查询结果。

相关反馈技术在信息检索领域的应用具有较长的历史,并且在现今的信息检索中依然发挥着至关重要的作用。值得注意的是,相关反馈技术虽然精确了信息检索,但并不能绝对精确地返回所有相关文档,得到的是一个近似的结果集,但也可以有效提高检索性能。

7.6 经典的信息检索模型

信息检索的三个经典模型分别是布尔模型、向量空间模型和概率模型。在布尔模型中,文献和查询用标引词集合来表示,因此,称布尔模型为集合论模型;在向量空间模型中,文献和查询用 t 维空间的向量来表示,则称该模型为代数模型;在概率模型中,用于构建文献和查询模型的机制是基于概率论的。

在过去几年中,人们已经为每一种经典模型提出了各种不同的改进模型。在基于集合理论的模型中,又提出了模糊集合理论模型和扩展布尔模型;对于代数模型,衍

生出了广义向量模型、潜在语义标引模型和神经网络模型；概率模型中的一个主流学派就是基于贝叶斯网络的信息检索模型。

7.6.1 布尔模型

布尔模型的理论经过多年的发展已基本成熟，被过去甚至现在许多检索系统采用。布尔模型表达提问的方式与人们的思维方式相近，很多人习惯采用这种模式进行检索。传统布尔逻辑检索模型最显著的特点是将用户查询与文献标引进行逻辑的、非数值的比较而获得检索结果，查询结果一般不进行相关性排序。

对布尔模型而言，标引词权重变量都是二值的0或1，查询q是一个常规布尔表达式。用q_{dnf}表示查询q的析取范式，q_{cc}表示q_{dnf}的任意析取分量，文献d_j和查询q的相似度可定义为

$$\text{sim}(d_j,q) = \begin{cases} 1 & \text{if } \exists q_{cc} \mid (q_{cc} \in q_{dnf}) \wedge \left[\forall k_i, g_i(d_j) = g_i(q_{cc}) \right] \\ 0 & \text{otherwise} \end{cases} \tag{7-26}$$

如果$\text{sim}(d_j,q)=1$，则表示文献d_j和查询q相关，否则文献与查询不相关。布尔模型只是判断文献要么相关、要么不相关，无法描述与查询条件部分的匹配情况。

7.6.2 向量空间模型

向量空间模型认为用二值权重存在着太多局限，并提出一种框架以便能够进行部分匹配，即通过给查询和文献中的标引词分配非二值权重来实现这个目标。这些词语的权重用于计算存储系统中文档和用户查询的相似度，向量空间模型依据相似度值将检出文献以递减顺序返回。

在向量空间模型中，w_{ij}是一个正的非二值数，用以表示标引词k_i在文档d_j中的权重。w_{iq}也是一个正的非二值数，用以表示标引词k_i在查询q中的权重。查询向量$\vec{q}$表示为$\vec{q}=(w_{1q},w_{2q},\cdots,w_{tq})$，文档$d_j$的向量可表示为$\overrightarrow{d_j}=(w_{1j},w_{2j},\cdots,w_{tj})$，即查询$q$和文档$d_j$均可由$t$维向量表示。我们用文档向量$\overrightarrow{d_j}$和查询向量$\vec{q}$之间的相似性来评价文档$d_j$和查询$q$的相似程度。这种关系可以定量表示，一般用这两个向量间夹角的余弦值来计算，即

$$\text{sim}(\overrightarrow{d_j},\vec{q}) = \frac{\overrightarrow{d_j} \times \vec{q}}{|\overrightarrow{d_j}| \times |\vec{q}|} = \frac{\sum_{i=1}^{t} w_{ij} \times w_{iq}}{\sqrt{\sum_{i=1}^{t} w_{ij}^2} \times \sqrt{\sum_{i=1}^{t} w_{iq}^2}} \tag{7-27}$$

令N表示系统中的文献总数，n_i表示包含标引词k_i的文献总数，freq_{ij}表示标引词k_i在文献d_j中出现的次数，则文献d_j中标引词k_i的标准化频率tf_{ij}为

$$\text{tf}_{ij} = \frac{\text{freq}_{ij}}{\max_l \text{freq}_{lj}} \tag{7-28}$$

其中，$\max_l \text{freq}_{lj}$ 为文献 d_j 中出现次数最多的标引词 k_l 出现的次数。标引词 k_i 的逆文献频率为

$$\text{idf}_i = \log \frac{N}{n_i} \tag{7-29}$$

结合上述公式，权重 w_{ij} 的计算公式为

$$w_{ij} = \text{tf}_{ij} \times \log \frac{N}{n_i} \tag{7-30}$$

7.6.3 概率模型

概率模型多建立在相关性理论基础上，基于对相关性的不同理解，建立了不同的概率检索模型，并由此导致不同的排序输出原则。可以说，相关性原理和排序原理是概率检索模型的理论核心。

对概率模型而言，查询 q 是概念空间 U 的一个子集，用 R 表示已知的相关文献（或最初的猜测集），用 $\bar{R}$ 表示 R 的补集，即不相关文献集，条件概率 $p(R|d_j)$ 表示文献 d_j 和查询 q 相关的概率，$p(\bar{R}|d_j)$ 表示文献 d_j 和查询 q 不相关的概率，则文献 d_j 与查询 q 的相似度可以定义为

$$\text{sim}(d_j, q) = \frac{p(R|d_j)}{p(\bar{R}|d_j)} \tag{7-31}$$

根据条件概率：

$$\text{sim}(d_j, q) = \frac{p(d_j|R) \times p(R)}{p(d_j|\bar{R}) \times p(\bar{R})} \tag{7-32}$$

其中，$p(d_j|R)$ 表示从相关文献集 R 中随机选择文献 d_j 的概率；$p(R)$ 表示从整个文献集中随机选择的文献是相关文献的概率；$p(d_j|\bar{R})$ 表示从补集中选择文献 d_j 的概率；$p(\bar{R})$ 表示从整个文献集中随机选择一篇文献是不相关的概率。

因为对文献集的所有文献来说，$p(R)$ 和 $p(\bar{R})$ 都是一样的，故式（7-32）可以写成：

$$\text{sim}(d_j, q) \propto \frac{p(d_j|R)}{p(d_j|\bar{R})} \tag{7-33}$$

从上面对三种经典信息检索模型的介绍可以看出：布尔模型是一种基于逻辑判断的检索模型，不能实现部分匹配，而后两种检索模型则都是把检索问题归结为一种数值比较，以实现部分匹配。概率模型与向量空间模型在对文献的表示方面，都是用一系列标引词及其权值的组合来表达。不同之处在于概率模型的权值是自动标引时标引词在文献中出现的概率，而在向量空间模型中，权值是标引词反映主题的程度，其中一种常见的方案就是用标记词在文献中出现的频率来计算，因而二者又达到了统一。另外，二者的用户查询也是以一组词及其权值组合而成，只不过向量空间模型把它作为向量处理而已。最后，在文献—查询匹配中，概率模型是计算权值和；而向量空间模型则是依据相似系数。最后的检索结果都代表用户对检索文献的满意程度的一系列

数据，用户可通过设置阈值来控制。

7.7 信息检索的评价指标

信息检索的评价是对信息检索系统性能进行评估的活动。通过评估可以评价不同技术的优劣、不同因素对系统的影响，从而促进该领域的进一步发展。信息检索的评价指标通常涉及效率、效果、其他指标三个方面：效率可利用时间开销、空间开销、响应速度进行评级；效果就是检测检索到的文档有多少是相关文档、所有相关文档中返回了多少、返回的是否靠前等；其他指标包括覆盖率、访问量、数据更新速度。依据评价针对的查询个数，可将信息检索的评价指标分为两类：对单个查询进行评价的指标和对多个查询进行评价的指标。

7.7.1 对单个查询进行评价的指标

常用的针对单个查询的评价指标包括查准率、查全率、F值、P-R曲线（查准率-查全率曲线）、平均查准率（average precision，AP）和Precision@N。查准率和查全率是信息检索领域常用的评价指标，二者的融合为F值评价指标，这三种评价指标的意义和计算方法在第4章已进行详细介绍。P-R曲线是针对查准率与查全率的图示化评价方法，其思想如下：计算不同查全率（10%，20%，…，100%）下的查准率，然后描点绘制曲线。假设某个查询q的正确答案集合为$R_{q-right}=\{d_3,d_5,d_9,d_{25},d_{39},d_{44},d_{56},d_{71},d_{89},d_{123}\}$，某检索系统查询$q$的检索结果排序$R_{q-all}=\{\boldsymbol{d_{123}},d_{34},\boldsymbol{d_{56}},d_6,d_8,\boldsymbol{d_9},d_{516},d_{171},d_{189},\boldsymbol{d_{25}},\boldsymbol{d_{39}},d_{48},d_{250},d_{113},\boldsymbol{d_3}\}$，依据上述结果可得到不同查全率下的查准率值，如表7-5所示。

表7-5 不同查全率下的检索结果

查全率	正确文档数量	检索结果	查准率
10%	1	$\boldsymbol{d_{123}}$	100%
20%	2	$\boldsymbol{d_{123}},d_{34},\boldsymbol{d_{56}}$	67%
30%	3	$\boldsymbol{d_{123}},d_{34},\boldsymbol{d_{56}},d_6,d_8,\boldsymbol{d_9}$	50%
40%	4	$\boldsymbol{d_{123}},d_{34},\boldsymbol{d_{56}},d_6,d_8,\boldsymbol{d_9},d_{516},d_{171},d_{189},\boldsymbol{d_{25}}$	44%
50%	5	$\boldsymbol{d_{123}},d_{34},\boldsymbol{d_{56}},d_6,d_8,\boldsymbol{d_9},d_{516},d_{171},d_{189},\boldsymbol{d_{25}},\boldsymbol{d_{39}}$	45%
60%	6	$\boldsymbol{d_{123}},d_{34},\boldsymbol{d_{56}},d_6,d_8,\boldsymbol{d_9},d_{516},d_{171},d_{189},\boldsymbol{d_{25}},\boldsymbol{d_{39}},d_{48},d_{250},d_{113},\boldsymbol{d_3}$	40%

依据表7-5的计算结果，可以绘制对应的P-R曲线，如图7-4所示。P-R曲线的优点是简单直观，既考虑了检索结果的覆盖度，又考虑了检索结果的排序情况，其缺点是单个查询的P-R曲线虽然直观，但难以明确表示两个查询的检索结果的优劣。

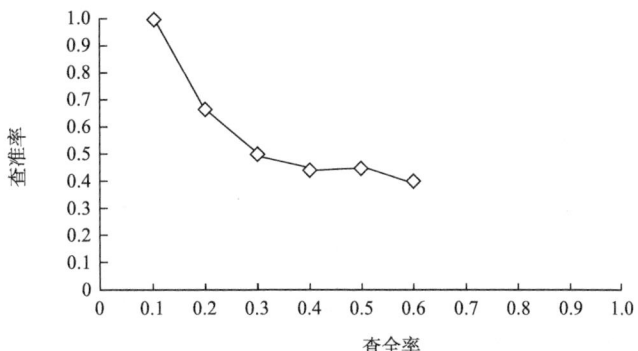

图 7-4 P-R 曲线

AP是对不同查全率点上的正确率进行平均,假设某个查询q共有6个相关结果,某检索系统排序返回的文档中有5篇相关,且位置分别为第1,第2,第5,第10,第20,则AP为

$$AP = \frac{\frac{1}{1}+\frac{2}{2}+\frac{3}{5}+\frac{4}{10}+\frac{5}{20}+0}{6} = 0.542$$

虽然查准率和查全率都很重要,但是不同的应用领域、不同的用户可能会对二者有不同的要求,如在垃圾邮件过滤问题中,准确率更为重要,即用户宁可漏掉一些垃圾邮件,也应尽量少将正确邮件过滤掉,而在有些场合用户则更加重视查全率。微博检索和电商平台中的商品检索用户更看重准确率,因为一个检索返回的结果可能上千条,而检索用户可能只看检索结果中的前N条,而不是所有检索结果,这种情况下常采用precision@N指标进行评价,如Precision@20就是考虑检索结果中前20条检索结果的准确率。

7.7.2 对多个查询进行评价的指标

常用的针对多个查询的评价指标包括宏平均(macro average)、微平均(micro average)、MAP(mean average precision,平均精度均值)与MRR(mean reciprocal rank,平均倒数排名),下面结合实例介绍这四个评价指标。

1. 宏平均与微平均

多个查询的评价指标,一般就是对单个查询的评价求平均。平均的求法一般有两种:宏平均和微平均。宏平均先对每个查询求出某个指标,然后对这些指标进行算术平均;微平均将所有查询视为一个查询,将各种情况的文档数求和,然后进行指标计算。宏平均对所有查询一视同仁,微平均受返回相关文档数目比较大的查询的影响。以表7-6中的数据为例简述宏平均和微平均的计算过程。

表 7-6 宏平均、微平均举例

查询	标准答案数目	检索结果数	检索出正确数
q_1	100	80	40
q_2	50	30	24

依据表7-6：

$$\text{Precision}(q_1) = 40/80 = 0.5, \text{Recall}(q_1) = 40/100 = 0.4$$

$$\text{Precision}(q_2) = 24/30 = 0.8, \text{Recall}(q_2) = 24/50 = 0.48$$

$$\text{Macro-Precision} = (0.5+0.8)/2 = 0.65$$

$$\text{Macro-Recall} = (0.4+0.48)/2 = 0.44$$

$$\text{Micro-Precision} = (40+24)/(80+30) = 0.58$$

$$\text{Micro-Recall} = (40+24)/(100+50) = 0.43$$

2. MAP

MAP可由它的三个部分（P、AP、MAP）来理解，P（precision）是准确率，指返回结果中相关文档所占的比例，与其一起出现的为查全率（返回结果中相关文档占所有相关文档的比例）。准确率只是考虑了返回结果中相关文档的个数，没有考虑返回结果中相关文档之间的序。对一个搜索引擎或推荐系统而言返回的结果必然是有序的，而且越相关的文档排序越靠前越好，于是有了AP这个概念。对于一个有序的列表，计算AP的时候要先求出每个位置上的precision，然后再对所有位置的precision求平均，如果该位置的文档是不相关的，则该位置的precision=0。

MAP反映系统在全部相关文档上性能的单值指标，是对所有查询的AP求宏平均。系统检索出来的相关文档越靠前，MAP就可能越高。MAP的计算公式如下：

$$\text{MAP} = \overline{P}(r) = \sum_{i=1}^{N_q} \frac{P_i(r)}{N_q} \quad (7\text{-}34)$$

其中，$P_i(r)$为第i个查询的AP；N_q为查询总数。

假设有两个查询q_1和q_2，查询q_1有4个相关网页，查询q_2有5个相关网页，某检索系统针对查询q_1检索出4个相关网页，排序分别为1，2，4，7，针对查询q_2检索出3个相关网页，排序分别为1，3，5，则：

$$\text{AP}(q_1) = \frac{\frac{1}{1}+\frac{2}{2}+\frac{3}{4}+\frac{4}{7}}{4} = 0.83$$

$$\text{AP}(q_2) = \frac{\frac{1}{1}+\frac{2}{3}+\frac{3}{5}+0+0}{5} = 0.45$$

$$\text{MAP} = \frac{0.83+0.45}{2} = 0.64$$

3. MRR

对于某些检索系统，如问答系统或主页发现系统，只关心第一个标准答案返回的位置，越靠前越好，这个位置的倒数为reciprocal rank，即RR，对问题集合求平均即

MRR。下面举例说明该评价指标的计算方法，表7-7为针对3个查询的检索结果。

表 7-7　MRR 举例

查询	检索结果	第一个正确答案	排序	RR
q_1	d_{11},d_{12},d_{13}	d_{13}	3	1/3
q_2	d_{21},d_{22},d_{23}	d_{22}	2	1/2
q_3	d_{31},d_{32},d_{33}	d_{31}	1	1/1

由表7-7可知，针对查询q_1，q_2，q_3的MRR值为（1/3+1/2+1/1）/3=0.61。

7.8　电子商务环境下的商品检索

7.8.1　电子商务搜索引擎的定义

当客户进行电子商务购物时，绝大多数都是先通过各种搜索引擎对需要的商品进行检索。电子商务搜索引擎（electronic-commerce search engine，ESE）是人们在电子商务平台中获取商品、服务和信息的基本手段，是影响电子商务发展的重要因素之一，是客户、商家和电子商务研究者共同关注的重要领域。

电子商务搜索引擎有广义和狭义之分。广义上的电子商务搜索引擎是指通过网络进行商务活动中提供有关商品信息检索的总称，狭义上的电子商务搜索引擎是指用户提供网络交易信息检索服务的系统，通常称为商品检索或者购物检索，如百度提供的外卖检索，如图7-5所示。

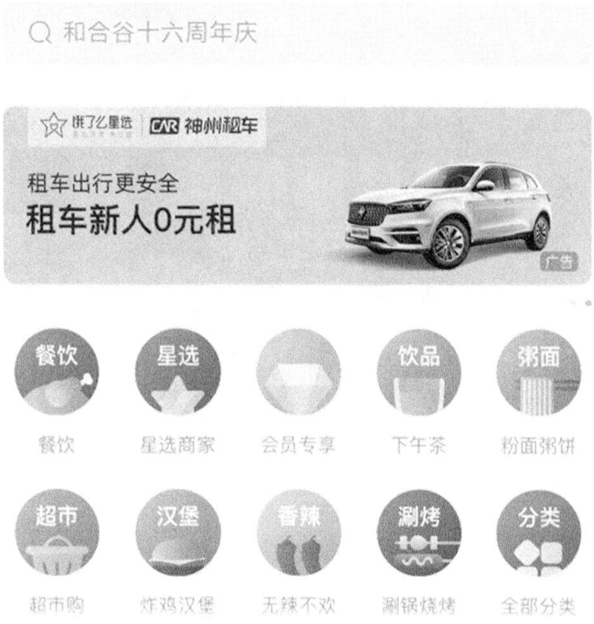

图 7-5　百度外卖检索页面截图

电子商务搜索引擎虽然基于上述的信息检索技术，但其与普通的搜索引擎还是存在不同的：电子商务搜索引擎一般是没有爬虫系统的，因为所有数据都是结构化的，它不用像百度一样用爬虫去不断更新网站的内容，但是随着电子商务技术的进一步发展，有些电商平台也引入了爬虫系统，如京东商城；电子商务搜索引擎支持各种维度的排序，包括好评、销量、价格等，而且对数据的实时性要求非常高；电子商务搜索引擎的另一个特点就是不能丢品，如在京东开了一个店铺，好不容易搞了一次活动，但是客户购买时却搜索不到活动商品，这是绝对不允许的；此外，电子商务搜索引擎常与推荐系统和广告系统相融合。

随着电子商务的发展，电子商务搜索服务已经将目标客户缩小到"关键词"级别，正如业内人士指出的，电子商务的特征正在由"注意力经济"逐步转变为"搜索力经济"，搜索力已经成为电子商务的核心。购物搜索引擎应更强调商品信息检索的准确性和有效性，不应该动辄向客户返回数十万条乃至上百万条的查询结果，而是应该把最有用的信息以最清晰的方式呈现给客户，在搜索技术上应该比传统搜索引擎更加专业。

7.8.2 京东商城商品检索技术简介

关于京东商城商品检索技术的介绍源自京东搜索部门负责人王春明的一次访谈。京东搜索引擎的主要功能是为亿万级的海量京东用户提供有效的、精准的、快速的购买体验，包括电脑端、移动端、微信/QQ端口的搜索页面，图7-6、图7-7为电脑端和手机端口的搜索页面截图。

图 7-6　京东商城电脑端搜索页面截图

图 7-7 京东商城手机端口搜索页面截图

与我们常用的百度、Google 等搜索引擎相比，京东的商品搜索引擎与它们有很多相似之处，如覆盖海量数据、超高的快速查询及超快速的请求回执响应时间。但是，与传统的搜索引擎相比，京东的商品检索技术具备自身显著的业务特点。

（1）检索对象为结构化的商品数据，需要从商品系统、库存系统、价格系统、促销系统、仓储系统等多个数据库中抽取相关数据；

（2）通过快速和极其高效的召回率要求，保证每一个状态都可以检索到用户需要的商品；

（3）商品库的信息需要及时更新，为京东用户提供最佳的购物体验，如不能给用户返回已经下架的商品，或者商品的实时价格超出了用户搜索限定的范围，这就要求搜索引擎做到和各个系统的信息时刻保持同步更新；

（4）逻辑性质复杂的商品体系业务，需要存储的商品属性信息是倒排索引信息的两倍；

（5）用户购物的个性化需求，要求系统实现用户标签与商品标签的匹配。

综上，由于京东搜索既要兼顾一般搜索引擎的共性，同时也要契合京东的业务特点，京东商品搜索引擎在传统信息检索技术的基础上将系统框架分成四个部分：爬虫系统、离线信息处理系统、索引系统、搜索服务系统。图 7-8 为京东商品搜索引擎的整体架构。

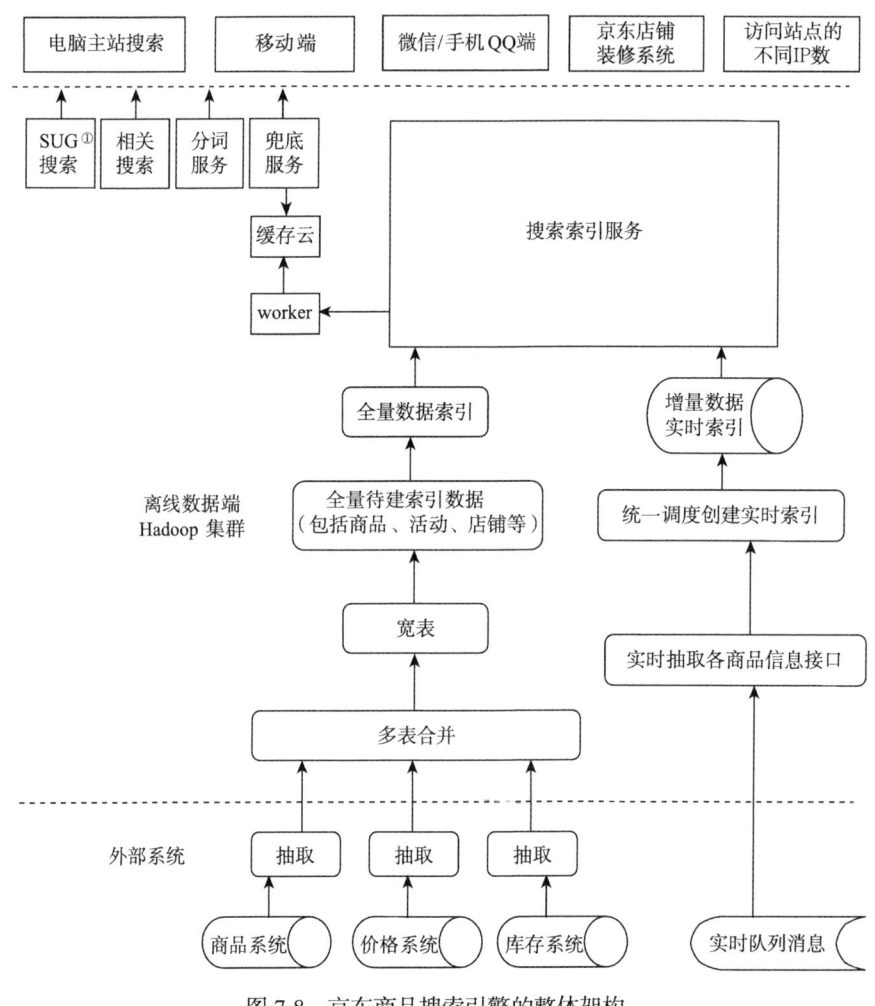

图 7-8 京东商品搜索引擎的整体架构

注:SUG(suggestion)(这种功能类似于在百度搜索框输入检索词后,下面会出现一些以该词开始的一系列建议检索的词条)

观察图 7-8 可以发现,京东搜索引擎系统架构从上到下分三层:最上层是搜索的前端 UV 层面,负责整体的京东搜索展示页面效果;中间层包括京东的搜索索引服务、SUG 搜索、相关搜索、分词服务和兜底服务组成,其中 SUG 搜索提供搜索输入框提示功能,相关搜索提供与查询相关的其他搜索词服务,分词服务提供去除查询部分词的功能,兜底服务用于服务异常情况下提供托底,保证用户的基本搜索是可用的;最下层是搜索引擎生产端,主要功能是对接商品、库存、价格、促销、仓储等众多外部系统,整合相关数据生成全量和增量数据的索引,为在线检索服务集群提供全局索引和实时索引数据。

1)爬虫系统

网络爬虫(又称为网页蜘蛛、网络机器人),是一种按照一定的规则,自动地抓取万维网信息的程序或者脚本,另外一些不常使用的名字还有蚂蚁、自动索引等。随着网络的迅速发展,万维网成为大量信息的载体,如何有效地提取并利用这些信息成为一个巨大的挑战。搜索引擎，如传统的通用搜索引擎AltaVista，Yahoo!和Google等，作为一个辅助人们检索信息的工具成为用户访问万维网的入口和指南。但是，这些通用搜索引擎也存在着如下局限性：①不同领域、不同背景的用户往往具有不同的检索目的和需求，通用搜索引擎所返回的结果包含大量用户不关心的网页；②通用搜索引擎的目标是尽可能大的网络覆盖率，有限的搜索引擎服务器资源与无限的网络数据资源之间的矛盾将进一步加深；③万维网数据形式的丰富和网络技术的不断发展，图片、数据库、音频、视频多媒体等不同数据大量出现，通用搜索引擎往往对这些信息含量密集且具有一定结构的数据无能为力，不能很好地发现和获取；④通用搜索引擎大多提供基于关键字的检索，难以支持根据语义信息提出的查询。

为了解决上述问题，定向抓取相关网页资源的聚焦爬虫应运而生。聚焦爬虫是一个自动下载网页的程序，它根据既定的抓取目标，有选择地访问万维网上的网页与相关的链接，获取所需要的信息，为面向主题的用户查询准备充足的数据资源。

京东商品搜索引擎虽然包含了爬虫系统，但和传统的爬虫技术稍有不同，主要进行的是站内爬虫。商品搜索引擎的核心工作是建立商品的索引，而建立索引需要详细的商品信息。京东商品搜索引擎利用京东大数据平台中的数据库进行数据抽取，实现了京东站内的商品爬虫系统，可以及时爬取相关商品信息并发现商品的变化信息，从京东的搜索实践效果来看，京东爬虫系统的表现是比较稳定可靠的。

2）离线信息处理系统

离线信息处理系统的主要功能是建立京东商品库搜索引擎的待索引数据，包括全量待索引数据和增量待索引数据。目前京东商品库全量待索引数据按天进行更新，一部分是商品的基础属性信息，包括商品的信息名、颜色、尺码、风格、材质等，属于比较稳定、短期内不会变换的数据信息；另一部分是商品的销量信息，如商品销售量、商品销售额、商品评价等，这些数据属于变化数据，二者的存储方式是不同的，因此最终需要对这些不同来源的分散数据在京东商品维度进行合并，生成全量宽表，这个全量宽表不仅应用于搜索引擎服务，同时还应用于京东个性化推荐服务中。

京东有些商品信息，如价格体系、库存系统、上下架等，经常会产生一些变化，因此京东仅对这些数据做全量索引满足不了商品搜索引擎的需求。为了解决数据实时性强的需求，京东商品搜索引擎建立了增量系统索引，作为全量索引的一个有效补充。离线信息处理系统会实时调用各商品的属性信息接口获取相关数据。

3）索引系统

索引系统是搜索引擎的核心，同样也是京东商品搜索引擎的核心，主要功能是将商品信息按照维度存储为待检索数据，即将商品信息转化成以关键词为维度的数据值进行存储，然后用于京东搜索引擎上层架构调用，这里的待索引数据指离线信息处理系统中所述的全量待索引数据和增量待索引数据。为了满足分布式检索的需求量，京东索引系统还会对索引的京东数据进行分片处理，即按照一定的策略将索引数据拆分为较小的索引片段数据，用于搜索服务系统的调用。

4）搜索服务系统

京东搜索服务系统的主要功能是接收京东用户的请求并迅速作出响应，这就是咱们直观看到的商品搜索。京东的搜索服务系统为了满足用户的需求，从简单的搜索算法发展到现在应用性较强的复杂算法，其中主要经历了以下几个阶段。

（1）最初的京东搜索服务系统只有一组搜索引擎组成的在线检索服务，能够完成一些简单的商品检索。

（2）随着京东访问量的增加，搜索服务系统增加了缓存模块系统，加快了对用户请求数据处理的速度和响应时间。

（3）接下来，京东为了进一步提高用户的搜索体验，增加了查询处理服务，负责京东用户查询意图的分析功能，提升搜索的准确性。目前，京东的查询处理已经成为融合自然语言处理的服务部件。

（4）为了支持个性化的需求，京东增加了用户画像服务，扩展用户标签，将商品标签和用户标签进行匹配，并作为一个特征加入排序规则因子，实现搜索引擎的"千人千面"功能。

（5）随着京东数据量的不断增加，京东将检索结果的包装功能从检索服务中独立出去，形成详情页服务，即基于缓存云实现的商品信息关键值查询服务。

（6）将检索结果进行分片化处理，即采用数据库分库分表的思想，对商品ID进行哈希处理后分片，保证各个分片数据均匀。查询时，将一个搜索请求分配到多个搜索引擎列上，并行检索，进行局部排序后返回给合并器，然后合并器将多个分片的检索结果进行归并，然后进行业务排序和加工，确定要返回的商品，最后调用详情页服务包装，将结果返回给混合器，混合器将多个搜索结果进行融合，返回给前端。需要说明的是，此时的搜索服务系统已经成为一个"多搜索引擎+多合并器+多混合器"的系统。

发展到最后一个阶段后，无论京东商城的访问量增长或者数据量增长，都可以通过扩容来满足检索的需求，尤其对于"618""11·11"这样的电商节日，京东搜索引擎可以通过增加每个列服务器的搜索引擎来满足用户的需求。

未来，京东搜索技术的发展重点是发现新的搜索规则，如场景搜索和图像的处理搜索。随着电商用户需求的变化，用户在进行商品搜索时，可能目的已经不仅仅是查找某个商品，还可能查询促销活动等场景信息。为了满足用户的这类需求，京东目前在商品检索中融合了一套促销系统的数据，通过识别用户的查询意图将对应结果返回给用户，实现场景搜索。以前传统的检索模式针对的主要是文字，但是电商平台给用户展示的图片信息也是很重要的，很多用户最终作出购买决策依据的就是图片信息。目前京东利用深度学习技术离线训练图片的特征，将其做成索引，当用户使用实拍图或者网图进行搜索时，京东搜索引擎采用相同的方法提取特征，然后从索引中召回匹配度最高的商品给用户。

【本章小结】

信息检索技术发展至今，已经非常成熟，该技术也属于商务智能系统的关键技术。现今不同电商平台的各种检索技术均基于传统的信息检索技术。通过本章的学习，学生要掌握信息检索的概念及实现过程，了解特征选择和特征提取的不同，掌握二者的实现方法。了解经典的信息检索模型及信息检索评价方法。为了强化对本章知识的学习，建议大家结合熟悉的电商平台，尝试简述相关检索的实现过程。

【课后思考题】

1. 简述信息检索的基本过程。
2. 什么是特征选择？简述特征选择和特征提取的异同。
3. 常用的基于信息度量的特征选择方法有哪些？简述 TF、TF-IDF、互信息、信息增益方法的优缺点。
4. 在信息检索中，为什么要进行查询扩展？常用的查询扩展技术有哪些？
5. 简述信息检索的评价指标。
6. 传统搜索引擎和电商平台中搜索引擎相同吗？说明理由。
7. 结合实际展开想象，你觉得未来电商平台搜索引擎的发展方向是什么？

第 8 章　商务智能中的推荐

【本章导读】

推荐在生活中无处不在。在商场中买了一件漂亮的上衣，售货员会为顾客推荐一款很搭的裤子或者鞋子；早上买早点，老板会在顾客买了油条以后，问是否还需要一杯豆浆。为潜在客户推荐产品，成为商业活动中重要的一部分。而在电子商务网站中，推荐系统就是将生活中的推荐从线下搬到了线上，其主要目的是向用户推荐其可能感兴趣的产品。在电商购物平台中，产品多种多样，产品信息呈爆炸式增长，当用户在浏览电商平台时，面对着成千上万条的商品信息，其希望获得更加精准的商品定位。此时用户遇到了信息过载的问题，需要一个人或者工具来帮助其做筛选，给出一些建议供其选择。如果这时候有个喜欢购物的朋友在身边，用户可能会请他推荐几款商品。不过，总不能时时刻刻都去麻烦"专家"给出推荐，用户需要的是一个自动化的工具，它可以分析用户的历史兴趣，从庞大的商品库中找到几个符合用户兴趣的产品供其选择。这个工具就是个性化推荐系统。而推荐系统最大功效在于减轻用户的信息过载。本章将从推荐系统的搭建、推荐系统评测指标、协同过滤算法、冷启动问题等方面全面介绍推荐系统，并在最后以京东的推荐系统为例，说明电商平台的推荐系统如何运行。

8.1　推荐系统举例

讲到推荐系统，不得不提两个公司的案例，一个是Netflix，另一个是亚马逊。2006年，一家通过租用传统DVD影片发迹的网站Netflix宣布了一个消息：将举办一次大赛，第一个能够将该网站推荐效果提升10%的团队将会获得100万美元的奖金。消息一公布，世界各地的团队无不踊跃参与。最终，历经三年时间，经过前后一百八十多个团队的较量，一支名叫"BPC"的团队率先突破障碍，以10.06%的改进效果获得了百万大奖。通过这次百万大奖赛，Netflix升级了自家网站的算法，在工程师中塑造了财大气粗的大公司形象，发掘了无数优秀算法人才，可谓一举多得。更重要的是，它向用户普及了"推荐"这个概念，并在用户心目中将推荐这个概念与Netflix网站画上了等号，从此用户使用Netflix时对它的推荐系统有了更直观的价值参照物——100万美元，天然产生信任感和参与感，不可不谓高明之至（图8-1）。

图 8-1 Netflix Prize

著名的电子商务网站亚马逊是个性化推荐系统的积极应用者和推广者，被RWW（读写网）称为推荐系统之王。亚马逊的推荐系统深入其各类产品中，其中最主要的应用有个性化商品推荐列表和相关商品的推荐列表。其中，一种个性化推荐列表采用了基于物品的推荐算法（item-based method），该算法给用户推荐那些和他们之前喜欢的物品相似的物品。除此之外，亚马逊还有另外一种个性化推荐，即根据用户对推荐结果的反馈方式，生成推荐列表，就是按照用户在Facebook的好友关系，给用户推荐他们的好友在亚马逊上喜欢的物品。亚马逊另一个重要的推荐应用就是相关商品的推荐列表。当用户在亚马逊购买一个商品时，它会在商品信息下面展示相关的商品。亚马逊有两种相关商品列表：一种是包含购买了这个商品的用户也经常购买的其他商品；另一种是包含浏览过这个商品的用户经常购买的其他商品。这两种相关推荐列表的区别就是使用了不同用户行为计算物品的相关性。

个性化推荐系统还出现在众多领域中。例如，YouTube作为美国最大的视频网站，拥有大量用户上传的视频内容。由于视频库非常大，YouTube使用基于物品的推荐算法进行个性化推荐；国际著名的个性化音乐电台Pandora会根据专家标注的基因计算歌曲的相似度，并给用户推荐和他之前喜欢的音乐在基因上相似的其他音乐；而以Facebook和Twitter为代表的社交网络中，也广泛应用个性化推荐系统。例如，利用用户的社交网络信息对用户进行个性化的物品推荐、信息流的会话推荐、好友推荐等。社会化阅读工具Google Reader允许用户关注自己感兴趣的人，然后看到所关注用户分享的文章，对用户进行个性化阅读推荐。

8.2 推荐系统评测指标

一个好的推荐系统对许多互联网企业来讲是至关重要的，那么如何评价一个推荐系统的好坏呢？这就需要给出推荐系统评测指标。好的推荐系统不仅能够准确预测用户的行为，还能够扩展用户的视野，帮助用户发现那些他们可能会感兴趣的事物。本节将从不同角度出发，提出不同的指标。这些指标包括用户满意度、预测准确度、覆盖率、多样性、新颖性和惊喜度等。这些指标中，有些可以离线计算，有些只有在线才能计算，有些只能通过用户问卷获得。

8.2.1 用户满意度

用户作为推荐系统的重要参与者，其满意度是评测推荐系统的最重要指标。一般情况下，用户满意度没有办法离线计算，只能通过用户调查或者在线实验获得。用户调查获得用户满意度主要是通过调查问卷的形式。用户对推荐系统的满意度分为不同的层次。调查问卷不是简单地询问用户对结果是否满意，而是从不同的侧面询问用户对结果的不同感受。例如，如果仅仅问用户是否满意，用户可能认为大体满意，但是对某个方面还有点不满，因而可能很难回答这个问题。因此，在设计问卷时需要考虑到用户各方面的感受，这样用户才能针对问题给出自己准确的回答。

在在线实验中，用户满意度主要通过一些对用户行为的统计得到。例如，在电子商务网站中，用户如果购买了推荐的商品，就表示他们在一定程度上满意。因此，我们可以利用购买率度量用户的满意度。此外，有些网站会通过设计一些用户反馈界面收集用户满意度。例如，在视频网站Hulu的推荐页面和豆瓣网络电台中，都有对推荐结果满意或者不满意的反馈按钮，通过统计两种按钮的点击情况就可以度量系统的用户满意度。更一般的情况下，我们可以用点击率、用户停留时间和转化率等指标来度量用户的满意度。

8.2.2 预测准确度

预测准确度度量一个推荐系统或者推荐算法预测用户行为的能力。这个指标是最重要的推荐系统离线评测指标。在计算该指标时需要有一个离线的数据集，该数据集包含用户的历史行为记录。然后，将该数据集通过时间分成训练集和测试集。最后，通过在训练集上建立用户的行为和兴趣模型预测用户在测试集上的行为，并计算预测行为和测试集上实际行为的重合度，将其作为预测准确度。

很多提供推荐服务的网站都有一个让用户给物品打分的功能（如淘宝、京东、亚马逊等）。那么，如果知道了用户对物品的历史评分，就可以从中提取用户的兴趣模型，并预测该用户在将来看到一个他没有评过分的物品时，会给这个物品评多少分。预测用户对物品评分的行为称为评分预测。

评分预测的预测准确度一般通过均方根误差（root mean squared error，RMSE）和平均绝对误差（mean absolute error，MAE）计算。对于测试集中的一个用户u和物品i，令r_{ui}为用户u对物品i的实际评分，而$\hat{r}_{ui}$为推荐算法给出的预测评分，那么RMSE的定义为

$$\text{RMSE} = \frac{\sqrt{\sum_{u,i \in T}(r_{ui} - \hat{r}_{ui})^2}}{|T|} \tag{8-1}$$

MAE采用绝对值计算预测误差，其定义为

$$\mathrm{MAE} = \frac{\sum_{u,i \in T} |r_{ui} - \hat{r}_{ui}|}{|T|} \tag{8-2}$$

关于RMSE和MAE这两个指标的优缺点，Netflix认为RMSE加大了对预测不准的用户物品评分的惩罚（平方项的惩罚），因而对系统的评测更加苛刻。研究表明，如果评分系统是基于整数建立的（即用户给的评分都是整数），那么对预测结果取整会降低MAE的误差。

网站在提供推荐服务时，一般是给用户一个个性化的推荐列表，这种推荐叫做TopN推荐。TopN推荐的预测准确率一般通过准确率（precision）/召回率（recall）度量。令 $R(u)$ 为根据用户在训练集上的行为给用户作出的推荐列表，而 $T(u)$ 为用户在测试集上的行为列表。那么，推荐结果的召回率定义为

$$\mathrm{recall} = \frac{\sum_{u \in U} |R(u) \bigcap T(u)|}{\sum_{u \in U} |T(u)|} \tag{8-3}$$

推荐结果的准确率定义为

$$\mathrm{precision} = \frac{\sum_{u \in U} |R(u) \bigcap T(u)|}{\sum_{u \in U} |R(u)|} \tag{8-4}$$

有的时候，为了全面评测TopN推荐的准确率和召回率，一般会选取不同的推荐列表长度N，计算出一组准确率/召回率，然后画出准确率/召回率曲线（precision/recall curve）。

8.2.3 覆盖率

覆盖率是描述一个推荐系统对物品长尾的发掘能力。覆盖率有不同的定义方法，最简单的定义为推荐系统能够推荐出来的物品占总物品集合的比例。假设系统的用户集合为U，推荐系统给每个用户推荐一个长度为N的物品列表 $R(u)$。那么推荐系统的覆盖率可以通过式（8-5）计算：

$$\mathrm{coverage} = \frac{\bigcup_{u \in U} R(u)}{|I|} \tag{8-5}$$

覆盖率是一个内容提供商会关心的指标。以图书推荐为例，出版社可能会很关心它们的书有没有被推荐给用户。另外，在信息论和经济学中有两个著名的指标可以用来定义覆盖率，一个是信息熵，另一个是Gini系数。

8.2.4 多样性

用户的兴趣是广泛的，用户对产品的兴趣可能涉及众多的领域和方面，为了满足用户广泛的兴趣，推荐列表需要能够覆盖用户不同的兴趣领域，即推荐结果需要具有多样性。尽管用户的兴趣在较长的时间跨度中是一样的，但具体到用户访问推荐系统的某一刻，其兴趣往往是单一的，那么如果推荐列表只能覆盖用户的一个兴趣点，而这个兴趣点不是用户这个时刻的兴趣点，推荐列表就不会让用户满意。反之，如果推

荐列表比较多样，覆盖了用户绝大多数的兴趣点，那么就会增加用户找到感兴趣物品的概率。因此给用户的推荐列表也需要满足用户广泛的兴趣，即具有多样性。

多样性描述了推荐列表中物品两两之间的不相似性。因此，多样性和相似性是对应的。假设 $s(i,j) \in [0,1]$ 定义了物品 i 和 j 之间的相似度，那么用户 u 的推荐列表 $R(u)$ 的多样性定义如下：

$$\text{Diversity}(R(u)) = 1 - \frac{\sum_{i,j \in R(u), i \neq j} s(i,j)}{\frac{1}{2}|R(u)|(|R(u)|-1)} \tag{8-6}$$

而推荐系统的整体多样性可以定义为所有用户推荐列表多样性的平均值：

$$\text{Diversity} = \frac{1}{|U|} \sum_{u \in U} \text{Diversity}(R(u)) \tag{8-7}$$

8.2.5 新颖性和惊喜度

新颖的推荐是指给用户推荐那些他们以前没有听说过的物品。在一个网站中实现新颖性的最简单办法是，过滤掉用户在网站中施加过某种行为的商品。而最常见的新颖性测量方法有：①推荐结果中条目的热度（平均流行度）的倒数。这个指标有助于发现冷门但感兴趣的物品。②条目进入系统的时间。③与用户兴趣的距离，距离越远，则新颖度越高。

如果推荐结果和用户的历史兴趣不相似，但却让用户觉得满意，那么就可以说推荐结果的惊喜度很高。与新颖性相比，惊喜度更注重的是推荐结果令用户满意，而新颖性则仅仅取决于用户是否听说过这个推荐结果。定义惊喜度需要首先定义推荐结果和用户历史上喜欢的物品的相似度，其次需要定义用户对推荐结果的满意度。前面也曾提到，用户满意度只能通过问卷调查或者在线实验获得，而推荐结果和用户历史上喜欢的物品相似度一般可以用内容相似度定义。也就是说，如果获得了一个用户观看电影的历史，得到这些电影的演员和导演集合 A，然后给用户推荐一个不属于集合 A 的导演和演员创作的电影，而用户表示非常满意，这样就实现了一个惊喜度很高的推荐。因此提高推荐惊喜度需要提高推荐结果的用户满意度，同时降低推荐结果和用户历史兴趣的相似度。

介绍了很多评测指标，但是在评测系统中还需要考虑评测维度，如一个推荐算法，虽然整体性能不好，但可能在某种情况下性能比较好，而增加评测维度的目的就是知道一个算法在什么情况下性能最好。这样可以为融合不同推荐算法取得最好的整体性能带来参考。一般来说，评测维度分为如下三种。

（1）用户维度：主要包括用户的人口统计学信息、活跃度及是不是新用户等。

（2）物品维度：包括物品的属性信息、流行度、平均分及是不是新加入的物品等。

（3）时间维度：包括季节、是工作日还是周末、是白天还是晚上等。

如果能够在推荐系统评测报告中包含不同维度下的系统评测指标，就能帮我们全面地了解推荐系统性能，找到一个看上去比较弱的算法的优势，发现一个看上去比较强的算法的缺点。

8.3 基于用户行为的协同过滤算法

为了更好地进行个性化推荐，我们需要深入地了解用户的兴趣，但是有的兴趣或者领域用户自己都不是很清楚。我们需要通过算法自动发掘用户行为数据，从用户的行为中推测出用户的兴趣，从而给用户推荐满足他们兴趣的物品。用户的行为不是随机的，而是蕴含着很多模式。举一个简单的例子，在电子商务网站中，我们每次购物时网站都会生成一个购物车，里面包括了我们一次购买的所有商品。购物车分析是很多电子商务网站，甚至传统零售行业的核心数据分析任务，如我们可以分析哪些商品会同时出现在购物车中。

基于用户行为分析的推荐算法是个性化推荐系统的重要算法，一般将此类算法称为协同过滤算法。顾名思义，协同过滤就是指用户可以齐心协力，通过不断地和网站互动，使自己的推荐列表能够不断过滤掉自己不感兴趣的物品，从而越来越满足自己的需求。

用户行为数据在网站上最简单的存在形式就是日志。网站在运行过程中都产生大量原始日志（raw log），并将其存储在文件系统中。很多互联网业务会把多种原始日志按照用户行为汇总成会话日志（session log），其中每个会话表示一次用户行为和对应的服务。这些日志记录了用户的各种行为，如在电子商务网站中这些行为主要包括网页浏览、购买、点击、评分和评论等。

用户行为在个性化推荐系统中一般分两种——显性反馈行为（explicit feedback）和隐性反馈行为（implicit feedback）。显性反馈行为包括用户明确表示对物品喜好的行为，这里的主要方式就是评分和喜欢/不喜欢。很多网站都使用了5分的评分系统来让用户直接表达对物品的喜好，但也有些网站使用简单的"喜欢"或者"不喜欢"按钮收集用户的兴趣。

隐性反馈行为指的是那些不能明确反映用户喜好的行为，最具代表性的隐性反馈行为就是页面浏览行为。用户浏览一个物品的页面并不代表用户一定喜欢这个页面展示的物品，如可能因为这个页面链接显示在首页，用户更容易点击它而已。相比显性反馈，隐性反馈虽然不明确，但数据量更大。在很多网站中，很多用户甚至只有隐性反馈数据，而没有显性反馈数据。

基于用户行为的协同过滤算法是推荐系统中最古老的算法。该算法早在1992年被提出，并应用于邮件过滤系统，1994年被GroupLens用于新闻过滤。在此之后直到2000年，该算法都是推荐系统领域最著名的算法。我们主要介绍最基础的算法，并简单介绍在基础上提出的一些改进方法。

在一个在线个性化推荐系统中，当一个用户需要个性化推荐时，可以先找到和他有相似兴趣的其他用户，然后把那些其他用户喜欢的而用户没有听说过的物品推荐给用户，这种方法称为基于用户行为的协同过滤算法。它仅仅通过了解用户与物品之间的关系进行推荐，而根本不会考虑到物品本身的属性。而这样的场景在电商网站也是经常遇到，如当用户想购买一本图书，电商网站通常会在购买页向其推荐这样的几类产品："看过本商品的还看了……"，"买过本商品的还买了……"，"关注过本商品的还关注过……"，等等。图8-2给出了亚马逊图书推荐示例。这些都是基于用户协同过滤的重要应用。

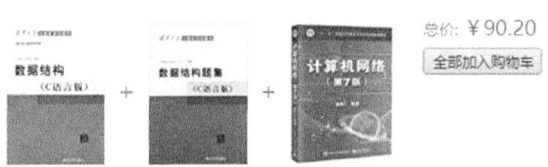

图 8-2 亚马逊图书推荐示例

基于用户行为的协同过滤算法主要包括两个步骤：
（1）找到和目标用户兴趣相似的用户集合。
（2）找到这个集合中的用户喜欢的，且目标用户没有听说过的物品推荐给目标用户。

步骤（1）中的关键问题是计算两个用户的兴趣相似度。协同过滤算法主要利用行为的相似度计算兴趣的相似度。给定用户 u 和用户 v，令 $N(u)$ 表示用户 u 曾经有过正反馈的物品集合。那么，我们可以通过如下的 Jaccard 公式简单地计算 u 和 v 的兴趣相似度：

$$w_{uv} = \frac{|N(u) \bigcap N(v)|}{|N(u) \bigcup N(v)|} \qquad (8\text{-}8)$$

或者通过余弦相似度计算：

$$w_{uv} = \frac{|N(u) \bigcap N(v)|}{\sqrt{|N(u)||N(v)|}} \qquad (8\text{-}9)$$

8.4 推荐系统冷启动问题

通过上面的讨论，我们知道推荐系统需要根据用户的历史行为和兴趣预测用户未来的行为和兴趣，因此大量的用户行为数据就成为推荐系统的重要组成部分和先决条件。但是对于网站来讲并不是一开始的时候就拥有用户的大量信息和数据，对很多在开始阶段就希望有个性化推荐应用的网站来说，如何在没有大量用户数据的情况下设计个性化推荐系统并且让用户对推荐结果满意从而愿意使用推荐系统，就是冷启动问题。

冷启动问题一般可以分为如下三类。

1）用户冷启动问题

用户冷启动主要解决如何给新用户做个性化推荐的问题。当新用户到来时，我们没有他的行为数据，所以也无法根据他的历史行为预测其兴趣，从而无法借此给他做个性化推荐。特别地，有些用户经常不登录，每次登录也可以视为新用户。

2）物品冷启动问题

物品冷启动主要解决如何将新的物品推荐给可能对它感兴趣的用户这一问题。

3）系统冷启动问题

系统冷启动主要解决如何在一个新开发的网站上（还没有用户，也没有用户行为，只有一些物品的信息）设计个性化推荐系统，从而在网站刚发布时就让用户体验到个性化推荐服务这一问题。对于这三种不同的冷启动问题，有不同的解决方案。一般来说，可以参考如下解决方案。

（1）利用用户注册时填写的信息：年龄、性别、爱好等。根据这些注册信息可以做粗粒度的推荐。

（2）当用户首次使用时，主动提供一些商品类型或具体商品供用户选择，用户的反馈会被记录，根据这些数据做推荐。

（3）给用户提供热门排行榜。

（4）利用用户的来源IP、访问时间、最初访问的几个网页来做推荐。

（5）向用户推荐其在社交网站上的好友在本网站上喜欢的物品。

（6）对于新加入的物品，可以利用内容信息，将它们推荐给喜欢过和该物品相似的物品的用户。

（7）在系统冷启动时，可以引入专家的知识，通过一定的高效方式迅速建立起物品的相关度表。

我们可以详细说明某些方案。

在电子商务网站中，当新用户刚注册时，我们缺乏相关信息，不知道他喜欢什么物品，于是只能给他推荐一些热门的商品。但是，在绝大多数网站中，年龄、性别一般都是注册用户的必备信息，此外，还会有职业、学历、居住地等备选信息。而这些信息数据可以较好地帮助某些网站解决冷启动问题。可以通过用户注册时填写的人口统计学信息给用户提供粗粒度的个性化推荐。人口统计学特征包括年龄、性别、工作、学历、居住地、国籍、民族等，这些特征对预测用户的兴趣有很重要的作用，如男性和女性的兴趣不同，不同年龄的人兴趣也不同。基于注册信息的个性化推荐流程基本如下。

（1）获取用户的注册信息；

（2）根据用户的注册信息对用户分类；

（3）给用户推荐他所属分类中用户喜欢的物品。

解决用户冷启动问题的另一个方法是在新用户第一次访问推荐系统时，不立即给用户展示推荐结果，而是给用户提供一些物品，让用户反馈他们对这些物品的兴趣，然后根据用户反馈提供个性化推荐。对于这些通过让用户对物品进行评分来收集用户兴趣，从而对用户进行冷启动的系统，它们需要解决的首要问题就是如何选择物品让用户进行反馈。一般来说，能够用来启动用户兴趣的物品需要具有以下特点。

（1）比较热门；

（2）具有代表性和区分性；

（3）启动物品集合需要有多样性。

物品冷启动需要解决的问题是如何将新加入的物品推荐给对它感兴趣的用户。物品冷启动在新闻网站等时效性很强的网站中非常重要，因为那些网站中时时刻刻都有新加入的物品，而且每个物品必须能够在第一时间展现给用户，否则经过一段时间后，物品的价值就大大降低了。基于物品和用户的推荐算法我们之前已经讨论过了，但是如何在一开始的时候建立用户和物品的联系是不容易的。最简单的方法就是将新的物品随机展示给用户，但这样显然不太个性化，因此可以考虑利用物品的内容信息，将新物品先投放给曾经喜欢过和它内容相似的其他物品的用户。一般来说，物品的内容可以通过向量空间模型表示，该模型会将物品表示成一个关键词向量，每一个关键词都对应一类物品特征。然后通过多种距离方法计算物品间的相似度。最终根据相似物品的特点向用户进行推荐。

很多推荐系统在建立时，既没有用户的行为数据，也没有充足的物品内容信息来计算准确的物品相似度。那么，为了在推荐系统建立时就让用户得到比较好的体验，很多系统都利用专家进行标注。这方面的代表系统是个性化网络电台Pandora和电影推荐网站Jinni。Pandora是一个给用户播放音乐的个性化电台应用。众所周知，计算音乐之间的相似度是比较困难的。首先，音乐是多媒体，如果从音频分析入手计算歌曲之间的相似度，则技术门槛很高，而且也很难计算得令人满意。其次，仅仅利用歌曲的专辑、歌手等属性信息很难获得令人满意的歌曲相似度表，因为一名歌手、一部专辑往往只有一两首好歌。为了解决这个问题，Pandora雇用了一批懂计算机的音乐人进行了一项称为音乐基因的项目。这些音乐人听了几万名歌手的歌，并对这些歌的各个维度进行标注。最终，这些音乐人使用了400多个特征（Pandora称这些特征为基因）。标注完所有的歌曲后，每首歌都可以表示为一个400维的向量，然后通过常见的向量相似度算法可以计算出歌曲的相似度。

8.5 利用社交网络数据进行推荐

随着Facebook和Twitter，以及国内的微博和朋友圈等社交网络的发展，社交网络能够很好地反映出个人的众多信息，而且可以依照社交网络中的社区群体信息、网络结构信息等来进行产品的推荐。

社交网络定义了用户之间的联系，因此可以用图定义社交网络。我们用图$G(V,E,w)$定义一个社交网络，其中V是顶点集合，每个顶点代表一个用户，E是边集合，如果用户v_a和v_b有社交网络关系，那么就有一条边$e(v_a,v_b)$连接这两个用户，而$w(v_a,v_b)$定义了边的权重。一般来说，有三种不同的社交网络数据。

1）双向确认的社交网络数据

在以Facebook和人人网为代表的社交网络中，用户A和B之间形成好友关系需要通过双方的确认。因此，这种社交网络一般可以通过无向图表示。

2）单向关注的社交网络数据

在以Twitter和新浪微博为代表的社交网络中，用户A可以关注用户B而不需要得到用户B的允许，因此这种社交网络中的用户关系是单向的，可以通过有向图表示。

3）基于社区的社交网络数据

还有一种社交网络数据，用户之间并没有明确的关系，但是这种数据包含了用户属于不同社区的数据。例如，豆瓣小组，属于同一个小组可能代表了用户兴趣的相似性；或者在论文数据集中，同一篇文章的不同作者也存在着一定的社交关系；或者是在同一家公司工作的人，或是在同一个学校毕业的人；等等。

8.6 应用案例——京东个性化推荐系统发展

以下案例源自《决战618：探秘京东技术取胜之道》。

京东的推荐系统起步于2012年，当时的推荐产品甚至是基于规则匹配做的。整个推荐产品线组合就像一个个松散的原始部落一样，部落与部落之间没有任何工程、算法的交集。2013年，国内大数据时代到来，京东业务在这一年开始飞速发展，推荐团队专门设计了新的推荐系统。随着业务的快速发展及移动互联网的到来，多屏（京东APP、京东PC商城、M站、微信手Q等）互通，推荐类型从传统的商品推荐，逐步扩展到其他类型的推荐，如活动、分类、优惠券、楼层、入口图、文章、清单、好货等。个性化推荐业务需求比较强烈，基于大数据和个性化推荐算法，实现向不同用户展示不同内容的效果。

为此，京东团队于2015年底再次升级推荐系统。2016年"618"期间，个性化推荐大放异彩，特别是团队开创的"智能卖场"，实现了活动会场的个性化分发，不仅带来商品交易总额的明显提升，也大幅降低了人工成本，大大提高了流量效率和用户体验，从而达到商家和用户双赢。"智能卖场"获得了2016年度的集团优秀产品称号。为了更好地支撑多种个性化场景推荐业务，推荐系统一直在迭代优化升级，未来将朝着"满屏皆智能推荐"的方向发展。

推荐产品发展历程主要经历了三个阶段，由简单的关联推荐到个性化推荐，逐步过渡到场景智能推荐。从相关、相似的产品推荐过渡到多特征、多维度、用户实时行为、结合用户场景进行的全方位智能推荐。推荐系统的目标是通过全方位的精准数据刻画用户的购买意图，推荐用户有购买意愿的商品，给用户最好的体验，提升下单转化率，增强用户黏性。推荐系统的业务架构如图8-3所示，包括四层。

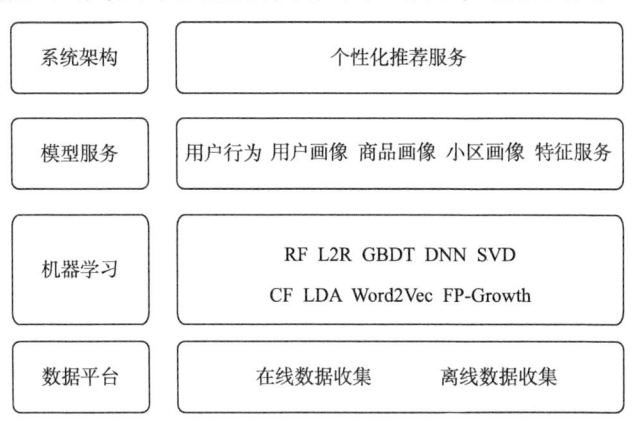

图8-3 推荐系统的业务架构

（1）系统架构。对外提供统一的HTTP（hyper text transfer protocol，超文本传输协议）推荐服务，服务京东所有终端的推荐业务。

（2）模型服务。为了提高个性化的效果而开发的一系列公共的个性化服务，用户维度有用户行为服务和用户画像服务，商品维度有商品画像，地域维度有小区画像，特征维度有特征服务。通过这些基础服务，让个性化推荐更简单、更精准。

（3）机器学习。算法模型训练阶段，尝试多种机器学习模型，结合离线测评和在线A/B，验证不同场景下的算法模型的效果，提高推荐的转化率。

（4）数据平台。数据是推荐的源泉，包括数据收集和数据计算。数据虽然是整体推荐架构的最底层，却是非常重要的，因为数据直接关系到推荐服务的健康发展和效果提升。

在起步初期，推荐产品比较简单，每个推荐产品都是独立实现服务。当前推荐系统是一个系统性工程，其依赖数据、架构、算法、人机交互等环节的有机结合。当前推荐系统的目标是通过个性化数据挖掘、机器学习等技术，将"千人一面"变为"千人千面"，提高用户忠诚度和用户体验，提高用户购物决策的质量和效率；提高网站交叉销售能力，缩短用户购物路径，提高流量转化率（click value rate，CVR）。当前推荐系统支持多类型个性化推荐，包括商品、店铺、品牌、活动、优惠券、楼层等。当前个性化推荐系统架构如图8-4所示。

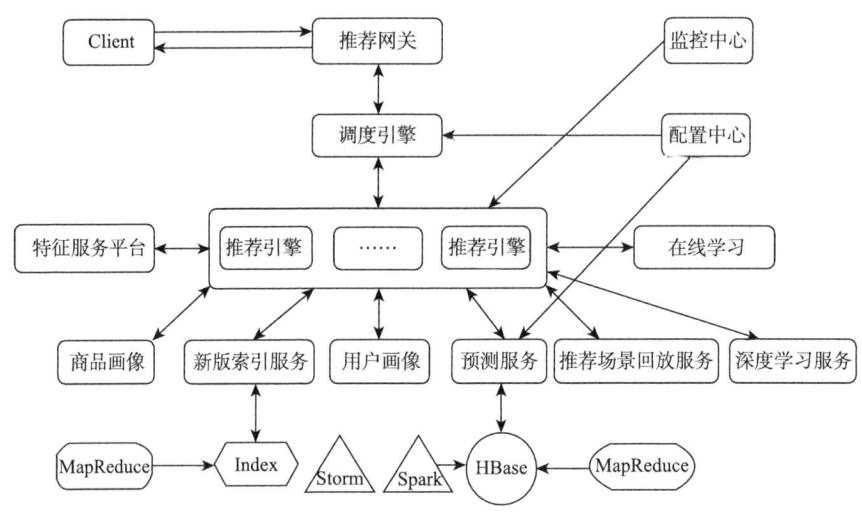

图8-4　当前个性化推荐系统架构

当前个性化推荐系统架构包括不同的业务处理场景：数据处理部分位于最底层，包括离线数据预处理、机器学习模型训练，以及在线实时行为的接入、实时特征计算。推荐平台位于第三层，主要体现响应用户请求时推荐系统的各服务模块之间的交互关系。推荐系统核心模块描述如下。

推荐网关。推荐服务的入口，负责推荐请求的合法性检查、请求分发、在线调试，以及组装请求响应的结果。

调度引擎。负责推荐服务按策略调度及流量分发，主要根据配置中心的推荐产品的实验配置策略进行分流，支持按用户分流、随机分流和按关键参数分流；支持自定义卖点，收集实时数据；支持应急预案功能，处理紧急情况，秒级生效。

推荐引擎。负责推荐在线算法逻辑实现，主要包括召回、过滤、特征计算、排序、多样化等处理过程。

个性化基础服务。目前主要个性化基础服务有用户画像、商品画像、用户行为、预测服务。用户画像包括用户的长期兴趣、短期兴趣、实时兴趣。兴趣主要有性别、品牌偏好、品类偏好、购买力等级、自营偏好、尺码颜色偏好、促销敏感度、家庭情况等。商品画像主要包括商品的产品词、修饰词、品牌词、质量分、价格等级、性别、年龄、标签等。用户行为主要获取用户近期行为，包括用户的搜索、点击、关注、加入购物车、下单等。预测服务主要是基于用户的历史行为，使用机器学习训练模型，用于调整召回候选集的权重。

特征服务平台。负责为个性服务提供特征数据和特征计算，特征服务平台主要针对特征数据，进行有效的声明、管理，进而达到特征资源的共享，快速支持针对不同的特征进行有效的声明、上线、测试，以及A/B实验效果对比。

个性化主要通过特征信息和算法训练模型来进行重新排序，达到精准推荐的目的。特征服务平台主要用于提供大量多维度的特征信息，推荐场景回放服务是指通过用户实时场景特征信息反馈到推荐排序，在线学习和深度学习都是大规模特征计算的个性化服务。

个性化推荐系统的主要优势体现为支持多类型推荐和多屏产品形态，支持算法模型A/B实验快速迭代，支持系统架构与算法解耦，支持存储资源与推荐引擎计算的解耦，支持预测召回与推荐引擎计算的解耦，支持自定义埋点功能；推荐特征数据服务平台化，支持推荐场景回放。

京东拥有庞大的用户量和全品类的商品，以及多种促销活动，可以根据用户在京东平台上的行为记录积累数据，如浏览、加购物车、关注、搜索、购买、评论等行为数据，以及商品本身的品牌、品类、描述、价格等属性数据，活动、素材等资源数据。这些数据是大规模机器学习的基础，也是更精确地进行个性化推荐的前提。

用户行为数据收集流程一般是用户在京东平台（京东APP、京东PC网站、微信手Q）上进行相关操作，都会触发卖点请求点击流系统（专门用于收集行为数据的平台系统），点击流系统接到请求后，进行实时消息发送（用于实时计算业务消费）和落本地日志（用于离线模型计算），定时自动抽取行为日志到大数据平台中心。算法人员在数据集市上通过机器学习训练模型，这些算法模型应用于推荐服务，推荐服务辅助用户决策，进一步影响用户的购物行为，购物行为数据再发送到点击流，从而达到数据收集闭环。

目前离线计算平台涉及的计算内容主要有离线模型、离线特征、用户画像、商品画像、用户行为，离线计算主要在Hadoop上运行MapReduce，也有部分在Spark平台上计算，计算的结果通过公共导数工具导入存储库。京东的研发团队考虑到业务种类繁多、类型复杂及存储类型多样，开发了插件化导数工具，降低离线数据开发及维护的成本。数据离线计算架构如图8-5所示。

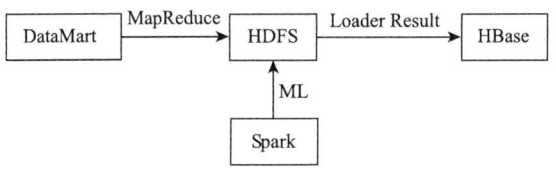

图 8-5 数据离线计算架构

目前在线计算的范围主要有用户实时行为、用户实时画像、用户实时反馈、实时交互特征计算等。在线计算是根据业务需求，快速捕捉用户的兴趣和场景特征，从而实时反馈到用户的推荐结果及排序，给用户专属的个性化体验。在线计算的实现消息主要来源于Kafka集群的消息订阅和JMQ消息订阅，通过Storm集群或Spark集群实时消费，推送到Redis集群和HBase集群存储。数据在线计算架构如图8-6所示。

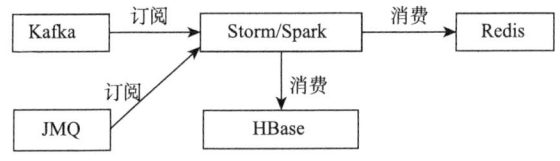

图 8-6 数据在线计算架构

个性化推荐系统的核心是推荐引擎，推荐引擎的一般处理过程是召回候选集，进行规则过滤，使用算法模型打分，模型融合排序，推荐结果多样化展示。主要使用的技术是机器学习模型，结合知识图谱，挖掘商品间的关系，按照用户场景，通过高维特征计算和海量召回，大规模排序模型，进行个性化推荐，提升排序效果，给用户极致的购物体验。

推荐引擎处理逻辑主要包括分配任务，执行推荐器，合并召回结果。推荐器负责召回、过滤、特征计算、排序等处理。推荐引擎技术架构如图8-7所示，推荐器架构如图8-8所示。

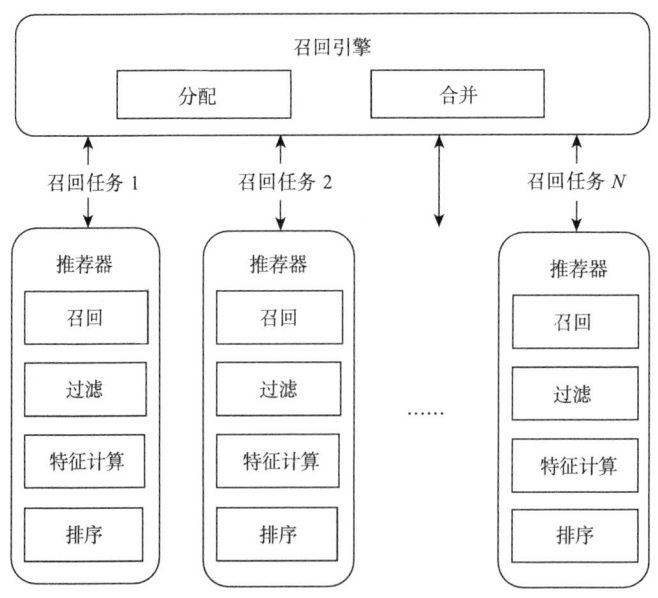

图 8-7 推荐引擎技术架构

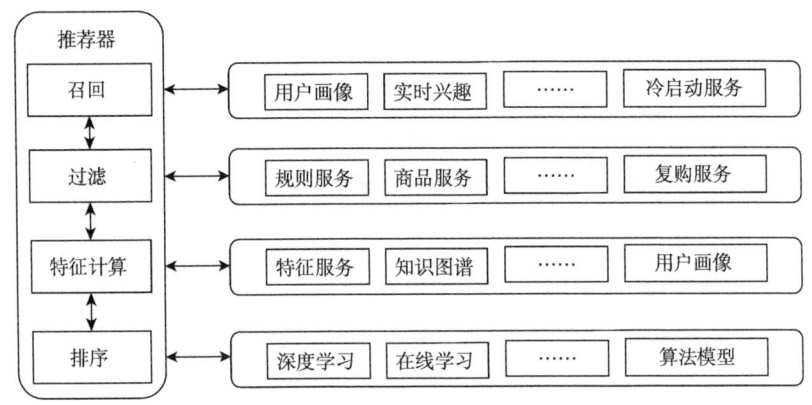

图 8-8 推荐器架构

观察图8-8可以发现，推荐器的实现包括四个阶段，分别是召回、过滤、特征计算和排序：

召回阶段：获取候选集，一般从用户画像、用户偏好、地域等维度进行召回，如果是新用户的召回资源不够，会使用冷启动服务进行召回。

过滤阶段：对人工规则、一品多商、子母码、邮差差价等进行过滤。

特征计算阶段：结合用户实时行为、用户画像、知识图谱、特征服务，计算出召回的候选集的特征向量。

排序阶段：使用算法模型对召回候选集打分，根据召回源和候选集的分值，按一定的策略对候选集进行重新排序。

经过上述四个阶段后最终进行合并。归并多个推荐器返回的推荐结果，按业务规则进行合并，考虑一定的多样性。举例来说，京东APP首页"猜你喜欢"的实现过程如图8-9所示。首先根据用户画像信息和用户的近期行为及相关反馈信息，选择不同的召回方式，进行过滤；对满足要求的候选商品集，提取用户特征、商品特征、用户和商品的交叉特征；使用算法模型根据这些特征计算候选商品的得分；根据每个商品的得分对商品进行排序，同时会丰富推荐理由，考虑用户体验，会对最终排好序推荐结果进行微调整，如多样性展示。

京东数据的特征非常全面，数据链记录着每个用户的每一步操作：从登录到搜索、浏览、选择商品、页面停留时间、评论阅读、是否关注促销，以及加入购物车、下订单、付款、配送方式，最终是否有售后和返修，整个用户的购物行为完整数据都被记录下来。通过对这些用户行为及相关场景的分析，构建了京东用户画像，如图8-10所示。其中不仅有用户的年龄、性别、购物习惯，更有根据其购物行为分析出的大量数据，如是否已婚、是否有孩子、对促销是否敏感等。另外，实时用户画像可以秒级分析出用户的购买意图，以及实时兴趣偏好。京东推荐用户画像技术体系如图8-11所示。

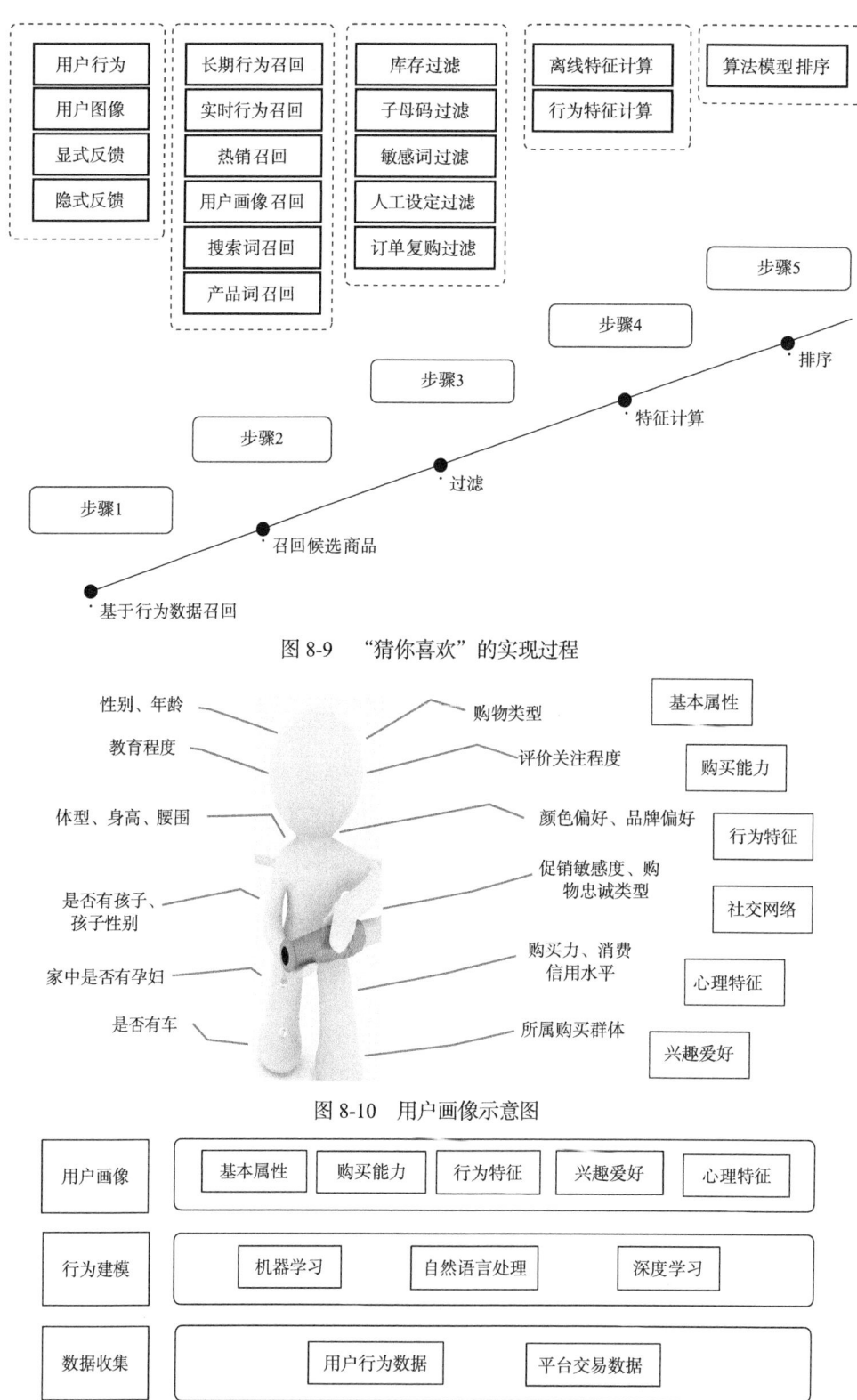

图 8-9 "猜你喜欢"的实现过程

图 8-10 用户画像示意图

图 8-11 京东推荐用户画像技术体系

用户画像在京东各终端的推荐产品中都有应用,"618"推出的智能卖场是用户画像的典型应用场景。智能卖场的产品包括发现好货、个性化楼层、秒杀、活动、优惠券、分类、标签等。以秒杀为例,推荐结果会根据当前用户的用户画像中的画像模型(性别、年龄、促销敏感度、品类偏好、购买力)进行加权,让用户最感兴趣的商品排在前面。

用户画像也是场景推荐的核心基础。以京东平台中的东家小院模块为例,根据用户的历史行为汇聚出很多场景标签,按当前用户的画像模型,调整场景标签的排序,会按用户画像中的性别、年龄、品类、促销敏感度等画像模型进行推荐商品的重排序。

特征就是一种属性的描述,特征是个性化推荐的基础,常用的特征分为单边特征和双边特征。单边特征是指对象本身的属性描述,如商品的颜色;双边特征是指两个对象交互程度的描述,如某用户最近一小时浏览的品牌与候选集中品牌的匹配程度。从特征生成的场景来看,分为离线特征和实时特征。离线特征是通过算法模型提前生成的,实时特征是通过实时计算的方式生成的。特征的质量直接影响推荐的效果、特征计算的性能,同时影响个性化推荐的处理能力。另外,共享和复用特征可以提高算法的迭代速度并节约人力成本。

特征服务管理平台主要针对特征数据和特征计算,进行有效声明和管理,进而达到特征资源的共享和复用。特征服务平台能快速地、有针对性地依据不同特征进行有效的声明、上线、测试及A/B实验效果对比的需求,做到特征的可维护、可说明、可验证。特征服务平台的主要功能如下:离线特征的定制化使用,在线特征的定制化使用,由定制化特征产生新的特征,部分特征、模型在线声明,不同特征效果快速A/B。特征服务平台架构如图8-12所示。

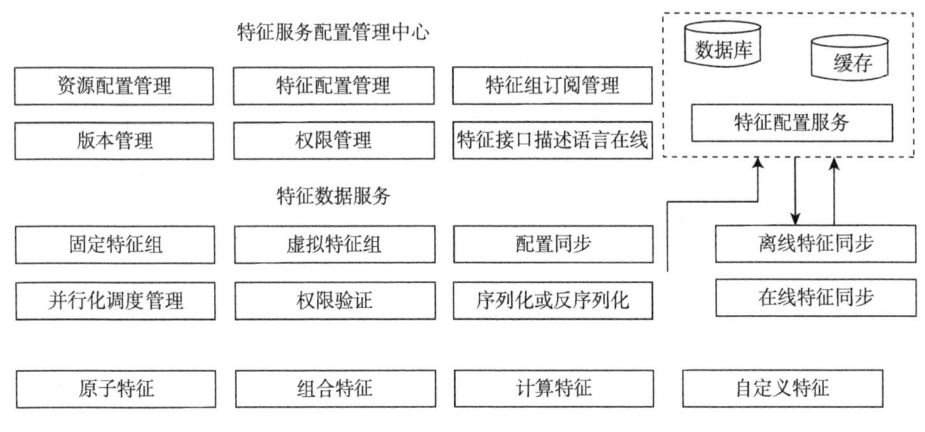

图8-12 特征服务平台架构

推荐的一般处理逻辑是每次请求会召回一批商品,然后根据用户的行为数据和用户模型计算出每个商品的特征。算法模型会根据每个商品的特征计算出每个商品的得分,最后选出得分最高的几个商品推荐给用户。

线上计算特征这种行为是一次性的,不会被记录下来。因此,在线下训练模型的时候,如果想利用上述的特征,就需要在线下机器上再次计算一遍这些特征。遗憾的是，线下计算出来的特征往往不能和线上特征完全相同，这就导致了模型训练的效果较差。场景特征回放示意图如图8-13所示，推荐业务调用推荐引擎，推荐引擎将场景特征通过特征回放服务记录下来，推送至大数据平台，机器学习根据场景特征数据重新训练算法模型，进而影响推荐引擎中的排序，形成一个场景闭环推荐，达到更准确的个性化推荐。

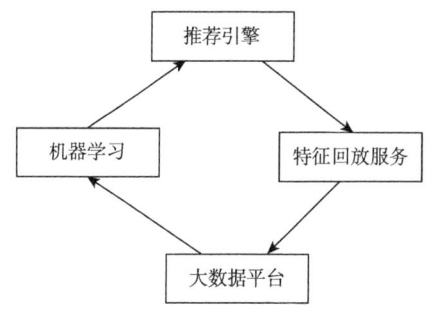

图8-13 场景特征回放示意图

个性化推荐系统是一个系统工程，依赖产品、数据、架构、算法、人机交互等进行场景推荐，本节重点从这几个维度阐述了京东的个性化推荐系统。推荐系统随着业务发展和社会生活方式的改变而进行不断升级，经历了从电脑时代到移动互联时代，从关联推荐走向个性化推荐，从纯商品推荐到多类型推荐的转变。个性化推荐系统已经实现了"千人千面"。诚然，个性化的效果也有待提升，有些体验类的问题也在逐步完善。目前正在进行或有待提高的方面包括：丰富算法的知识图谱，尝试应用深度学习；推荐系统方面更好地支持海量召回、高维特征计算、在线学习，推荐更实时、更精准；产品方面已向"满屏皆智能推荐"方向迈进。最后，希望个性化推荐系统能让购物变得简单，变得更人性化、更丰富、更美好。

京东一直致力于推荐系统算法的创新，在2018年ECML（European Conference on Machine Learning and Principles and Practice of Knowledge Discovery in Databases，机器学习与数据库知识发现的原理与实践欧洲会议）上，京东智能广告实验室（JD Intelligent Advertising Lab, JD IAL）发表题为"电商应用中的深度动态排序系统"的学术论文。论文开创性地系统地提出了如何将深度学习以及强化学习有机地结合，并应用在实际的商品推荐场景中的方法论。

在电商推荐中，如何辨识用户的选品意向一直是一个有趣的话题。用户的选品意向从表现上，覆盖面广、影响因素多、成因复杂，又难以预测。这些意向可能是长时意向、短时意向、广泛的浏览意向或精准的购买意向。传统的推荐方法很难对这些意向做到精确量化区分，从而造成意向识别不充分、系统反应不敏捷、推荐选品重复、浪费资源位等诸多问题。如何设计推荐系统，使其通过动态排序去合理地解决这一问题，一直以来都是电商研究人员关注的焦点，攻克这一难题，可以带来大幅用户转化提升及改善用户体验的效果。

针对以上问题，京东智能广告实验室推荐团队提出了一种深度学习与多臂老虎机相结合的动态排序机制，这种全新的推荐方式，不仅充分结合了深度学习原有的处理海量数据，高效抽取数据特征并进行量化的模型特性；同时还通过多臂老虎机对用户的不同意向进行精准量化，实时监控，对用户每次线上行为作出更加敏捷的分析，实时地改变排序策略，达到深层次建模选品的目的。京东智能广告实验室发表的这篇论文，不但给出了非常具体的工程实现方式，而且从理论上对于方法的最优性予以了充分的数学证明，使广大从业者在应用时能够做到"证其优、知其优、观其优"。深度动态排序在京东电商推荐的成功（新系统对于多项推荐核心指标均带来了非常可观的提升：销售额+16.7%，转化+2.6%）充分说明，人工智能对于电商而言充满了想象空间。如何更好地对电商、计算广告等领域中诸多问题进行建模，有朝一日在电商领域实现强人工智能，这些话题对于每一个算法从业人员来说，都意义深远且大有可为。

【本章小结】

推荐算法对于电商平台的发展极为重要，尤其是随着移动互联的发展，电商平台产品信息激增，而解决信息过载这一难题的关键就是构建合理的个性化推荐系统。个性化推荐系统建立在海量数据挖掘基础上，以帮助电子商务网站为顾客购物提供完全个性化的决策支持和信息服务。本章系统介绍了推荐系统的组成及其多种推荐算法，并在最后以著名电商平台京东商城的推荐系统为例，说明了实际应用中的推荐系统构建过程。由于推荐系统出现相对较晚，仍有较大的发展空间，更多的推荐算法将不断更新。

【课后思考题】

1. 推荐算法的评价准则有哪些？是按照什么划分的？
2. 你认为个性化推荐系统中用户和物品谁更重要？两者如何选取或者结合？
3. 推荐系统的构建过程中同时用到了机器学习中的其他算法，如分类算法、聚类算法等，请结合京东商城的推荐系统，说明这些算法的应用。
4. 举例说明天猫、京东、亚马逊等电商平台的推荐系统特点，并找出其不足之处。你认为可以从哪些角度设计算法？

第9章 基于回归分析的鞋类商品需求量预测

【本章导读】

回归分析和相关分析常被用于解决预测问题,二者既有区别也有联系。本章在介绍相关分析知识的基础上,重点介绍了回归分析。按照自变量的个数,回归分析分为一元回归和多元回归。一元回归是指由一个自变量推测另一个未知量,又称简单回归;多元回归是指由两个或两个以上的自变量推测另一个未知量,又称复杂回归。针对一元线性回归,分别介绍了一元线性回归方程的建立、估计标准误差、一元线性回归方程的检验和一元线性回归的预测。多元回归分析本质上和一元线性回归相同,只是计算复杂度高,对于这部分知识的讲解比较粗略。在上述理论知识讲解的基础上,本章末尾以某鞋类电商平台为例,模拟了如何运用一元线性回归实现对商品销售的预测。

假设某电商企业的经营决策者为了提高企业的营业额,需要加大该商品的销售力度,这种情况下,决策者要面临如下两个问题:

(1) 应该采用什么样的促销手段?

(2) 应支付多少促销费用?

为解决上述问题,决策者首先应该从市场上调查,获取有利的信息,从多种促销手段中选择最为有效的一种或多种,这一过程属于相关分析研究的内容;其次将从市场获取的信息与对应的商品销售量之间的数量关系模型化,预测要达到一定的销售量所需支付的促销费用,这个过程属于回归分析的研究内容。故在进行预测时常涉及相关分析和回归分析两个知识模块。回归分析是一种基本的统计分析方法,被广泛应用于数据挖掘领域。

9.1 相关分析基础

在实际应用中,不同变量之间存在某种关系,这些关系一般被分为两类:一类是确定关系,即一个变量能被其他变量确定;另一类是不确定关系,统计学把这种不确定关系称为相关关系。确定关系和相关关系之间没有严格的界限,由于测量误差等原因,确定关系可以通过相关关系表现,另外,通过对事物内部的发展规律深入分析,相关关系亦可转化为确定关系。一般情况下,两个变量之间的相关关系是不确定的,但可以通过观察,获得它们的统计规律。

在自然界和社会经济活动中，人们通过大量的观察发现事物数量特征的变化往往不是孤立的，而是多种因素综合的结果。例如，某电商平台采取降低商品的价格作为促销手段，于是该商品的销量就会增加，但是降价促销并不意味着价格降低1元，销售量必将增加一定的数量，因为销量的影响因素不只有价格，还包括客户的收入、需求量、消费心理和商家的宣传力度、信誉度等。在众多因素中，如果价格是影响销量的决定因素，其他则视为偶然因素。在决定性因素的影响下，销量将发生规律变化；在偶然性因素的影响下，销量将发生不规则的变化；在两类因素的共同影响下，销量会产生带有波动性总趋势规律的变化。

9.1.1 相关关系与函数关系

相关关系与函数关系都用于刻画变量之间的关系，在函数关系中每一个自变量、因变量都会有确定的值与之对应，而在相关关系中，变量之间存在的是非确定的依存关系。函数关系是一个典型的数学概念，是一一对应的确定关系，如函数 $y=f(x)$，自变量x的每个取值对应一个确定的y值。相关关系则是一种不确定的依存关系，一个变量的取值不能由某个变量唯一确定，即在相关关系中，自变量x的一个取值对应的因变量y的取值可能有多个。

相关关系和函数关系既有区别也有联系。函数关系中变量间存在一一对应的关系，相关关系的变量有不确定的依存关系，因为不仅受决定因素的影响，还受偶然因素的影响，如果在相关关系中不考虑偶然因素的影响，则相关关系可以抽象为函数关系。综上，相关关系是客观事物间普遍存在的依存关系，而函数关系可以认为是相关关系的特例。

相关分析是研究两个或两个以上的变量之间相关程度的一种统计方法，研究的内容主要包括：①确定现象之间是否存在相关关系及相关关系呈现的态势。②确定相关关系的密切程度。相关关系密切程度的判断主要依据绘制的散点图并计算相关系数。③相关系数的检验。由于两个变量的相关系数多是由样本值计算出来的，这样就产生了如下问题：样本相关系数的绝对值大到什么程度才能断定总体间是否存在线性相关关系呢？这就需要进行显著性检验。

综上，相关分析过程包括三个步骤：①依据数据绘制相关图，判断变量间是否存在相关关系；②如果相关，确定相关的类型；③计算相关系数，确定变量相关的程度。

9.1.2 相关关系的种类

采用不同的标准，相关关系有不同的分类结果。本书从变量的多少、相关关系的方向、表现形式、变量间的相关程度四个方面介绍相关关系的分类结果。

1）依据变量的多少

依据变量的多少可将相关关系分为单相关和复相关。单相关是指两个因素之间的相关关系，即研究时只涉及一个自变量和一个因变量；复相关是指三个或三个以上因素的相关关系，即研究时涉及两个或两个以上的自变量，在研究过程中，复相关可以转化为多个单相关以研究其相关关系。

2）依据相关关系的方向

依据相关关系的方向可分为正相关和负相关。正相关是指变量之间的变化方向是一致的，都是呈上升或者下降的趋势；负相关是指两个因素或变量之间变化的方向是相反的，即自变量的数值增大，则因变量的数值减小，自变量的数值减小，则因变量的数值增大。

3）依据表现形式

依据表现形式，相关关系可分为线性相关和非线性相关。线性相关是指当具有线性相关的自变量x发生变动时，因变量y随之发生大致均等的变动，从图像上大致表现为直线的形式；非线性相关是指在两个相关现象中，自变量x发生变动，因变量y随之发生不均等的变动，在图像上的分布是各种不同的曲线形式，可能是抛物线、双曲线、指数曲线，也可能是其他非直线形式的图形。

4）依据变量间的相关程度

依据变量间的相关程度，相关关系可分为不相关、完全相关和不完全相关三种。不相关是指变量间的数量关系相互独立，即当自变量x发生变动时，因变量y不随之产生变动；完全相关是指一个变量的变化是由其他变量的数量变化唯一确定的，即因变量y的数值完全随自变量x的变动而变动，这种情况下的相关关系实际上是函数关系，所以说函数关系是相关关系的一个特例；不完全相关是指变量间的相关程度介于不相关和完全相关之间的关系，在不完全相关中，一个变量的变动不仅取决于一个或另一组变量的变动，还受随机因素的干扰，大多数相关关系属于不完全相关关系。

9.2 简单线性相关分析

简单线性相关分析是指现象之间客观存在的数量上不确定的、不严格的线性（直线）关系。这种相关分析认为现象之间在数量上存在着一定的线性关系，但不是确定和严格的，而且研究现象所涉及的变量有两个，变量之间地位平等。

9.2.1 相关表与相关图

为了判断变量之间的相关关系，常采用的做法是在定性认识的基础上，将调查资料以表或图的形式展现，以便更加直观地显示变量之间是否存在相关关系及所属类型。在定性判断的基础上，把具有相关关系的两个变量的具体数值按照一定顺序排列在一张表上，这种表称为相关表，包括简单相关表和分组相关表。

简单相关表是指未分组的相关表，是把因素标志（自变量x）按照从小到大的顺序并配合结果标志（因变量y）一一对应而平行排列起来的统计表，适用于观察样本单位数较少、不需要分组的情况。表9-1依据客户可支配收入和网上购物消费额，列出了简单相关表。

表 9-1 客户可支配收入和网上购物消费额相关表

可支配收入/元	1 800	2 100	3 000	3 500	4 000	4 500	5 000
网上购物消费额/元	100	150	400	500	550	600	620

观察表9-1可以发现，随着客户可支配收入的增加，客户的网购消费额呈现上升趋势，两者之间存在明显的正相关关系。

分组相关表就是将数据进行分组而绘制的相关表。根据分组情况不同，分组相关表又包括单变量分组表和双变量分组表。单变量分组表是根据一个变量进行分组，另一个变量不进行分组。例如，某电商平台为了分析年龄和网购消费之间的关系展开问卷调查，按照客户年龄进行分组，按从大到小的顺序排序，取人数和平均网购消费额对应值制表，编制成表9-2所示的单变量分组表。

表 9-2 单变量分组表

客户年龄分组	人数/人	每组每月平均网购消费额/元
60 岁及以上	20	150
50~60 岁	40	220
40~50 岁	45	330
30~40 岁	70	500
20~30 岁	74	380
10~20 岁	21	260
10 岁以下	10	100
合计	280	

观察表9-2可以发现，年龄和网购消费的关系并不是直线的关系，网购消费额最大的人群分布在30~40岁及20~30岁年龄段。

双变量分组表是指对自变量和因变量都进行分组，然后再编制相关表。例如，在表9-2的基础上，在客户年龄分组的基础上，再按照网购消费额进行分组，得到表9-3所示的双变量分组表。

表 9-3 双变量分组表

客户年龄分组	按照网购消费额分组						合计
	100 元以下	100~200 元	200~300 元	300~400 元	400~500 元	500 元及以上	
60 岁及以上	3	14	2	1			20
50~60 岁	2	17	20	1			40
40~50 岁	3	3	15	22	2		45
30~40 岁	1	6	3	25	30	5	70
20~30 岁	1	3	19	45	4	2	74
10~20 岁	3	5	12	1			21
10 岁以下	10						10
合计	23	48	71	95	36	7	280

相关图指把相关表上意义对应的具体数值在直角坐标系中用坐标点标出来形成的散点图,可以更加直观、形象地表现变量之间的相关关系。以直角坐标系的横坐标代表自变量x,纵轴表示因变量y,将单变量分组表中客户年龄视为自变量,网购消费额视为因变量,则绘制的散点图如图9-1所示。

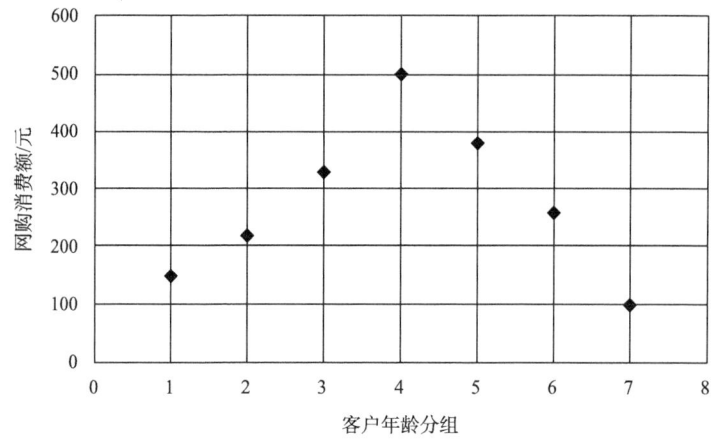

图 9-1　网购消费额与客户年龄相关图

相关图的绘制可在Excel中实现,将数据输入Excel后,选中数据,然后选择菜单栏的插入,选择散点图即可,如图9-2所示。如果生成的散点图坐标不满足要求,可以选中生成的相关图,单击右键选择数据,重新设置不同坐标的数据来源,亦可以重新设置系列及系列的名称。通过对相关图的观察,可以大致判断两个变量之间是否存在相关及相关的形态、方向和程度。

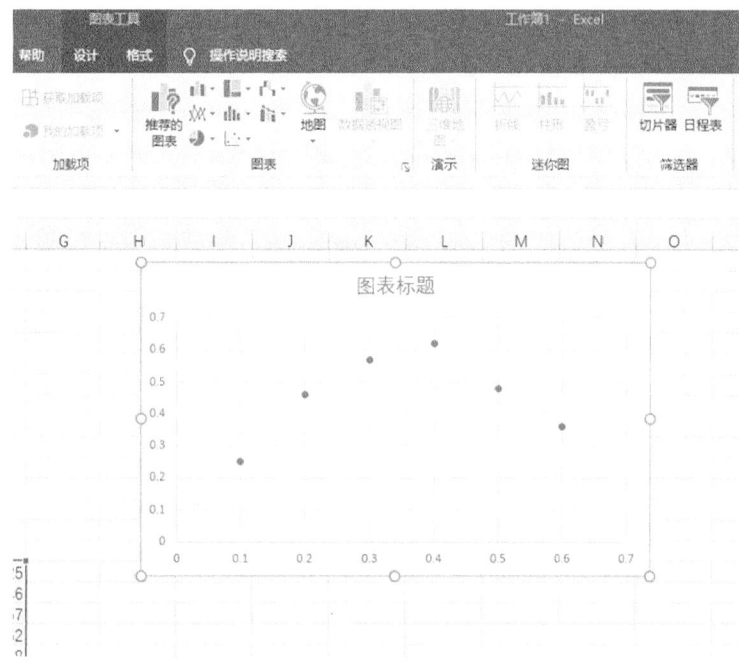

图 9-2　Excel 中绘制散点图

9.2.2 相关系数的计算

相关系数是直线相关条件下衡量两个变量之间相关关系密切程度的统计分析指标。与相关表和相关图相比，相关系数能概括表现相关的形式和程度，根据相关系数的大小，或把若干相关系数加以对比，可以发现增加相关关系发展中决定性的影响因素，相关系数对于判断变量之间相关关系的密切程度有着重要的作用。通常相关系数 r 的计算公式如下：

$$r = \frac{\sigma_{xy}^2}{\sigma_x \sigma_y} = \frac{\sum (x-\bar{x})(y-\bar{y})}{\sqrt{\sum (x-\bar{x})^2}\sqrt{\sum (y-\bar{y})^2}} \tag{9-1}$$

其中，σ_{xy}^2 表示协方差；σ_x 为 x 的标准差；σ_y 为 y 的标准差。从式（9-1）可以看出协方差 σ_{xy}^2 对相关系数 r 的影响，它决定了 r 大于0还是小于0，以及相关的程度如何。式（9-1）是采用积差法计算相关系数，其缺点如下：在利用积差法计算相关系数的过程中由于 σ_{xy}^2，σ_x，σ_y 均要使用各变量的平均数，当平均数的小数很多或者除不尽时，计算比较繁杂且会影响最终计算结果的准确性。故常采用以下简洁的公式计算相关系数 r：

$$r = \frac{n\sum xy - \sum x \sum y}{\sqrt{n\sum x^2 - (\sum x)^2}\sqrt{n\sum y^2 - (\sum y)^2}} \tag{9-2}$$

式（9-2）可以不用计算两个变量的平均值和标准差，既可以节省工作量，又可以减少计算平均值时小数带来的误差。相关系数满足如下性质：

（1）相关系数的取值范围在-1和+1之间，即 $-1 \leq r \leq 1$。

（2）如果 $r>0$，说明两个变量正相关；如果 $r<0$，则表明两个变量负相关。

（3）相关系数 r 的绝对值越接近1，表示两个变量的相关程度越强，越接近0则表示相关程度越弱。

（4）为了使得判断两个变量线性相关密切程度具有一定的标准，一般把相关程度设为几个强弱不同的等级：如果 $0 \leq |r| < 0.3$，称为弱相关或无相关；如果 $0.3 \leq |r| < 0.5$，称为低度相关；如果 $0.5 \leq |r| < 0.8$，称为显著相关；如果 $0.8 \leq |r| < 1$，称为高度相关。但是，这一标准并不是一成不变的，与样本量有很大的关系，只有当样本量较大时，这一判断才合理，因此实际应用中可依据具体情况而定。

例题：表9-4为某企业上半年产量与单位成本的资料，说明产量与单位成本之间的关系。

表 9-4 企业产量和单位成本资料表（一）

月份	产量 x/万件	单位成本 y/元
1	2	73
2	3	72
3	4	71
4	3	73
5	4	69
6	5	68
合计	21	426

依据式（9-2），需计算出 x^2，y^2，xy，可将表9-4扩充为表9-5。

表 9-5 企业产量和单位成本资料表（二）

月份	产量 x/万件	单位成本 y/元	x^2	y^2	xy
1	2	73	4	5 329	146
2	3	72	9	5 184	216
3	4	71	16	5 041	284
4	3	73	9	5 329	219
5	4	69	16	4 761	276
6	5	68	25	4 624	340
合计	21	426	79	30 268	1 481

结合式（9-2），则产量和单位成本的相关系数为

$$r = \frac{n\sum xy - \sum x \sum y}{\sqrt{n\sum x^2 - (\sum x)^2}\sqrt{n\sum y^2 - (\sum y)^2}}$$

$$= \frac{6 \times 1481 - 21 \times 426}{\sqrt{6 \times 79 - 21^2}\sqrt{6 \times 30268 - 426^2}}$$

$$= -0.9091$$

$r = -0.9091$ 说明产量与单位成本之间存在高度负相关关系。

9.2.3 相关系数的说明及检验

结合上述内容，以下几点是对相关系数的简单说明。

（1）计算相关系数时，两个变量哪个作为自变量哪个作为因变量，对于相关系数的值的大小没有影响。

（2）相关系数指标只能用于直线相关程度的判断，当其数值很小甚至为0时只能说明变量之间直线相关程度很弱或者不存在直线相关关系，但不能就此判断变量之间不存在相关关系。

（3）当相关系数的绝对值大于等于0.8时，变量之间存在高度线性相关关系，此时通常还要进行相关系数的显著性检验。

相关系数是依据样本数据计算出来的统计量，两个不相关的变量，其样本的相关系数可能比较高，这在统计上称为虚假相关。要从样本的相关系数判断总体是否也具有这样的关系，则需要对相关系数进行统计检验。相关系数描述的 x 和 y 之间的密切程度与样本个数 n 有关，因此我们不可以根据相关系数的绝对值大小直接衡量 x 和 y 之间的关系是否真正密切，必须通过相关系数临界值进行比较。

给定一个小概率（显著性水平）a，查相关系数临界值表得 $r_a(n-m)$，其中，$m = k + 1$（k 为自变量的个数）为变量个数或估计参数的个数，在一元线性回归方程中 $m=2$。如果 $|r| \geq r_a(n-m)$，则认为 x 和 y 之间的线性关系显著；如果 $|r| < r_a(n-m)$，则认为 x 和 y 之间的线性关系不显著。

9.3 线性回归分析

相关分析可以判断变量之间关系的密切程度,当变量间相关关系密切时,它们之间相互影响的程度较大,而其他因素对其影响较小。例如,某商品的价格与销量高度负相关,就意味着销量的变动主要受价格影响,而其他因素,如广告费、客户收入、消费偏好、需求量、售后服务等,虽然对销量有影响,但影响的程度较小。因此,在研究该商品价格和销量变动的关系时,可以忽略其他偶然因素的影响,价格和销量的关系可以视为一一对应的、确定的函数关系,进而可以建立函数方程,并可以根据给定的价格估算销量,这种分析称为回归分析,根据回归分析确定的数学方程称为回归方程。

由于研究对象的特点不同,回归分析可分为不同的种类。按照自变量的个数,回归分析分为一元回归和多元回归。一元回归是指由一个自变量推测另一个未知量,又称简单回归;多元回归是指由两个或两个以上的自变量推测另一个未知量,又称复杂回归。按照回归的表现形式,回归分析分为线性回归和非线性回归。线性回归指回归方程的因变量是自变量的一次函数形式,回归线在坐标图中表现为一条直线;非线性回归指回归方程的因变量是自变量的二次或二次以上的函数形式,回归线在坐标图上表现为曲线的形式,又称为曲线回归。

回归分析的主要内容包括确定连续值变量之间的相关关系、建立回归模型、检验变量之间的相关程度、最终运用回归模型作出预测。回归分析的基本步骤如下:

(1)确定因变量及自变量,自变量为因变量的影响因素;
(2)绘制散点图,观察变量之间的大致关系;
(3)计算回归系数,并依据一定的理论构建合适的回归模型;
(4)检验回归模型的有效性与合理性;
(5)基于建好的回归模型进行某种预测。

9.3.1 一元线性回归

一元线性回归属于比较简单的回归分析方法,具有如下特点:回归分析时研究两个变量之间的因果关系,所以必须通过定性分析确定哪个是自变量哪个是因变量,而相关分析则是两个变量之间的关系,没有自变量和因变量之分;回归分析对于因果关系不甚明确,对于两个变量,可以求出x依据y的回归方程,也可以求出y依据x的回归方程,但回归方程一旦确定,x和y不可以逆推;回归方程在进行预测估计时,只能根据自变量的数值求因变量的可能值,即只能根据x推出y的估计值y_c,而不能由y_c逆推x;线性回归方程中自变量的系数称为回归系数,回归系数为正数说明变量正相关,为负数说明变量负相关。

下面从一元线性回归方程的建立、估计标准误差、一元线性回归方程的检验、一元线性回归的预测四个方面介绍一元线性回归,其中估计标准误差也称为估计标准误或剩余标准差。

1)一元线性回归方程的建立

一元线性回归方程是用来近似描述两个具有密切关系的变量之间变动关系的数学方程,该方程在平面坐标中表现为一条直线,在回归分析中称为回归直线。简单线性

回归模型中只有一个自变量和一个因变量，其理论模型可表示为

$$y_i = a + bx_i + u_i \tag{9-3}$$

其中，y_i 表示因变量的第 i 个观测值；x_i 表示自变量的第 i 个观测值；a，b 为模型的参数；a 为回归直线的截距；b 为回归直线的斜率；u_i 为随机误差项。在理想状态下的样本数据，可以假定 $u_i = 0$，则此时的一元回归方程可表示为

$$y_c = a + bx \tag{9-4}$$

其中，y_c 表示 y 的估计值，用于区别 y 的实际观察值；截距 a 表示在没有自变量 x 影响时，其他各种因素对因变量 y 影响的均值；回归系数 b 表示自变量 x 每变动一个单位，因变量 y 变动 b 个单位。

观察式（9-4）可以发现，建立一元线性回归方程的关键是根据观测值确定待定参数 a，b。为解决该问题，常采用的方法为最小二乘法，用这种方法求出的回归直线是原始数据的"最佳"拟合直线。最小二乘法的原理是使得实际值 y 与估计值 y_c 离差的代数和为 0，离差平方和最小。从图形上看，就是所有的散点都比较均匀地分布在这条直线的周边，这条直线使得各个散点到该直线的距离比任何其他直线与散点的距离都小。

根据上述的最小二乘法的基本原理，要求的参数 a，b，应使得

$$\sum(y - y_c) = 0 \tag{9-5}$$

$$\sum(y_i - y_c)^2 = \min \tag{9-6}$$

将直线方程 $y_c = a + bx$ 代入 $\sum(y - y_c)^2 = \min$，得到 $\sum(y - a - bx)^2 = \min$，分别对 a，b 求偏导，可得到两个关于 a，b 的二元一次方程组：

$$\begin{cases} \sum y = na + b\sum x \\ \sum xy = a\sum x + b\sum x^2 \end{cases} \tag{9-7}$$

求解上面关于 a，b 的二元一次方程组，可得

$$a = \bar{y} - b\bar{x} \tag{9-8}$$

$$b = \frac{\sum(x - \bar{x})(y - \bar{y})}{\sum(x - \bar{x})^2} \tag{9-9}$$

进一步整理，最后可得

$$a = \bar{y} - b\bar{x} = \frac{\sum y}{n} - b \times \frac{\sum x}{n} \tag{9-10}$$

$$b = \frac{\sum(x - \bar{x})(y - \bar{y})}{\sum(x - \bar{x})^2} = \frac{n\sum xy - \sum x \sum y}{n\sum x^2 - (\sum x)^2} \tag{9-11}$$

观察上述的参数 a，b 的求解公式，在实际计算时常常先计算参数 b，然后将其代入参数 a 的求解公式中，获得参数 a 的值。

例题：根据某电商平台中产品销售额（万元）和销售利润率（%）的资料，整理计算出：$n = 7, \sum x = 1890, \sum y = 31.1, \sum x^2 = 535\,500, \sum y^2 = 174.15, \sum xy = 9\,318$。依据所

给数据,求:

(1)确定以利润率为因变量的直线回归方程。
(2)解释回归方程中回归系数b的经济含义。
(3)当销售额为500万元时,利润率是多少?

解:(1)销售额为自变量x,利润率为因变量y,则设y依据x的一元线性回归方程为$y_c = a + bx$,根据最小二乘法,参数a,b的求解如下:

$$b = \frac{n\sum xy - \sum x \sum y}{n\sum x^2 - (\sum x)^2} = \frac{7 \times 9\,318 - 1\,890 \times 31.1}{7 \times 535\,500 - 1\,890^2} = 0.036\,5$$

$$a = \bar{y} - b\bar{x} = \frac{31.1}{7} - 0.036\,5 \times \frac{1\,890}{7} = -5.412\,1$$

则以利润率为因变量的一元线性回归方程为

$$y_c = -5.412\,1 + 0.036\,5x$$

(2)回归系数b的经济含义是每当销售额增加1万元,销售利润率增加0.036 5%。

(3)计算预测值:将$x=500$代入(1)中得到的回归方程,则:

$$y_c = -5.412\,1 + 0.036\,5 \times 500 = 12.837\,9$$

即当销售额为500万元时,利润率约为12.84%。

2)估计标准误差

根据实际数据建立的回归方程所代表的直线是一条趋势直线,各个实际值分布在直线的周围,如果实际值都很靠近回归直线,则离散程度比较小,回归直线的代表性就比较好,直线回归方程就可以有效地反映现象之间的数量依存关系,利用此回归方程进行预测就比较准确。估计标准误差是实际值与估计值之间的偏差平均程度,用以说明回归方程推测准确性的衡量指标。其值越小,则回归方程的代表性就越强,用回归方程预测的结果就越准确。估计标准误差S_e的计算公式如下:

$$S_e = \sqrt{\frac{\sum(y - y_c)^2}{n-2}} = \sqrt{\frac{\sum y^2 - a\sum y - b\sum xy}{n-2}} \tag{9-12}$$

例题:表9-6为某企业的生产及能源消耗情况,根据表中数据,计算工业总产值对能源消耗量回归方程的估计标准误差。

表9-6 企业生产及能源消耗情况汇总

序号	能源消耗量x/万吨	工业总产值y/亿元	x^2	y^2	xy
1	35	24	1 225	576	840
2	38	25	1 444	625	950
3	40	24	1 600	576	960
4	42	28	1 764	784	1 176
5	49	32	2 401	1 024	1 568
6	52	31	2 704	961	1 612
7	54	37	2 916	1 369	1 998
8	59	40	3 481	1 600	2 360

续表

序号	能源消耗量 x/万吨	工业总产值 y/亿元	x^2	y^2	xy
9	62	41	3 844	1 681	2 542
10	64	40	4 096	1 600	2 560
11	65	47	4 225	2 209	3 055
12	68	50	4 624	2 500	3 400
13	69	49	4 761	2 401	3 381
14	71	51	5 041	2 601	3 621
15	72	48	5 184	2 304	3 456
16	76	58	5 776	3 364	4 408
合计	916	625	55 086	26 175	37 887

解：依据表9-6知 $n=16$，$\sum x = 916$，$\sum y = 625$，$\sum xy = 37\,887$，$\sum x^2 = 55\,086$，$\sum y^2 = 26\,175$，依据最小二乘法估计参数 a，b，得

$$b = \frac{n\sum xy - \sum x \sum y}{n\sum x^2 - (\sum x)^2} = \frac{16 \times 37\,887 - 916 \times 625}{16 \times 55\,086 - 916^2} = 0.796\,1$$

$$a = \bar{y} - b\bar{x} = \frac{625}{16} - 0.796\,1 \times \frac{916}{16} = -6.514\,2$$

将求得的 a，b 值代入估计标准误差公式，可得

$$S_e = \sqrt{\frac{\sum y^2 - a\sum y - b\sum xy}{n-2}} = \sqrt{\frac{26\,175 + 6.514\,2 \times 625 - 0.796\,1 \times 37\,887}{16 - 2}} = 2.457$$

答：工业总产值的估计值与实际值的平均误差为2.457亿元。

3）一元线性回归方程的检验

回归模型估计出来以后，首先要对其进行一系列的检验。只有通过了检验的模型才能用于对总体变量的估计或者预测。常采用统计学检验，利用统计学中的抽样理论来检验样本回归方程的可靠性，分为拟合度评价和显著性检验。

拟合度是指样本观察值聚集在估计回归线周围的紧密程度，评价拟合优度最常用的方法是判定系数。判定系数是指因变量的总变差中可以被自变量解释的比例，用于说明因变量的变化有多少可以通过自变量得到解释，即可解释因素的影响程度。该指标是衡量模型优劣的重要分析指标。判定系数 r^2 的计算公式如下：

$$r^2 = 1 - \frac{SS_{res}}{SS_{tot}} = 1 - \frac{\sum_i (y_i - f_i)^2}{\sum_i (y_i - \bar{y})^2} \quad (9\text{-}13)$$

其中，SS_{res} 为残差平方和；$\frac{SS_{res}}{SS_{tot}}$ 为总平方和；y_i 为观测值；f_i 为预测值；$\bar{y}$ 为观测值的均值；r^2 为回归直线的拟合度，取值范围为[0，1]，其值趋于1，说明回归方程拟合得越好，其值趋于0，说明方程拟合得越差。

判定系数和上文介绍的相关系数是两个不同的系数，其区别主要体现在：

（1）判定系数无方向性，相关系数是有方向性的（正相关、负相关）；

（2）判定系数用于说明变量值的总离差平方和中可以用回归线来解释的比例，相关系数只能说明两变量之间关联的程度和方向；

（3）两者的应用场合不同，当我们需要衡量两个变量之间相关的程度时采用相关系数，当我们要确定直线模型与实际数据的符合程度时，应采用判定系数；

（4）相关系数仅适用于两个变量之间的线性关系，而判定系数可应用于线性、非线性相关，且自变量个数可以是两个也可以是更多个。

除拟合度外，显著性检验也可以验证回归方程的可靠性，具体方法是将回归离差平方和同剩余离差平方和加以比较，用F检验来分析二者之间的差别是否显著。如果显著，说明两个变量之间存在线性关系；如果不显著，则说明两个变量之间不存在线性关系。下面简述显著性检验的实现过程。

第一步：提出假设：H_0：$\beta_1 = 0$（线性关系不显著）。

第二步：计算检验统计量，$F = \dfrac{\sum(y_c - \bar{y})^2}{\sum(y - y_c)^2 / (n-2)}$，其中$F$服从$F(1, n-2)$分布。

第三步：确定临界值。根据显著性水平α、分子自由度1和分母自由度$n-2$找出临界值F_α作出决策：如果$F \geq F_\alpha$，表明回归模型是显著的，可以对第一步的假设H_0作出否定；如果$F < F_\alpha$，则接受H_0，表示回归模型不显著。

4）一元线性回归的预测

一元线性回归的预测包括点估计和区间估计两种方法。点估计指将自变量取值代入回归预测模型求出因变量的预测值。假设一元回归方程已经计算出：$y_c = -6.5142 + 0.7961x$，如果预测当能源消耗量为90万吨时的工业总产值，则仅需要将$x=90$代入方程即可进行预测，预测值为$y_c = -6.5142 + 0.7961 \times 90 = 65.1348$（亿元），此时的预测属于点估计。

如果预测结果是对因变量的取值范围作出一个估计，称为区间估计。实际值通常以估计值为中心，在一定区间范围内上下波动，在平面坐标上表现为各个散点总是围绕回归趋势直线在一定区间分布，如果分布成正态分布或近似正态分布，可以用正态分布的性质对实际值的分布范围进行可靠估计。表9-7为正态分布概率表的部分数据截图。

表 9-7 正态分布概率表的部分数据截图

t	$F(t)$	t	$F(t)$	t	$F(t)$	t	$F(t)$
0.92	0.6424	1.25	0.7887	1.58	0.8859	1.91	0.9439
0.93	0.6476	1.26	0.7923	1.59	0.8882	1.92	0.9451
0.94	0.6528	1.27	0.7959	1.60	0.8904	1.93	0.9464
0.95	0.6579	1.28	0.7995	1.61	0.8926	1.94	0.9476
0.96	0.6629	1.29	0.8030	1.62	0.8948	1.95	0.9488
0.97	0.6680	1.30	0.8064	1.63	0.8969	1.96	0.9500
0.98	0.6729	1.31	0.8098	1.64	0.8990	1.97	0.9512
0.99	0.6778	1.32	0.8132	1.65	0.9011	1.98	0.9523
1.00	0.6827	1.33	0.8165	1.66	0.9031	1.99	0.9534

实际值分布区间的大小取决于估计标准误差 S_e 与估计标准误差倍数 t（概率度），即实际值分布区间在以回归直线 $y_c = a + bx$ 为中心，两条平行于回归线的直线 $(a+bx) \pm S_e \times t$ 之间，统计上将这个区间称为置信区间。

例题：仍以表9-6中的数据为相关资料，以95%的概率估计当能源消耗为90万吨时工业总产值的预测区间。

解：因为概率保证度 $F(t) = 0.95$，查表9-7，得到概率度 $t = 1.96$。

$$S_e = \sqrt{\frac{\sum y^2 - a \sum y - b \sum xy}{n-2}} = 2.457 \text{（亿元）}$$

则：$S_e \times t = 2.457 \times 1.96 = 4.81572$。

$$b = \frac{n \sum xy - \sum x \sum y}{n \sum x^2 - (\sum x)^2} = \frac{16 \times 37887 - 916 \times 625}{16 \times 55086 - 916^2} = 0.7961$$

$$a = \bar{y} - b\bar{x} = \frac{625}{16} - 0.7961 \times \frac{916}{16} = -6.5142$$

故当能源消耗 $x = 90$ 万吨时，企业工业总产值的预测区间为

上限：$(a+bx) + S_e \times t = 69.95052$

下限：$(a+bx) - S_e \times t = 60.31908$

这个区间预测结果说明：如果能源消耗达到90万吨，在概率保证度为95%的条件下，工业总产值预计在60.31908亿元到69.95052亿元之间。

9.3.2 多元线性回归

多元线性回归的复杂度要高于一元线性回归。在回归分析中，如果有两个或者两个以上的自变量，就称为多元回归。事实上，一种现象常常是与多个因素有关的，由多个变量的最优组合来对因变量进行预测，比只用一个自变量进行预测估计更有效、准确，因此从实用性角度而言，多元线性回归的应用性更强。

在多元线性回归中，各个自变量的单位可能不一样。例如，在和消费水平相关的关系式中，工资水平、受教育程度、职业、地区、家庭负担等因素都会影响消费水平，而这些因素（自变量）的单位显然是不相同的，因此自变量之前的系数大小并不能说明该因素的重要程度，所以需要采用一定的方法将不同单位的自变量转化到统一的单位中，标准分就具备这个功能。将不同的单位经过标准分方法处理后，再进行线性回归，此时得到的回归系数可以用来衡量对应自变量的重要程度，统一单位后建立的回归方程称为标准回归方程，系数称为标准回归系数。

多元线性回归的基本原理和计算过程与一元线性回归类似，但是由于自变量个数多，故计算比较麻烦，一般在实际应用中多借助软件进行统计计算。多元线性回归模型为

$$y = \beta_0 + \beta_1 x_1 + \beta_2 x_2 + \cdots + \beta_k x_k + u \tag{9-14}$$

其中，y 为因变量；$x_i (i=1,2,\cdots,k)$ 为自变量（影响因素）；$\beta_i (i=0,1,2,\cdots,k)$ 为回归系数；u 为随机误差。由于 $\beta_i (i=0,1,2,\cdots,k)$ 可以利用已知样本数据进行估计，假设

$\hat{\beta}_i(i=0,1,2,\cdots,k)$ 是利用一组简单随机样本经计算得到的样本统计量，将其作为未知参数 $\beta_i(i=0,1,2,\cdots,k)$ 的估计值，得到估计的回归方程：

$$\hat{y} = \hat{\beta}_0 + \hat{\beta}_1 x_1 + \hat{\beta}_2 x_2 + \cdots + \hat{\beta}_k x_k \tag{9-15}$$

该方程称为样本回归方程，$\hat{y}$ 为 y 的估计值。

设 $(x_{1i}, x_{2i}, \cdots, x_{ki}; y_i)(i=1,2,\cdots,n)$ 是对因变量和 k 个自变量的 n 次样本独立观测值，分别代入多元回归方程可得到如下多元回归方程组：

$$\begin{cases} y_1 = \beta_0 + \beta_1 x_{11} + \beta_2 x_{21} + \cdots + \beta_k x_{k1} + u_1 \\ y_2 = \beta_0 + \beta_1 x_{12} + \beta_2 x_{22} + \cdots + \beta_k x_{k2} + u_2 \\ \vdots \\ y_n = \beta_0 + \beta_1 x_{1n} + \beta_2 x_{2n} + \cdots + \beta_k x_{kn} + u_n \end{cases} \tag{9-16}$$

可将上面线性方程组表示为如下矩阵的形式：$\boldsymbol{Y} = \boldsymbol{X\beta} + \boldsymbol{u}$，其中，$\boldsymbol{X}$，$\boldsymbol{Y}$，$\boldsymbol{\beta}$，$\boldsymbol{u}$ 可分别表示为

$$\boldsymbol{X} = \begin{bmatrix} 1 & x_{11} & x_{21} & \cdots & x_{k1} \\ 1 & x_{12} & x_{22} & \cdots & x_{k2} \\ \vdots & \vdots & \vdots & & \vdots \\ 1 & x_{1n} & x_{2n} & \cdots & x_{kn} \end{bmatrix} \tag{9-17}$$

$$\boldsymbol{Y} = \begin{bmatrix} y_1 \\ y_2 \\ \vdots \\ y_n \end{bmatrix}, \quad \boldsymbol{\beta} = \begin{bmatrix} \beta_0 \\ \beta_1 \\ \vdots \\ \beta_k \end{bmatrix}, \quad \boldsymbol{u} = \begin{bmatrix} u_1 \\ u_2 \\ \vdots \\ u_n \end{bmatrix}$$

其中，矩阵 $\boldsymbol{X}$ 的每一列表示一个自变量的 n 个观测值；$\boldsymbol{Y}$ 为因变量样本观测值的 n 阶列向量；$\boldsymbol{\beta}$ 为未知参数的 $k+1$ 阶列向量；$\boldsymbol{u}$ 为随机误差项的 n 阶列向量。把样本数据代入 $\boldsymbol{Y} = \boldsymbol{X\beta} + \boldsymbol{u}$，可以得

$$\hat{\boldsymbol{\beta}} = \left(\boldsymbol{X}^{\mathrm{T}} \boldsymbol{X}\right)^{-1} \boldsymbol{X}^{\mathrm{T}} \boldsymbol{Y} \tag{9-18}$$

其中，$\boldsymbol{X}^{\mathrm{T}}$ 表示矩阵 $\boldsymbol{X}$ 的转置矩阵；$\left(\boldsymbol{X}^{\mathrm{T}} \boldsymbol{X}\right)^{-1}$ 表示 $\boldsymbol{X}^{\mathrm{T}} \boldsymbol{X}$ 的逆矩阵。

样本回归方程的矩阵形式是 $\hat{\boldsymbol{Y}} = \boldsymbol{X} \hat{\boldsymbol{\beta}}$。

多元线性回归中常见的方法包括最小二乘法、拟合优度检验等，其计算思路和一元线性回归计算方法是一致的，计算复杂度高于一元线性回归。下面结合实例简述多元线性回归方程的建立和检验。

例题：表9-8为我国1988~1998年城镇居民人均全年耐用消费品支出、人均全年可支配收入和耐用消费品价格指数的统计资料，建立因变量城镇居民人均全年耐用消费品支出 y 关于自变量人均全年可支配收入和耐用消费品价格指数的回归模型。

表 9-8 1988~1998 年城镇居民人均统计资料

年份	人均全年耐用消费品支出 y/元	人均全年可支配收入 x_1/元	耐用消费品价格指数
1988	137.16	1 181.4	115.96
1989	124.56	1 375.7	133.35
1990	107.91	1 510.2	128.21
1991	102.96	1 700.6	124.85
1992	125.24	2 026.6	122.49
1993	162.45	2 577.4	129.86
1994	217.43	3 496.2	139.52
1995	253.42	4 283.0	140.44
1996	251.07	4 838.9	139.12
1997	285.85	5 160.3	133.35
1998	327.26	5 425.1	126.39

解：依据上述多元回归模型建立和表9-8中的数据，可得以下线性方程组：

$$\begin{cases} \hat{y}_1 = \hat{\beta}_0 + \hat{\beta}_1 x_{11} + \hat{\beta}_2 x_{21} \\ \hat{y}_2 = \hat{\beta}_0 + \hat{\beta}_1 x_{12} + \hat{\beta}_2 x_{22} \\ \vdots \\ \hat{y}_{1n} = \hat{\beta}_0 + \hat{\beta}_1 x_{1n} + \hat{\beta}_2 x_{2n} \end{cases}$$

$$\begin{cases} 137.16 = \hat{\beta}_0 + \hat{\beta}_1 \times 1181.4 + \hat{\beta}_2 \times 115.96 \\ 124.56 = \hat{\beta}_0 + \hat{\beta}_1 \times 1375.7 + \hat{\beta}_2 \times 133.35 \\ \vdots \\ 327.26 = \hat{\beta}_0 + \hat{\beta}_1 \times 5425.1 + \hat{\beta}_2 \times 126.39 \end{cases}$$

依据矩阵知识，将相关数据代入 $\hat{\boldsymbol{\beta}} = \left(\boldsymbol{X}^\mathrm{T}\boldsymbol{X}\right)^{-1}\boldsymbol{X}^\mathrm{T}\boldsymbol{Y}$，可得

$$\hat{\boldsymbol{\beta}} = \begin{bmatrix} 11 & 33\,575.4 & 1\,433.54 \\ 33\,575.4 & 129\,253\,961.9 & 4\,445\,613.295 \\ 1\,433.54 & 4\,445\,613.295 & 187\,421.943\,4 \end{bmatrix}^{-1} \times \begin{bmatrix} 2\,095.31 \\ 7\,654\,936.718 \\ 275\,976.737 \end{bmatrix}$$

$$= \begin{bmatrix} 158.625\,1 \\ 0.049\,4 \\ -0.913\,3 \end{bmatrix}$$

故针对表9-8估计的回归方程为 $\hat{y} = 158.625\,1 + 0.049\,4 x_1 - 0.913\,3 x_2$。其中，$\hat{\beta}_1 = 0.049\,4$，表示城镇居民人均全年耐用消费品支出随着人均全年可支配收入的增长而增加；$\hat{\beta}_2 = -0.913\,3$ 表示城镇居民人均全年耐用消费品支出随着耐用消费品价格指数的降低而增加。

与一元线性回归类似，可通过拟合度对回归模型进行检验，如果拟合度趋于1，说明多元回归模型拟合得好；如果趋于0，说明拟合得不好。

类似地,运用建好的多元回归模型同样可以进行预测,包括点估计和区间估计,点估计就是将给定的两个自变量代入回归模型,计算因变量的一个估计值。例如,运用观测样本 $x_1=5800, x_2=135$,估计因变量人均全年耐用消费品支出,可得
$$y = 158.6251 + 0.0494 \times 5800 - 0.9133 \times 135 = 321.85$$

区间估计就是在一定的置信度下,预测因变量的取值范围 $(\hat{y} - t_{\frac{a}{2}} S(e_0)) \sim (\hat{y} + t_{\frac{a}{2}} S(e_0))$,其中,$t_{\frac{a}{2}}$ 为 t 分布的双侧分位数;$S(e_0)$ 为标准差的估计值。

综上,多元线性回归的基本原理和基本计算过程与一元线性回归相同,但由于自变量个数多,计算过程比较复杂,一般在实际应用中都要借助统计软件。SPSS是著名的统计分析软件之一。该软件于20世纪60年代末由美国斯坦福大学的三位研究生共同研制开发,同时成立了SPSS公司,并于1975年在芝加哥组建了SPSS总部。1984年SPSS总部首先推出了世界上第一个统计分析软件微机版本,开创了SPSS微机系列产品的开发方向。SPSS的推出极大地扩充了它的应用范围,使其能很快地应用于自然科学、技术科学、社会科学等各个领域。图9-3为SPSS软件的应用界面截图。

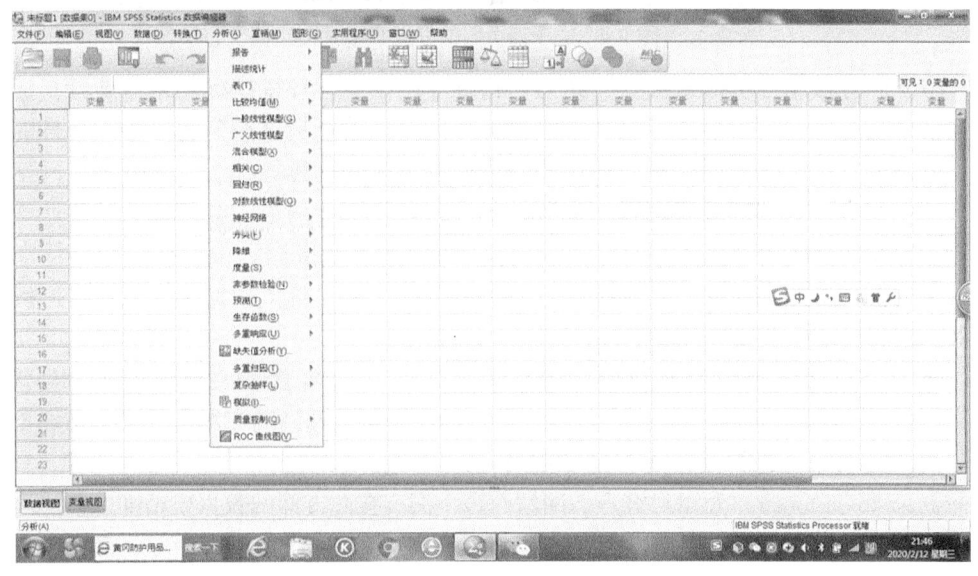

图 9-3　SPSS 软件的应用界面截图

事实上,现实中的大多数问题并不是线性的,需要对变量进行变换,把非线性问题转化为线性问题来解决,故非线性回归的基本思想一般是通过对变量进行转换,把非线性模型转化为线性模型,然后依据上述的理论进行求解,如多项式回归问题。

9.4　淘宝平台中某商家鞋类商品需求量预测

本节在简述电子商务数据分析相关理论的基础上,结合上述回归分析知识,仿真模拟预测淘宝平台中某商家鞋类商品销量。

9.4.1 电子商务数据分析

电子商务相对于传统零售行业来说，就是一切都可以通过数据分析来进行监控和改进。基于数据分析的每一点改变，就是提供电商平台赚钱的机会。通过对商品的销量数据分析，可以较为准确地预测囤货量，保证商家获得最大利润。图9-4展示了电子商务数据分析的原因。

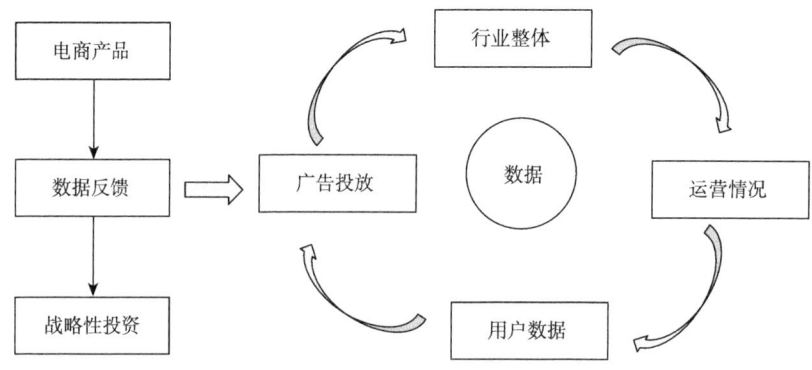

图 9-4　电子商务数据分析的原因

电子商务数据分析体系包括网站运营指标、网站经营环境指标、销售业绩指标、营销活动指标和客户价值指标五个一级指标。网站运营指标这里定为一个综合性的指标，其下面包括网站流量指标、商品类目指标及供应链指标等几个二级指标。网站经营环境指标细分为外部经营环境指标和内部经营环境指标两个二级指标。销售业绩指标则根据网站和订单细分为两个二级指标。而营销活动指标则包括市场营销活动指标、广告投放指标和商务合作指标等三个二级指标。客户价值指标包括总体客户指标及新、老客户指标等三个二级指标。

网站运营指标主要用来衡量网站的整体运营状况。网站经营环境指标分为外部经营环境指标和内部经营环境指标。外部经营环境指标主要包括网站的市场占有率、市场扩大率、网站排名等，这类指标通常是采用第三方调研公司的报告数据，相对于独立B2C（business-to-customer，公司对客户）网站而言，淘宝在此方面的数据要精准的多。内部经营环境指标包括功能性指标和运营指标（这部分内容和之前的流量指标是一致的），常用的功能性指标包括商品类目多样性、支付配送方式多样性、网站正常运营情况、链接速度等。销售业绩指标直接与公司的财务收入挂钩，这一块指标在所有数据分析指标体系中起提纲挈领的作用，其他数据指标的细化落地都可以根据该指标去细分。营销活动指标通常从活动效果（收益和影响力）、活动成本和活动黏合度（通常以用户关注度、活动用户数及客单价等来衡量）等几方面考虑。客户价值指标主要从历史价值、潜在价值、附加值（主要从用户忠诚度、口碑推广等方面考虑）三方面考虑。这里的客户价值指标分为总体客户指标及新、老客户指标，这些指标主要从客户的贡献和获取成本两方面来衡量。例如，这里用访客人数、访客获取成本，以及从访问到下单的转化率来衡量总体客户指标，而对老顾客价值的衡量除了上述考虑因素外，更多的是以RFM（recency frenquency monetary，最近一次消费频率消费金额）模型为考虑基准。

下面要介绍的是淘宝平台中某商家鞋类商品的销量预测问题，涉及商家的销售利润、资金周转及囤货量，属于电子商务数据分析中的销售业绩指标。

9.4.2 鞋类商品销量预测

通过上述理论知识可以发现，线性回归预测方法主要把预测对象看作因变量，把与预测对象有关的因素看作自变量，运用样本数据建立回归方程，进而实现对对象的预测。表9-9为淘宝平台中某商家女式浅口鞋的单价和销量，如果2017年女式浅口鞋的预计单价为460元，尝试预测2017年该类女鞋的市场需求量是多少。

表 9-9 2007~2016 年淘宝平台中某商家女士浅口鞋销量表

年份	2007	2008	2009	2010	2011	2012	2013	2014	2015	2016
单价/元	160	185	200	230	260	280	300	320	380	410
销量/双	800	850	910	950	1 000	1 200	1 500	1 650	1 700	1 810

根据本章讲解的线性回归知识，该案例的因变量为销量，自变量为单价，如果要实现对市场需求量的预测，首先需要建立一元线性回归方程，建立方程的关键是确定回归参数 a、b，进而建立回归方程 $y = a + bx$。

依据表9-9给出的原始数据，可得到表9-10。

表 9-10 销量相关数据表

年份	n	单价 x_i	销量 y_i	$x_i y_i$	x_i^2
2007	1	160	800	128 000	25 600
2008	2	185	850	157 250	34 225
2009	3	200	910	182 000	40 000
2010	4	230	950	218 500	52 900
2011	5	260	1 000	260 000	67 600
2012	6	280	1 200	336 000	78 400
2013	7	300	1 500	450 000	90 000
2014	8	320	1 650	528 000	102 400
2015	9	380	1 700	646 000	144 400
2016	10	410	1 810	742 100	168 100
合计		2 725	12 370	3 647 850	803 625

依据最小二乘法，则：

$$b = \frac{n\sum x_i y_i - \sum x_i \sum y_i}{n\sum x_i^2 - \left(\sum x_i\right)^2} = \frac{10 \times 3\,647\,850 - 2\,725 \times 12\,370}{10 \times 803\,625 - 2\,725^2} = 4.537$$

$$a = \bar{y}_i - b\bar{x}_i = \frac{12\,370}{10} - 4.537 \times \frac{2\,725}{10} = 0.668$$

故依据线性回归的数据分析，得到如下回归方程：$y = 0.668 + 4.537x$，故如果2017年的单价为460元，则预计市场需求量为2 088双。

根据上述分析结果，为了得到较大的利润，针对该款女鞋的囤货量应为2 088双左右。

9.5 应用案例

以下的扩展案例引自陈海滢和郭佳肃的图书——《大数据应用启示录》。

9.5.1 案例1——比较和预测商品价

20世纪90年代，有些企业引入了动态价格的模式，并由此将营销带入了一个新的高度。随着计算机网络技术的发展，尤其是电子商务的出现，动态价格模式逐渐深入消费经济的各个角落。既然是动态价格，那么价格变动是否有迹可循，能否在下次价格升高前作出购买行为？这是目前消费者期望解决的问题。商品导购网站——Decide.com正是针对此需求于2011年由奥伦·埃齐奥尼创建。

Decide.com搭建了一种线性分析模式，将大量电子产品和数百万电子产品评论的综合数据加入自己构建的数据库中，然后运用自己的核心算法对商品价格作出预测，进而给用户提出合理的建议。一般消费者认为，当新品发布时，上一代产品会降价，但Decide.com通过分析近400万种产品的250亿条价格信息发现：在新品发布时，上一代产品并非立即降价，而是会经历一个短暂的价格上浮。

图9-5为Decide.com针对三星某款液晶电视的价格分析，展示了该款电视从2018年3月27日到5月22日的价格变化，给出的建议是再等两周，两周后的价格或许会降低92美元，并且分析结果中还给出了信心指数。Decide.com的分析基于影响定价的100多种因素，预测准确率达80%左右。而我国比价网站受到各种因素的制约，没有得到很好的发展，与Decide.com的技术驱动和用户向导相比只是一个雏形，需克服各种因素制约才可得到大力发展。

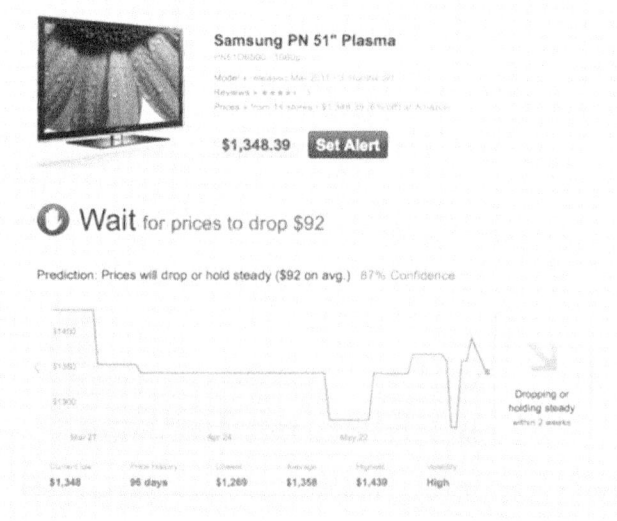

图9-5　Decide.com针对三星某款液晶电视的价格分析

9.5.2 案例 2——预测大选结果

美国最早的民意调查出现在1800年左右，当时主要预测谁能当选总统，之后出现一些专门的机构进行预测，如Gallup公司就是在1936年的大选中一举成名的，但是在之后的预测中多次出现偏差，所以其预测技术有待提高。2008年美国大选时，Silver通过他的网站实现了高度准确预测选举，他的数学模型准确预测出50个州的49个。当2012年大选时，民众普遍认为奥巴马和罗姆尼实力相当，评论员都很难预测哪方能获胜，Silver却计算出二者并非处于旗鼓相当的局面，在投票当天他成功预测出奥巴马将有90.9%的获胜概率，最后他对50个州的投票结果预测全部正确。在2014年的大选中，他甚至精确到了每个县的选举结果。Silver是如何作出如此精确的预测的呢？他依据的还是民意调查数据。

Silver在他的预测模型中参考了32家民意调查公司的277次民意调查结果，建立预测模型的数据来自于没有经过媒体渲染的初始数据，在做选情分析时避免和两边的竞选团队打交道，以免做分析时掉进候选人的辩论和拉票中。预测流程如下：

第一，汇总民测调查数据，根据调查机构的信誉度对数据进行加权平均，其中影响权重的主要因素：民测调查者对于过往选举结果预测的准确度、民测样本的大小、民测的最新进展情况等。

第二，对民测数据进行调整使其符合当下的发展趋势，借助较新的民测数据对还没有更新的州的数据进行补充或修正。

第三，回归分析。回归分析就是在各州人口数据资料的基础上，考虑各州的实情而对各州的民测数据作出分析，避免纯数据分析导致的违背常识的结论。

第四，建立模型。结合民测数据和回归分析，建立一个选举情况的电子模型，这个模型可以实现对当下民意的一个评估，在这个模型中可以看到候选人支持率每天都在发生变化。

第五，推测。通过把中立选民剔除并基于过往经验对中立选民的选举立场进行一个预判，从而依据当下的评分对11月的大选结果作出预测。

第六，模拟。基于以上步骤对选举结果进行高达1万次的反复推测，以此来避免预测中的不确定因素，从而保证最终预测的准确性。

Silver的预测网站Five Thirty Eight不只是对美国大选进行预测，还进行其他方面的数据对比分析。图9-6是其对美国现任总统特朗普的民意支持分析，后期该网站依据相关数据实现分析图的实时更新。

Silver的数据分析预测方法揭示了一个深刻的道理，预测并不是一下子的事，而是一个概率序列，是需要不断收集信息更新认识的，一开始预测粗略或者改变倾向都是正常的，只要最终收敛于真实的结果，这种方法就是科学的。只要细心收集数据、处理数据，这种数据预测方法可以被重复使用，亦可应用于其他方面。

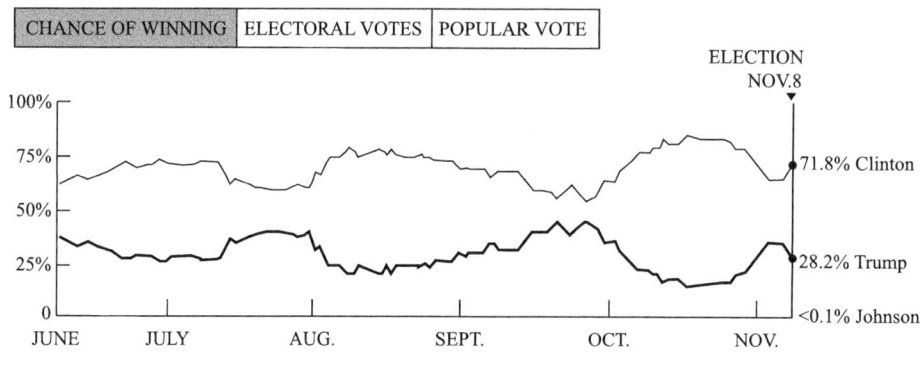

图 9-6　Five Thirty Eight 对特朗普的民意支持分析

【本章小结】

本章讲解的知识属于商务智能的重要知识模块，是电商领域用于各种预测的重要手段之一。要求学生在熟悉相关分析、回归分析基本知识的基础上，熟练掌握一元线性回归的基本原理，能依据相关统计数据实现对问题的预测。对于多元线性回归问题，学生可作为扩展知识加以学习，如果想深入学习这部分知识，可翻阅相关资料。

【课后思考题】

1. 从变量的多少、相关关系的方向、表现形式、变量间的相关程度四个方面介绍相关关系的分类情况。

2. 简述相关分析与回归分析的异同。

3. 某企业上半年产品产量与单位成本资料表如表 9-11 所示。

表 9-11　产品产量与单位成本资料表

月份	产量 x/万件	单位成本 y/（元/件）	x^2	xy
1	2	73	4	146
2	3	72	9	216
3	4	71	16	284
4	3	73	9	219
5	4	69	16	276
6	5	68	25	340
合计	21	426	79	1 481

计算：

（1）建立回归方程。

（2）当产量每增加 1 000 件时，单位成本平均变动多少？

（3）当产量为 6 000 件时，单位成本为多少？

4. 表 9-12 为某市抽查 10 家百货商店得到的销售额和利润率的相关资料。

表 9-12　10 家百货商店销售额和利润率数据

商店编号	每人月平均销售额 x/万元	利润率 y	商店编号	每人月平均销售额 x/万元	利润率 y
1	6	12.6%	6	7	16.3%
2	5	10.4%	7	6	12.3%
3	8	18.5%	8	3	6.2%
4	1	3.0%	9	3	6.6%
5	4	8.1%	10	7	16.8%

计算：

（1）计算每人月平均销售额与利润率的相关系数。

（2）拟合利润率对每人月平均销售额的回归直线。

（3）如果某商店每人月平均销售额为 2 000 元，尝试估计利润率为多少。

（4）以 95% 的概率估计当每人月平均销售额为 4 000 元时的利润率区间。

5. 简述电子商务中数据分析的重要性。

第 10 章 商务智能应用及发展趋势

【本章导读】

近年来,随着大数据技术和人工智能的快速发展,商务智能发展动力十足,应用范围更广,深入金融、电商、物流、出行、电力等众多领域。结合行业特色,产生了更加精细化、自动化和智能化的商务智能模式。新型的商务智能企业也应运而生,它们以更加专业的知识背景,向各个企业提供得力的商务智能技术、产品及服务。在技术的不断进步和推动下,商务智能产业链逐渐形成,规模逐步扩大。随着各个技术领域的不断发展,商务智能应用面也更加广阔。本章将着重介绍商务智能技术在众多商务场景中的应用,并分析其今后的发展趋势。

10.1 商务智能具有广泛的应用场景

互联网、移动互联网高速发展,海量、高维度且可实时接入更新的数据随之而来,大数据时代的到来为商务智能的发展提供了"土壤"。同时,人工智能的发展不再仅限于简单的数据处理和算法的改进,从2015年人工智能进入爆发期以来,落地应用性成为人工智能发展的重要特点。而在商业环境中,人工智能的大力发展得到了国家政策的支持。特别是2017年"一带一路国际合作高峰论谈"、全国两会均将人工智能列入未来发展规划中,以及2016年国家将人工智能列入"科技创新2030项目"及"十三五"重大工程。同时众多资本也大量地投入人工智能领域。商务智能的应用也拓展到众多行业,不再是传统意义上的数据提取、数据仓库构建、数据挖掘OLAP、可视化处理等方面的内容,而是更加的智能化、自动化。图10-1给出了商务智能应用到多个行业场景中的方向。我们分别从具体的几个行业应用场景来说明商务智能新的应用方向。

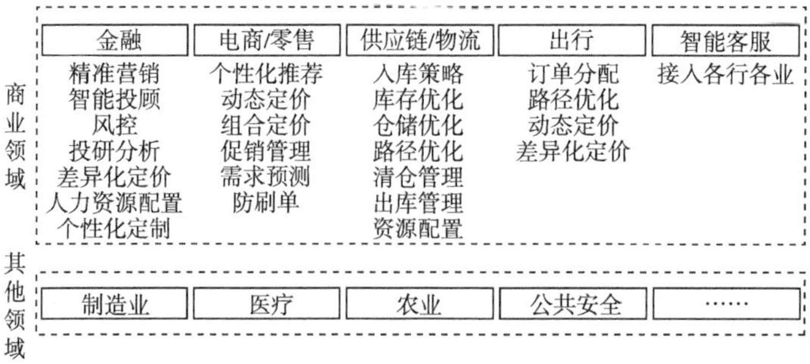

	金融	电商/零售	供应链/物流	出行	智能客服
商业领域	精准营销 智能投顾 风控 投研分析 差异化定价 人力资源配置 个性化定制	个性化推荐 动态定价 组合定价 促销管理 需求预测 防刷单	入库策略 库存优化 仓储优化 路径优化 清仓管理 出库管理 资源配置	订单分配 路径优化 动态定价 差异化定价	接入各行各业
其他领域	制造业	医疗	农业	公共安全	……

图 10-1 商务智能应用到多个行业场景

10.1.1 广告营销

商务智能在广告营销领域的主要应用为精准营销与个性化推荐。两者均通过多种形式收集大量的用户数据，再根据用户数据分析，给用户贴标签，并基于产品特征与投放需求，建立不同的决策模型进行营销；两者最大的不同在于，精准营销主要应用于引流获客阶段，以短信或优惠券的方式进行营销，提升响应率，优化企业运营；个性化推荐用于留存促活阶段，使得消费者在最合适的时间，以最恰当的方式，获得最合意的产品、资讯及服务的推荐。

具体而言，通过网络爬虫、数据探头等多种方式，采集用户数据。将数据进行清洗，整合各个渠道获得的数据，从而打通用户数据。对用户进行属性和特征提取，总结用户的各个属性。例如，上网行为习惯、购物偏好、兴趣偏好、受评论影响程度等。对用户的各个属性数据打标签，建立用户画像。根据具体的应用场景，了解用户状态、具体业务需求来制订营销方案与实施方式，在算法方面应用决策树、逻辑回归、GBDT（gradient boosting decision tree，梯度提升迭代决策树）等基础算法将客户进行分类或预测。在引流获客环节，进行精准营销。以短信、优惠券等方式吸引客户。

下面以视频网站爱奇艺为例说明商务智能在营销方面的应用。爱奇艺作为百度投资组建的视频公司，依托百度这一强大数据平台作为支撑的先天优势，获得了庞大而全面的受众信息，进而多维度收集信息，依靠数据信息精准定位受众需求。爱奇艺依托百度数据库推出的精准广告产品"一搜百应"，通过对搜索引擎数据的搜索、挖掘和分析，提升对目标用户的广告投放，优化视频广告服务。受众在观看爱奇艺"搜百应"的广告内容一周时间内，其对品牌产品内容关键词的搜索高于其他用户10倍以上，这个结果数据很好地证明了这项技术的突破，可以进行精准的内容推荐和投放，迅速捕捉用户喜好和需求。

在技术方面，爱奇艺视频网站在2011年推出双屏互动广告展现技术——"浮屏"广告技术，指的是登录爱奇艺网站的用户可通过广告悬浮窗口来与屏幕进行广告互动。此悬浮窗口就像一个可以写字画图的白板，观众可以在悬浮的手机屏幕中写下自己的各种祝福和心声，分享到新浪微博推送给自己的亲朋好友。随着视频行业逐渐走向成熟，竞争日趋激烈，对用户而言，一点小的创意和贴心的举动都可以提升用户体验，拉近品牌与受众的距离。

爱奇艺在2013年5月与PPS的合并，打造了"网页+客户端"这一模式。自此，爱奇艺拥有了行业第一的全平台用户规模，彻底改变了网络视频行业的格局，PPS上的所有数据资源都可以为爱奇艺使用。据统计，双方合并移动视频累计月用户覆盖率达到了60%，二者的合并做到了"1+1>2"。PPS提供其全部数据库，收集信息更加多维度。爱奇艺真正拥有了全面、多元、精确的数据库资源，从而为今后的大数据营销打下了夯实的基础，同时这无疑要归功于大数据的深度整合。

爱奇艺视频网站上的分类与推送并没有什么太大区别，以电影、电视剧、综艺节目等为分类，并且在首页推送最新鲜的娱乐节目，但实际上爱奇艺早已应用大数据分析，向不同用户推送差异化的内容。根据用户所在的地区、时间、收看习惯、浏览足迹等不同信息进行分析实践。例如，由于用户所使用的观看工具（电脑、平板、手机等）不同，经过大数据分析用户喜欢在零碎时间中碎片化提取信息，在移动过程中也不喜欢长视频，偏爱于短视频。爱奇艺针对午间、晚间推荐视频的形式产生差异化投放，充分满足了用户的现实需求。此外，如今人们生活节奏快速，用户的时间价值也愈发提高，这种个性化推荐为用户节省了大量时间，投其所好，提升了用户体验。此方法一经实践效果极好，提升了用户好感度，成功培养了一大批忠实粉丝用户，对爱奇艺成为行业龙头有着不可磨灭的功劳，也使爱奇艺在广告投放领域收入不菲。

爱奇艺形成了"版权独播+首页推荐"的大数据独特传播形式，实现了"千人千面"的全个性化内容推荐。而根据爱奇艺收看结果反馈，爱奇艺向用户推荐的节目命中率很高。爱奇艺通过强大的云计算能力及技术硬件，向受众提供个性化高质量的视频内容，引领视频网站行业的体验性革命。

滤镜功能是爱奇艺的一项独创功能，是指通过综合分析大量的用户视频观看数据，自动判断受众的喜好并将优质的深受受众喜爱的精彩内容提取出来，生成最受观众喜爱的"精华版内容"，进入爱奇艺视频网站后，受众在播放页面即可选择观看完整视频或滤镜精华版内容。

爱奇艺于2016年倡导"内容即广告，广告即内容"理念，如今已经通过大数据分析得以实现。从本质上来说，受众厌恶的并不是广告本身，而是枯燥乏味、千篇一律的广告内容和形式。因此，只有将观众看到开头能猜到结尾的单调、生硬广告转化成为内容的一部分，才是将品牌营销真正推向了新的高度。

10.1.2 交通出行

在智能出行方式方面，如何给出快递员送货路线、智能出最优的驾车路径等是当前智能技术解决的主要问题。通过人工智能+运筹学，可以最小化路程与出行时间，选择最优路径。路径优化是指如何找到从出发地到达目的地之间最短时间、最优价格的最短路径；订单分配研究的是供需匹配问题，结合多维度影响因素（如路途距离、路况、骑手骑行速度、需求时间段等）匹配需求和供给；另外，除路径优化与订单分配外，电商领域中提到的定价优化也应用于交通出行，如网约车定价，但与电商不同的是，网约车因其需求的即时性要求较强，账号共享性弱，使其拥有更大的个性化定价空间。

路径优化可理解为寻求由起点出发，通过所有给定需求点后再回到原点的最短路径问题。路径优化诞生于TSP问题（traveling salesman problem，旅行商问题），即访问除原出发结点以外的每个结点一次且仅一次，应用场景如拼车实时路线规划、某些货物需在某一时间段送到（时间窗口）。

订单分配可理解为供需匹配问题。供需匹配可分为静态匹配与动态匹配。静态匹配即有n个需求，n个供给，每一个供给只能满足一个需求，每一个需求也只需要一个供给，应用场景如物流追踪、车辆与乘客静态匹配等；当匹配双方并非事先确定时，则为动态匹配问题，动态匹配的本质在于优化结合随机建模，当匹配的一端实时产生时，以优化模型决定如何匹配能够达到最大价值，应用场景如网约车随时产生的乘客与车辆匹配。

另外，在整个大范围的交通系统中商务智能技术也有很多应用。在公路领域，基于统一的数据技术、管理标准，利用公路动态监测数据、收费数据等，开展公路基础设施使用性能评价、公路网运行监测预警、公路养护决策支持等；在水路领域，利用船舶位置数据和港口码头运行数据，开展水路运输监测预警、港口布局优化、水上搜救应急指挥等；在城市交通领域，利用IC卡数据、手机信令数据、车辆GPS数据和移动互联网众包数据等，开展交通流仿真及预测、城市群交通出行特征分析、公交能耗排放动态监测、公交线网评价及优化等；在铁路领域，利用铁路客票数据和动态检测数据，开展铁路旅客用户出行特征分析、铁路设施设备动态监测等；在民航领域，利用海量的旅客数据，开展民航旅客精准"画像"和服务体验提升分析等；在邮政领域，利用单证数据、车辆位置数据等，开展邮政车辆动态调度、运输网络仿真及优化、物流成本与绩效评价等；在出行服务领域，聚焦出行导航、订票、约租车、物流、汽车后服务、航运和船舶信息服务等，推动商业化的交通大数据产品呈现爆发式增长，在创新出行信息服务模式，改善用户服务体验的同时，又汇集形成新的交通运输大数据资源。

依托统一的标准化管理思路，充分利用交通运输行业各领域汇集的海量数据资源，深度挖掘数据资源价值，不仅可以为交通各领域的发展提供更多机遇，还可为社会公众提供更加便捷、安全、高效、绿色的出行环境，从而推动整个交通运输行业的发展。

10.1.3 智能物流管理

物流系统分为多层，包括入库前的仓库地址的选择，入库时的策略及销售预测，入库后的库存优化、仓储优化、清仓和出库时的货运分配、物流的配送等。其中，仓库地址的选择和物流的配送是SCM的核心。在某地区开展新业务时，如何设定枢纽的数量、枢纽位置等对最终运送的成本有着很大的影响；物流的配送涉及交通出行领域中的路径优化与车辆调度问题，通过结合实时需求、时间窗口、承重限制等因素，制定送货路线，最小化成本与时间，实现物流智能化高效运营。

随着互联网+的发展，智能化和信息化技术在生产与物流中快速普及应用，所有核心环节都将变得更加智能。中国智造、互联网+等一个个新名词都在为传统生产与物流产业注入智能的基因，智能物流迎来了发展的黄金阶段。智能物流管理就是通过先进的物流网技术，实现货物运输过程的自动化运作和高效化的管理。在工业4.0时代，智能物流的体系研发和建立越来越成为电商竞争的关键。

iiMedia Research（艾媒咨询）数据显示，2017年中国智能物流行业市场规模达3 375亿元，同比增长21.18%。专家预测，随着电商发展的推动、资本的介入、大数据技术的支持及智能物流行业需求不断被激发，市场规模将保持增长态势，预计到2022年中国智能物流行业市场规模将增长至7 938亿元。

在这样的背景之下，京东、阿里巴巴等电商巨头率先加入智能物流体系的建设之中，它们不约而同地选择用智能机器人来破解物流难题。除了电商巨头，不少初创企业也成为机器人智能物流发展的新生力量，而一些传统机器人公司（如AVG公司），也展现出发展物流机器人的野心。

近年来，随着互联网、电子商务的迅猛发展，消费者的需求也在逐渐转变，更趋于多样化和个性化，企业的订单处理也呈现出"多品种、小批量、多批次、高时效"的特点。特别是"新零售"概念的推出，对仓储系统的智能化、柔性化提出了更高的要求。企业要想高效率、低成本地满足订单，一套自动化、智能化的仓储系统显得尤为重要，这就对物流机器人的应用提出强烈需求。基于机器人的"货到人"方案可以完成补货、整箱拣货、拆零拣选、退货等物流作业，近年来需求增大。

物流业务中仓储业务的发展在整个产品流通中占有举足轻重的地位。随着国内电子商务的发展和物流运输业务的推进，国家在积极推动物流信息化、智慧化建设的过程中，同步推进物流运输重要环节中仓储业的规范化、高效化发展。

在国家阶段规划的指引下，相关部门积极出台政策鼓励各省（自治区、直辖市）物流园区及相关企业推进仓储物流业务的发展。政府出台的一系列政策措施有效地为物流业发展的中间环节——仓储物流提供了政策保障和依据，为我国仓储业的智能化和物流业发展的现代化提供了建设方向。

从信息化水平来看，我国仓储业的信息化正在向深度与广度发展，条形码、智能标签、RFID等自动识别标识技术，可视化及货物跟踪系统，自动或快速分拣技术，搬运机器人应用比例持续提高。

自动识别标识技术主要应用了机器视觉、3D视觉、物体的检测和识别等技术，通过智能识别系统可在精密测量、产品或材料缺陷检测、目标捕捉、人脸识别、抓取物体等方面实现快速、高效的作业。智能识别装备对物流行业来说，十分方便，大大提高了物流效率，减少了仓储环节的压力。机器视觉产品的应用，大大提高了分拣效率和准确率，同时节省了大量的人力成本，在大型仓储中的应用将越来越广泛和普及。

在仓储业中，机器人技术也是一大亮点。目前，机器人技术在物流中的应用主要集中在包装码垛、装卸搬运两个作业环节。数据显示，2016年仓储AGV销量接近1 500台，占整体AGV销量的15%。根据前瞻统计，近年来我国自动化物流装备市场规模快速增长，2016年达到了758亿元，同比增长30.02%，预计2022年将突破2 600亿元。

随着新型机器人技术的不断涌现，智能机器人在物流产业中的作用将不言而喻。现在很多企业研发的搬运机器人、仓储机器人、分拣机器人已经用到实际操作中并且受到广泛关注与好评，如海康威视的阡陌系列机器人等。

与此同时，一些生产企业努力由"制造"向"智造"转型，大力推动物流机器人在生产过程中的应用，为制造行业实现仓储物流的自动化、智能化作出了表率。比较典型的是美的收购KU-KA机器人案例。其希望通过"智能制造+工业机器人"的模式，全面整合提升公司智能制造水平，同时以工业机器人带动伺服电机等核心部件、系统集成业务的快速发展。截至2016年，美的已经投入超过50亿元用于自动化改造，在生产线上应用了超过1 000台工业机器人。美的计划未来每年在工业机器人领域和自动化领域投资10亿元。

10.1.4 智能金融

人工智能跟金融的结合实际上起步相对晚。现在人工智能跟金融结合最好的方面应该是人工智能辅助量化交易。而随着近两年大数据和人工智能技术的发展，智能金融也有了更大的发展，拓展到多个方面。

金融预测与反欺诈。可以借鉴交易监控系统的经验，针对注册、登录、激活、支付、修改信息等全流程，基于账户历史行为模式、账户关系网络、当前操作行为和设备环境，评估账户安全等级、环境安全等级、行为安全等级，防范账户被盗、撞库（指黑客通过收集互联网已泄露的用户和密码信息，生成对应的字典表，尝试批量登录其他网站后，得到一系列可以登录的用户账户）、恶意攻击等风险，实现全流程风险监控，形成反欺诈网络，极大地增加恶意用户作案成本。

智能金融风控利用数据与技术，提高风控准确率，布局全流程风控。及时且有效地识别、预警、防控风险一直是金融机构的核心。金融风控强调数据与技术，智能风控企业结合高维度的大数据，利用决策树、神经网络、回归模型等机器学习技术，针对信贷评级、授信、贷后预警、反欺诈等场景提供解决方案。传统金融机构由过去的以经验或小量数据对风险进行把控，到现在以大数据及技术进行风控，实现金融风控升级。但同时，精细化运营全覆盖也是风控市场需考虑的关键点，即从系统的第一层出发，做全流程的金融风控，识别真正符合金融产品的优质客户，当潜在用户的信用存在风险时，应从营销端就避免引入此类风险用户。

智能客服应用人工智能技术由人力密集型向人机混合模式升级。可以通过对语音的挖掘判断出对方来电的原因、对方来电的情绪及对方的内心诉求，然后将它转交给相应的客服。比如说是来投诉的，或者来咨询某种业务的，等等。服务型机器人也是通过让机器人具备对人的语音，乃至像一些表情和图像的这种智能化理解来作出具备一定情感和推理决策能力的反应。智能客服目前的成熟应用主要在售后阶段，以重复性问题标准化回答为主，未来智能客服业的应用将继续升级，由现在的"以问题为中心"转变为"以用户为中心"的智能语音助理，由现在服务于企业/商家的机器人转变为服务于每一个用户。这都是智能客服所必须要攻克的技术难点和实现的功能。

智能投顾即人工智能+投资顾问。传统的投资顾问相当于私人银行中的客户经理，通过与客户的深度沟通，结合客户个人的风险偏好和理财目标，传达给后台技术人员制定理财配置模型，再由客户经理将此方案给到客户；智能投顾可被理解为将私人银行的后台标准服务线上化。相比传统投顾，智能投顾拥有可简化流程、适合全民理财、可定制短/中/长多周期投资方案、可进行风险预警等优势，同时也面临客户对机器的弱信任感问题、现阶段政策及所需客户财务状况全面性等限制与挑战。

结合投资者的年龄、风险偏好、家庭状况及投资时间长短等因素确认其投资目标，通过分析各类金融资产的收益特征、风险特征、周期性特征等，生成各类型的投资策略，利用机器学习等技术将投资策略与用户的投资目标相匹配，为用户提供最优资产配置方案，提升用户长期盈利的概率。

京东金融在智能投顾领域，主要基于人工智能和大数据等技术，用廉价的在线方式为用户提供理财服务以及一些消费金融，然后针对消费者进行在线推荐。京东金融首先规划用户的需求，包括投资需求、资产负债、财务自由度、储蓄率等。与此同时，他们诊断用户当前财务状况是否健康，通过数字化的方式，实现标准化和精细化。

京东借助于其拥有的相对完整的用户消费端的画像、数据，来综合用户消费和理财的全流程的场景，刻画一个比较完整的用户画像，完善这种理财环节。其次是进行场景化的包装升级，京东金融的产品以引擎为内涵、场景化为外延来与用户交互，甚至跟消费打通。其会考虑用户投资之后有什么样的衍生行为，如去旅游、去消费、买车买房等。这时候产品不仅是一个工具性的东西，还具有某种引导用户进行健康理财的作用，更适合于普通大众层面的理财规划。目前京东金融利用人工智能来逐步优化人机交互体验，采取文字乃至语音的方式，使得产品用户体验更好。

10.1.5 智能制造

伴随着"智能制造2025"国家战略的实施，大数据和人工智能应用已成为制造业生产力、竞争力、创新能力提升的关键，是驱动制造过程、产品、模式、管理及服务标准化、智能化的重要基础，体现在产品全生命周期中的各个阶段，工业大数据正在加速制造业的转型升级。

基于统一标准化思路驱动的工业大数据产品研发设计，实现研发过程的智能化，提升创新能力、研发效率和设计质量。通过产品全生命周期数据的采集，工业大数据建模和数字仿真技术优化设计模型，及早发现设计缺陷，减少试制实验次数，降低研发成本，提升设计效率，缩短产品研发周期。

综合制造过程中设备、效率、成本、耗能等数据展开建模分析，实现了运行过程的状态监测与优化工艺参数推荐。对生产工艺过程参数、设备运行状态参数与产品质量性能、生产线排产负荷、耗能等数据进行关联性深度挖掘，形成数据闭环，可得出工艺参数的最优区间、车间排产计划的最优方案、厂房能效优化的最佳调控手段等。

工业大数据技术的发展和相关标准化工作的推进，也带来了制造业产业链上下游企业间各协同环节的信息共享和同步升级，企业可根据自身优劣势对业务进行分析重新取舍，整合资源实现平台化运营，优化价值链。

另外，基于大数据构建的产品故障预测系统，能帮助用户实时掌握产品状态，在产品出现异常前展开预测性维修。基于数据标准化思路的企业全流程的数据集成贯通与工业大数据建模分析，支撑了以大规模定制为代表的典型智能制造模式。基于研发知识库的大数据产品模块化分析，以及协同创新平台所整合的内外部产业链协同设计能力，可实现产品的个性化设计；基于工业生产大数据的互联工厂柔性化生产能力，保障了个性化设计订单低成本高效率的制造；结合物流大数据分析优化的物流配送系统，可充分保障个性化定制产品在最短时间内按承诺交付至用户。下面以海尔公司为例，介绍一个智能制造的案例，该案例摘自《大数据标准化白皮书（2018版）》。

海尔胶州空调互联工厂部署有国内唯一的分贝检测设备，当空调测试分贝大于标准分贝时，系统判断为不合格并将结果输出至COSMOPlat-IM（MES）系统，但此设备无法识别空调运行中的异音,如摩擦音、共振音、口哨音等。此外,每天快节拍、高强度的空调装配流水线工作导致检测工人听取噪声时间过长,易产生疲劳和误判,偶尔有不合格品流到下线,影响产品线整体检验的可靠性。因此,急需找到新式噪声识别方法,解决企业当前痛点。

基于标准化思路的核心问题研究:COSMOPlat是海尔自主研发、自主创新的共创共赢工业互联网平台,通过整合平台上的软件及硬件资源,与美林数据技术股份有限公司(以下简称美林数据)共同开发了空调噪声智能检测系统,有效地解决了无法准确、可靠识别异音的痛点。解决方案包括非结构化音频数据实时采集与存储、分析建模与智能识别、结果输出与可视化展现三大部分,核心过程如下:

阶段1:模型搭建的标准化研究。

针对生产线采集的大量历史检测音频,利用端点检测技术对产品运转过程中起、停机阶段的音频区段进行智能切割,利用数字滤波技术自动对音频进行降噪。通过特征自动提取与样本标定,利用机器学习技术构建智能分类模型,模拟人工判断行为,构建标准化的模型研究思路。

阶段2:参数调优的标准化思路。

智能分类模型需通过大量音频数据进行模型训练与优化,并验证其准确性。算法专家利用历史音频对模型进行验证与参数调优,通过不断扩充训练样本及模型自学习,确保识别准确率满足生产线质检精度要求,最终形成一套基于标准化思路的调优方法。

阶段3:上线实施,技术标准研究成果的应用。

构建音频采集系统,实现产品分贝检测产线对音频的实时同步采集与型号关联。智能识别模型自动完成音频文件的接入、特征提取、智能判别等工作,输出对应产品条形码的实时判别结果,对异音自动报警,并针对识别结果对产品异音原因进行智能分类,辅助返修排故。系统将智能检验结果实时反馈至企业COSMOPlat工业互联网平台,支持产线质量问题在线统计与分析。

图10-2将整个系统的核心思路展示出来。

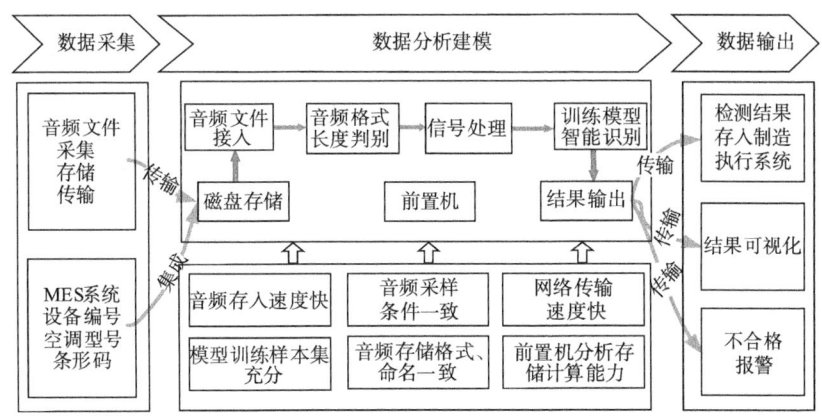

图10-2 整个系统的核心思路

10.1.6 智能通信领域

通信行业拥有巨大的数据资源，发展大数据有得天独厚的优势。首先运营商拥有的数据涉及范围广，不仅涉及财务收入、业务信息等结构化数据，还会涉及图片、文本、音频、视频等非结构化数据。此外，运营商拥有的数据涵盖全业务、全用户和全渠道，信息完整。同时，运营商拥有的数据记录周期长，数据延续性好，覆盖用户从入网到离网前的连续时间。

要利用巨大的数据资源充分发展广泛的通信业务，大数据平台要面临很大的挑战。运营商系统内多个子系统（业务支撑系统、运营支撑系统、管理支撑系统）内的数据表现形式、数据结构和定义完全不同。如何融合这三个域的数据资源，支持运营商业务，成为通信大数据首要解决的问题。此外，数据量大（已从TB发展至PB，甚至更大量级），响应时延的要求高，数据多份存储高冗余，等等，也是通信大数据平台需求解决的问题。

为了解决这些行业需求，特别是对分割的业务数据统一处理及分析，需要构建汇聚网格、业务、终端、客户行为等多维度的数据分析平台，遵循行业内统一的数据技术、管理等相关标准，提供融合数据存储、统一数据访问等跨平台的数据能力，包括：

1) 多样化的数据采集

支持跨领域业务、多种格式（如表、文件、消息等）数据的分布式批量采集，以及实时进行增量式数据采集。性能上要比基于传统ETL的采集性能有数量级的提升。支持与各种数据库技术的对接，实现跨平台开发和数据管理。

2) 跨域、跨业务数据融合，跨平台的数据分析能力

能够将不同子域（如业务支撑系统、运营支撑系统、管理支撑系统）、不同业务的数据融合统一地存储、组织及管理，实现统一的数据访问、整合和分析。支持主流计算框架和计算引擎（如MapReduce、Spark、Flink），能够高效处理海量非结构化、半结构化数据，同时满足批处理、流处理等不同计算场景需求。

3) 集成多种挖掘算法，提高数据挖掘能力

基于通信行业丰富的数据资源，利用大数据平台强大的计算能力，通过多种建模算法（如朴素贝叶斯、稀疏线性矩阵、决策树、随机森林、逻辑回归、k-means、社交网络推荐、影响力传播、协调过滤、线性回归等），提升数据价值，并支持系统自动建模。

4) 图形化开发，降低大数据应用门槛

集成易用的开发和维护工具，支持图形化界面进行二次开发。降低大数据应用的开发难度，提升效率。

10.1.7 智能电网

从电力行业不同业务领域来看，在电网生产领域，积极推进智能电网发、输、变、配、调、用六大环节的广泛应用能够提高供电效能、促进经济运行、增强电网安

全性；在经营管理领域，积极推进大数据技术在电网规划、配网运行、运营监测和人财物集约化管理等方面的广泛应用，以促进经营管理模式创新发展；在优质服务领域，积极推进大数据技术在智能电表增值服务、需求侧管理等方面的广泛应用，以促进优质服务能力提升和新型业务形态发展。

1. 配变重过载预警分析技术标准的研究和应用

随着经济的持续发展，用电负荷相应快速增长。由于地区发展不均衡性、配网投资合理性、配网结构复杂性、突发事件偶然性等内外部原因，配变重过载时有发生。国家电网公司不断加大配电网的建设和改造力度，并新建大量配电线路和配电台区，但每年仍有大量配变重过载现象发生。供电可靠性下降、客户投诉上升，国家电网公司缺乏有效预警机制，无法充分发挥事前引导作用，配变重过载预警需求较大。

当前业务部门开展配变重过载预警，多以人工经验或是简单阈值预警为主，配变重过载预判准确率较低，只维持在50%左右，未综合考虑影响配变重过载发生的外部环境、经济因素及配变自身属性因素。多家网省公司都开展了变压器重过载动态分析的工作，分析配网变压器重过载产生的因素，研究各因素对配变发生重过载影响的重要程度。

基于大数据挖掘技术的配变重过载预警分析，结合技术标准的研究工作，是通过选取有可能影响迎峰度夏期间配变发生重过载的信息数据，如配变的历史负荷数据、配变所属区域数据、设备信息、客户信息数据、气温数据等，综合考虑电力负荷的周期性波动，同时结合气温、日照等气象因素对迎峰度夏期间配变负荷的影响，运用逻辑回归模型，构建重过载预警中期和短期模型，对配变重过载现象进行预测预警分析。充分利用了大数据分析、存储等技术标准相关内容，此项基于大数据挖掘的配变重过载预警分析技术，能够更加准确、及时地预判配变重过载情况，短期重过载预警模型准确度可达到88%左右，中期重过载预警模型准确度可达到70%左右。通过模型预测的中期和短期重过载预警模型可最大限度地降低配变重过载水平，减轻配变重过载带来的不良影响，提升配网供电能力。

2. 售电量精准预测分析技术标准的研究和应用

随着电力体制改革和智能电网建设的不断深入，售电量已成为考核电力企业的一个重要指标，月度售电量预测对国家电网公司合理地确定销售电量总定额、分解售电量销售指标、制订有序用电方案、指导发电厂和输配电网的合理运行、推动电力市场的发展和建设都具有十分重要的意义。此外，随着售电侧的放开，售电量预测的准确与否直接和售电公司的利润多少挂钩，售电量预测的重要性便更加凸显。本应用主要预测省公司、地市公司十大行业（八大行业、居民及全行业）未来月度售电量，且结合最新的因素及售电量数据，通过自学习的方式得到最新预测结果，对公司电网规划、有序用电具有重要的指导意义。

采用的关键算法：线性回归、L1/2稀疏迭代回归算法、BP神经网络、回升状态网络、支持向量机、逻辑回归等。目前已在多个省级电力公司应用，效果较好，准确度达到98%以上。

3. 反窃电分析技术标准的研究和应用

随着经济快速发展，社会用电量逐年增长，同时窃电行为也日益频繁，给电力企业造成了大量的经济损失。窃电是导致线损率升高的一项重要因素，目前电力企业的反窃电行为主要通过例行用电检查和应用采集的数据构建人工规则来判断，逻辑图如图10-3所示。此方法检查窃电用户具有随机性，且人工规则得出的疑似窃电清单数量往往数以万计，远远超出稽查力度而难以实施。陕西省、福建省电力公司在2015年开展了基于大数据与计算智能的反窃电研究，该项研究以电能表和采集终端中的电能计量数据、事件记录、用户及终端档案信息等数据为基础，利用各类规则对异常信息进行综合判断、分析，并结合大数据挖掘技术实现海量数据准实时处理，对现场计量异常情况、窃电行为进行在线监测，发现疑似窃电用户并输出疑似窃电用户清单，同时支持动态产生异常事件警告，实现对现场窃电行为的在线诊断及窃电行为分析的全过程管理。

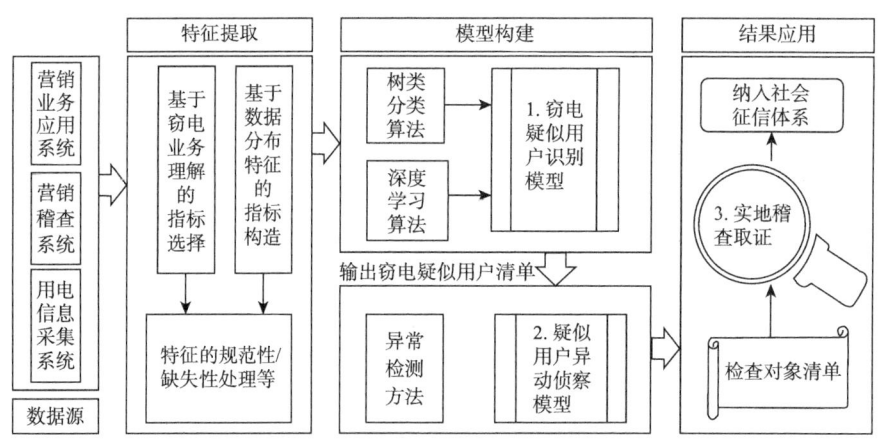

图 10-3　数据处理分析逻辑图

电力企业通过美林数据提供的大数据分析技术实现了将同期线损率降低1%的目标，以平均电价0.6元/千瓦时计算，该项应用成果直接提升效益约5.58亿元。

4. 设备资产全寿命分析技术标准的研究

设备资产全寿命周期管理是安全管理、效能管理和全寿命周期成本管理在资产管理方面的有机结合，是使设备资产的寿命周期费用最小的一种管理理念。设备大修计划是基于设备资产状态评价结果制订的，本质是为了延长设备使用寿命、保障供电安全、提高设备效率。大修项目影响设备总成本曲线变化趋势，导致盈亏平衡点变化，结合同类型资产经济绩效刻画，对大修设备的成本、价值进行预测，得到其综合经济效益（利润），并与同类型设备经济效率的阈值进行比较分析，从而实现对大修项目辅助决策分析。

5. 客户欠费风险分析技术标准的研究

一直以来电力企业都是采用先用电后缴费的市场规则，同时由于催费措施落后，缺少有效的欠费回收风险分析手段，未形成差异化风险防控策略，使得部分电费回收周期长，最终导致电费回收成为困扰电力企业的一大问题。陕西省电力公司此前通过人工方式来识别电费回收风险，但是这种方法无法精准定位高风险客户，并且由于风险防范时间点相对滞后，没有形成事前的标准化预警机制，难以及时制定差异化的防控措施。陕西省电力公司在2016年利用海量用电客户历史数据信息建立基于客户信用的客户欠费风险分析与预测模型，以高效准确识别欠费高风险客户，并制定差异化的催费措施，提高电费回收率，加强电费回收管理。

美林数据构建的客户欠费风险分析与预测模型通过分析欠费客户的基本属性特征及历史行为特征，围绕欠费情况、缴费行为等业务视角，利用机器学习算法建立客户欠费风险预测模型，提供了有效的客户电费风险预警机制。陕西省电力公司通过实施客户欠费风险分析，精准定位了欠费高风险客户群，通过欠费风险预测模型，输出欠费高风险客户12.5万户，在提高电费回收率的同时大大降低了电力公司的人力成本。

6. 变压器预测性检修分析技术标准的研究

近年来，我国对于变压器的检修都是采用状态检修和预防性检修相结合的方法，但随着用电方数量飞速增长，供电方设备数量急剧增加，所要用到的电力元件也越来越多，整个电力传输系统变得更加复杂，所要解决的问题难度也越来越大，要想做到对已发生故障或即将发生故障的元件进行及时检测和维修，以及持续、稳定地将发电系统产生的电力传输到用户方，并极大地减少电力和维修费用的损耗，困难变得越来越大。因此，美林数据通过对设备运行历史海量数据的挖掘展开预测性检修的研究，以较高的准确率预测出设备运行的未来状态，预判设备发生故障的可能性，从而达到基于设备的状态来指导检修的目的。预测性检修的分析结果对于指导检修计划编制、合理安排电网运行方式、优化计划停电策略等发挥了举足轻重的作用。

10.2 新型商务智能企业

大数据和人工智能的快速发展，也使得商务智能行业的企业发生了变化，催生了一批新型的商务智能企业。与以传统的数据存储、数据分析和可视化的技术为基础的传统商务智能企业相比，新型的商务智能企业与行业更加融合，更加精细化地应用人工智能技术，并形成智能化、自动化的解决方案。下面以几个典型的新型商务智能企业为例进行说明。

10.2.1 明略数据

明略数据专注于行业知识与人工智能技术结合，为包括公安、金融和工业领域等在内的八大行业提供企业级服务，并在各行业落地诸多项目。公安领域，明略数据协助民警实现高效的情报研判分析、嫌疑人追踪、重大事件预警；金融领域，面向反欺诈、反洗钱、内控、内审等场景提供解决方案，并在银行、证券、保险行业都落地了多项风控解决方案，提升金融行业风控效率；工业领域，通过海量设备数据接入实现设备状态监控预警、设备故障原因自动化分析等。从多个领域帮助传统行业通过数据驱动认知到数据驱动决策，实现智能商业、智能产业升级。

在公安领域：对公安行业数据进行关联关系挖掘，协助公安民警进行情报研判分析、嫌疑人追踪、重大事件预警等；基于专家智慧：通过行业资深专家经验积累，对样本进行排查；基于机器学习：通过样本历史行为，对样本进行聚类分析。

在金融领域：基于关联分析、机器学习和流式计算等技术，面向反欺诈、反洗钱、内控、内审等场景提供解决方案，帮助金融机构实现风险控制智能化；成功服务于中国人民银行、交通银行信用卡中心、邮政储蓄银行、华泰证券、海通证券、泰康人寿等重量级金融客户。

在工业领域：海量设备数据接入和实时协议解析；设备状态监控预警；设备故障原因自动化分析；设备运行状态分析和寿命预测；生产系统效率和质量因素分析；等等。

明略数据先后研发了三款主要产品，分别是大数据存储与管理平台MDP，专注数据关联关系挖掘产品SCOPA，知识构建与管理平台DataInsight。三款产品所负责的业务不同，MDP负责复杂数据信息化与资产化管理，类似于传统数据库；SCOPA通过图谱数据库及数据关系关联挖掘技术，改变数据孤岛状态，凸显行业规律；DataInsight通过机器学习、大数据分布式挖掘等技术，从信息中提取知识，并对知识进行固化和管理，为业务提供智能决策支持。

MDP通过整合Apache Hadoop实践经验，基于开源社区进行企业级大数据存储、管理、查询及分析，实现资产化基本管理。其主要优势在于：自主开放——自主开发运维管理、数据治理、数据管理等组件，开放式架构满足客户定制化需求；白盒透明——基于Apache社区的纯净版Hadoop，不通过黑盒代码绑定客户；关注数据——从关注用户如何存储、治理、管理、分析和使用数据的角度提供数据工程产品。

SCOPA通过数据模型、规则模型、战法模型等，将不同结构化程度的数据按照真实世界的行为方式构建成知识，再结合自有图谱数据库的关联挖掘能力及可视化交互技术，将数据归一为业务理解的语言和图形。

DataInsight将人工智能技术引入企业级服务中，帮助企业用户构建业务模型，并提供了对规则、模型、工具等知识的管理与分享功能。应用场景包括金融风控、反欺诈、精准营销、量化投资、制造设备故障预测等。

10.2.2 杉数科技

杉数科技于2016年7月由数位斯坦福教授及博士联合创立，公司汇聚了世界一流的决策及数据科学家，为企业在海量数据环境下的复杂决策问题提供解决方案。杉数科技首席科学顾问叶荫宇教授是世界上运筹管理学界最高奖——冯·诺伊曼理论奖的唯一华人获奖者，其他联合创始人、数据科学家也曾在国际顶级刊物上发表多篇运筹与优化相关的论文。杉数科技核心技术人员均有丰富的大型项目执行经验，涉及美国运通、美国能源部、波音、Google、IBM、华为、联合国维和行动部等诸多国际知名机构或企业。杉数科技在成立之初即获得来自真格和北极光的210万美元的天使投资，现阶段聚焦于收益管理、供应链优化及风险控制等三项决策支持服务，并获得多个国内知名企业的千万级商业合同。

收益管理：制定不同场景下的最优定价和销售策略，提升企业销售收入。可应用于零售、电商、快消品、旅游等行业，也可为金融非标产品、共享经济等新兴行业中的定价问题提供决策方案。

供应链优化：结合先进的需求预测方法，针对供应链中包括订单、库存、货运、配送等各个环节提供优化方案，在提升供应链响应速度与柔性的同时，帮助企业控制成本。

风险控制：针对金融及相关行业客户提供完整的风险管理服务，提供从精准营销、征信、流动性管理、高危交易识别到不良资产处置的全链条服务。

杉数科技认为人工智能的核心是从数据到决策的转化链条。这一链条分为三个阶段：第一阶段是对数据的获取和管理，如图像识别、语音识别、自然语言处理，这些公司其实做的都是这些事。第二阶段是规律性的分析，即获取数据后，挖掘数据里隐含的信息。第三阶段就是在前两个阶段的基础上进行判断和决策，杉数科技所做的就是帮助管理者把从数据里面捕捉到的规律，转化成真正、具体的决策，实现数据与决策的优化。

基于此，杉数科技采取定制式服务，为京东、顺丰、滴滴、永辉、万达、德邦等公司，提供针对性的数据优化解决方案。2017年，杉数科技还推出了模块化、标准化的产品，包括智能库存管理系统"StockGo库存狗"和智能运输优化系统"PonyPlus小马驾驾"。"StockGo库存狗"主要通过需求预测方法，结合优化求解，为零售电商类的客户提供供应链和库存管理的解决方案，为日化、图书、食品、家居、彩妆、母婴、3C、家电、鞋帽等领域企业提升运营效率；"PonyPlus小马驾驾"则是国内少有的真正由算法驱动的智能运输管理产品，针对有城市配送需求的客户，根据其需求，提供多维度、多目标、多场景的配送任务分配及运输优化解决方案，降低物流决策成本。在这些工作中，杉数科技的优势在于解决复杂问题。

当一个决策目标受到多个决策变量、因素影响，特别是这些因素之间还互相干扰时，从数据到实现决策的门槛就会更高。优化算法是人工智能领域中极其核心、难度极高的部分，在错综复杂的决策场景里，一个技术杠杆是"建模"，用数学模型把问题描述并表达清楚，另一个技术杠杆就是当前更大的瓶颈所在——优化求解。把问题描述清楚并不能从根本上解决问题。用数据来做决策其实是两个问题：一个是建模；另一个是求解。这两点正是杉数科技的核心技术。

杉数科技将服务企业重点定位到供应链领域。一方面是因为供应链领域数据决策问题更加复杂，所涉及的变量因素也更多；另一方面原因在于供应链领域企业的数据服务和工具需求正在急剧爆发，企业从资源驱动增长向效率推动增长转变，企业之间的竞争也转移到效率的比拼上；另外，选择供应链领域企业作为主要服务对象，也与杉数科技的团队经验有关。杉数科技的团队从技术结构上来说是数据科学和运筹优化两个体系的融合。杉数科技中从事运筹优化的科学家,还在国外的时候就大量接触供应链的问题,对供应链问题的理解能力强,也更有经验。三种原因的结合,让杉数科技的服务重点集中在与供应链紧密相关的物流、零售和快消三个行业。

而这三个行业所涉及的供应链问题也包罗万象。杉数科技在这一过程中,侧重处理物流网络优化、仓储优化、运力调配、路径规划、库存管理、交易定价等核心环节问题。杉数科技服务最大的价值就是让企业真正获得收益,如在运输问题方面,杉数科技帮客户做更好的运力资源的调配,包括让路径的规划更为合理。通过这些服务,通常可以让企业在运力资源的使用上降低20%~30%的成本。

在利用运筹学的思想将商业活动中的实际决策问题转化成数学模型之前,通常需要先利用统计学或机器学习对采集到的海量数据进行规律性分析——融合运筹优化及机器学习技术、为客户提供全链条服务正是杉数科技的一大优势,因此杉数科技也在同步进行机器学习引擎的开发。另外,杉数科技也有参与上海财经大学的求解器开发项目,为国铸器,共同改变国内问题求解高度依赖海外求解器的现状,推动运筹学在国内工业实践中发展。

10.2.3 百分点

百分点成立于2009年。作为国内领先的大数据技术与应用服务商,百分点拥有业界顶尖的研发团队、完善的自主研发体系及成熟的商业实践,并专注于大数据底层技术平台及场景化智能应用的搭建,帮助企业能高效、便捷地进行数据资产管理和价值变现。目前,百分点已经为2 000家企业提供大数据服务,涵盖了金融、媒体、公共事务、制造、公安、零售、能源、交通、快消、电商等行业;目前百分点拥有员工500多人,其中研发团队300多人,拥有多位国际顶尖华人学者组成的首席科学家团队,并与北京大学、浙江大学、上海交通大学、中央财经大学等多所高校建立了合作研究中心。

百分点的主要产品包括行业智能决策、智能认知产品两个方面。其中行业智能决策包含了智能政府决策系统、智能安全分析系统、智能营销系统等多个实时化、场景化、自动化的智能行业决策系统。智能认知产品包含了个性化系统、智能交互式分析系统、智能标签和动态知识图谱等方面。同时,将这些产品成功应用到诸多行业和领域并提出相应的智能化解决方案。下面我们以银行为例进行说明。

大数据时代下银行面临着巨大的商业挑战:多方的竞争压力,市场业绩不佳,财务压力不断攀升,客户关系维护难度加深,等等。在互联网交易链条中,多种移动支付方式及互联网金融正在不断冲击着银行的业务,这使得银行逐渐被边缘化和管道化。面对多种商业挑战,借助大数据技术整合多方数据,银行可以通过深入洞察客户和市场,对客户制定个性化的挖、抢、保、拓策略,从而提升银行营销和风控效率,降低运营成本,并且更好地提升客户体验。

百分点基于八年来的大数据领域的理论研究和应用实践,为银行业客户提供端到端的整体解决方案,帮助银行实现海量多源异构数据的采集、整合,并运用大数据分析和数据挖掘技术，深入挖掘客户特征与需求，从而为银行的差异化服务和个性化产品、产品创新、营销策略执行与全流程监控等提供数据支撑。整体解决方案如图10-4所示。

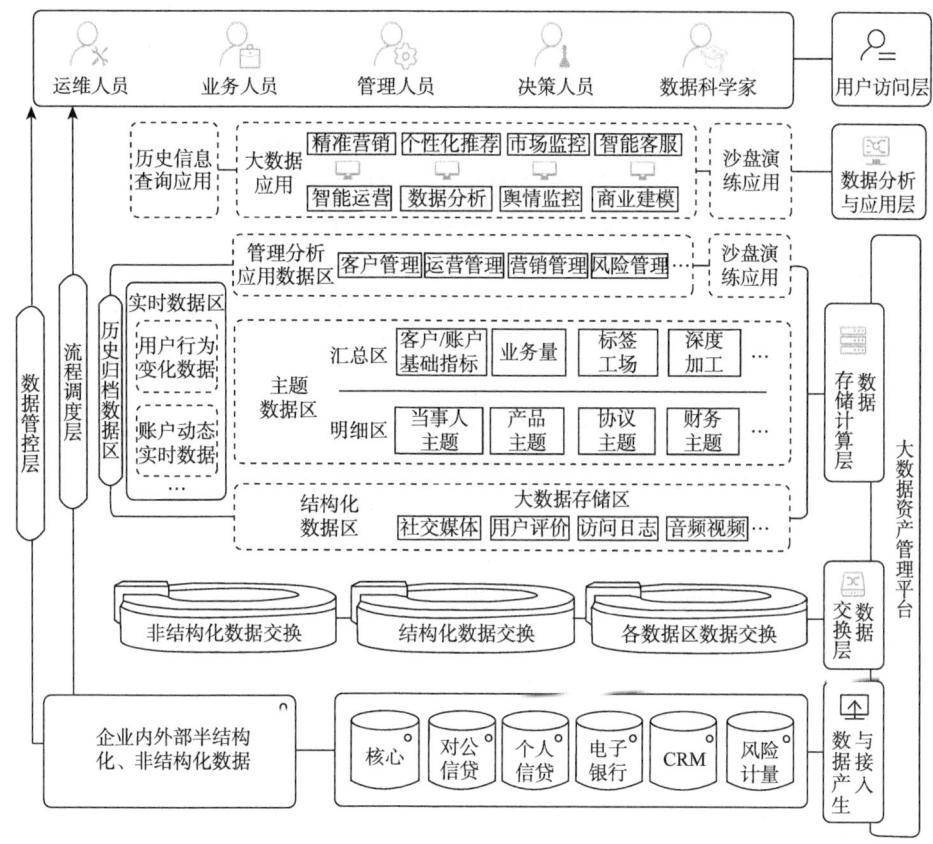

图 10-4　百分点公司银行整体解决方案

10.3　商务智能的发展趋势

1. 更深层次的数据可视化

随着大数据技术和人工智能技术的进一步发展，企业的数据量急剧增加。中国信息通信院数据显示，目前约70%的企业拥有的数据资源总量在50~500TB。2016年数据量在500TB以上企业占比为18.4%，较2015年增加1.4%；数据资源在50TB以下的企业占比由2015年的5.0%下降到2016年的3.7%。企业数据资源总量呈增长趋势。

对数据进行可视化描述，分析规律并作出预测，让技术化的数据更加业务化，帮助业务人员增强对公司各项事务运营情况的认知。例如，通过对销售数据的分析可发现各类客户的特征和喜欢购买的商品之间的联系，营销人员可结合这种"认知"来筹划有针对性的促销活动或向客户提供个性化服务等。根据实际业务问题建立模型并求出最优解，给出人力、财力、物力、能源、时间等各项资源的具体配置方案，在营销、风控、定价、库存等场景实现智能决策，并在一些领域自动化执行。人工智能、运筹优化等先进技术推动商务智能一步步向决策转化。

由于近年来机器学习和深度学习的快速发展，商务智能和分析趋势也将发生相当大的变化。物联网（internet of things，IoT）和大数据在全球商业环境中的深入渗透自然引发了对商务智能系统的需求，商务智能系统可以在很大程度上实现决策自动化，从而减少对数据专业人士的需求。

如果目前用于金融服务、投资银行、市场研究甚至医疗保健行业的商务智能系统都是标准的话，那么基于机器学习支持的智能数据发现（smart data discovery）是推动不同类型和规模的企业游戏规则变革的助推器。根据加特纳集团的统计，到2020年，商务智能市场预计将增长到228亿美元。改变游戏规则的商务智能和分析趋势会带来更好的可视化及深度数据钻取功能。

商务智能统计数据显示，商务智能和分析市场的突然增长将包括传统商务智能、基于托管（云）的商务智能、社交商务智能和移动商务智能。物联网支持的业务分析有能力最大限度地提高每个行业"从零售到城市规划"的运营效率。像IBM或SAP这样的技术火炬手正更多地投资于商业分析功能，现在的物联网和大数据承诺实时提供流处理、运营和交易数据。另一个例子是区块链技术，它开始于金融服务，但逐渐进入酒店、医疗保健和其他一些行业。根据Datamation统计资料，到2020年，只有20%的贸易融资将利用区块链，但一旦趋势确定下来，就不会有大的反复。

数据分析在全球商业社会中的突然出现是由业务数据的数量和种类引发的，这给商务智能和分析用户带来了独特的挑战。商务智能变革不仅会增加用户的接受度，还会促进主流商业用户之间商务智能平台的利用率。业界普遍认为，鉴于即时和准确决策的重要性，每个商业用户都希望能够独立地对数据进行可视化展示和分析，以改善结果。"现代"商务智能的特点是数据可视化、深度数据挖掘和智能自助服务分析。

Forrester Wave商务智能平台上的报告传统上将高级可视化工具与低端报表和常规可视化平台分开。在商务智能平台上，通常会发现许多将可扩展系统与低端系统区分开来的功能。

2. 更强的数据分析算法和平台

商务智能和分析趋势总体上的变化导致了两个主要的挑战，各种规模的企业必须缓解这两个挑战，使商务智能民主化，从分析活动中提取实际价值。

挑战1：管理大量商业数据。

随着全球业务逐渐利用新颖的智能数据发现和增强分析平台，最困难的问题始终是大量的数据。在传统的商务智能和Analytics系统中，80%的数据没有被使用或利用不足，从而严重限制了分析系统的实用性。现在，托管的商务智能平台和物联网设备倾倒出不同类型的数据，因此需要使用高级数据编目工具来访问许多不同来源的数据。

挑战2：机器学习驱动预测模型的局限性。

根据Forrester Wave：预测分析和机器学习解决方案，2017年第一季度，2017年的数据科学家需要开发机器学习驱动的预测模型的工具及管理模型的平台。虽然这些商务智能平台在数据专业人士中颇受欢迎，但是从来没有人认为这些工具有潜力取代人类的数据科学家，并为自助式商务智能让路。也就是说，随着企业继续依赖大数据、云计算、物联网和预测分析工具支持的所有类型决策的自助式商务智能和分析工具，具有卓越数据可视化功能的自助式分析平台将在未来获得坚实的认可。

增强型数据准备和增强型分析，旨在为公共数据科学家提供超越数据发现的工具，并帮助准备业务数据，以便为未来业务规划提供"战略、运营和战术活动"。一方面，通过增强数据准备，普通业务用户将能够在没有IT人员帮助的情况下针对特定假设测试数据；另一方面，Augmented Analytics将通过先进的机器学习工具提供支持。这两项新技术的最终目标是迅速提高用户的接受度并增强数据意识。

大型组织将大量投资建立内部商务智能/分析平台。机器学习可以从两方面帮助分析师。第一方面是效率。在上述示例中，分析师没有将宝贵的时间花费在基础数学运算上。现在他们有更多的时间来考虑业务影响和后续的逻辑步骤。第二方面，它可以帮助分析师开拓并继续使用其数据分析流程，因为他们不用再停下来处理数字，而是可以继续提出下一个问题。正如软件工程师Ryan Atallah所说，"当你需要帮助来获得答案时，机器学习能帮助你对海量数据进行刨根问底式的分析"。

不可否认，机器学习具有协助分析师的潜力，但重要的是，要认识到既然机器学习的作用已经非常明确，就应当接受这一技术。Tableau的产品经理Andrew Vigneault表示："面对主观数据时，机器学习表现得并没有那么好。"例如，当对客户进行产品满意度调查时，机器学习始终无法提取定性字词。

此外，分析师需要了解数据的成功指标，以便用可操作的方式理解数据的含义。换句话说，将数据输入机器中并不会使输出的结果具有意义。只有人才能理解是否应用了正确的上下文数量——这意味着机器学习无法独立完成，因为机器学习不理解模型和当前输入/输出的内容。

虽然有人担忧我们可能会被机器学习所取代，但机器学习实际上对分析师大有裨益，能使他们更高效、更准确、对业务更具影响力。不要害怕机器学习技术，而应该积极迎接它所带来的机会。IDC预测，到2020年，人工智能和机器学习系统带来的收入总计将达到460亿美元。2020年，人工智能将创造230万个工作岗位，同时仅淘汰180万个工作岗位，总体而言将促进就业。

3. 自然语言处理成为新的方向

近年来，我们会看到自然语言处理变得越发流行、复杂、无处不在。随着开发人员和工程师不断完善自身对自然语言处理的理解，自然语言处理将被整合到越来越多的空白领域。Amazon Alexa、Google Home和Microsoft Cortana的日益普及，让人们逐步产生一种期望，即他们可以与自己的软件谈话并且软件能够明白该做什么。例如，通过说出命令："Alexa，播放'Yellow Submarine（黄色潜水艇）'"，就可以在厨房中一边准备晚餐一边欣赏披头士乐队的演奏了。同样的概念也被应用于数据，因而每个人都能更容易地提出问题并分析自己现有的数据。

加特纳集团预计，到2020年50%的分析查询都将通过搜索、自然语言处理或语音生成。这意味着突然之间，首席执行官可以更轻松地随时随地让他的移动设备告诉他"纽约购买订书钉的客户带来的总销售额"，然后可以筛选"过去30天内的订单"，还可以按"项目所有者的部门"进行分组。或者，孩子的校长可以提问："今年学生的平均分是多少？"然后可以筛选"八年级学生"，并按"教师负责的科目"进行分组。自然语言处理能让人们提出更细微的数据问题，并获得相关的答案，从而得出更好的日常见解和决策。

同时，开发人员和工程师将在学习和了解人们如何使用自然语言处理方面取得长足的进步。他们将研究人们如何提出问题，包括从即时解答（"哪个产品销量最好？"）到探索（"我不知道我的数据可以告诉我什么，我的部门表现如何？"）方面的问题。正如Tableau的资深软件工程师Ryan Atallah指出的那样："这种行为与提问的背景环境息息相关。"如果最终用户在使用移动设备，那么他们更有可能提出需要即时解答的问题，而如果他们坐在办公桌后查看仪表板，则他们可能正在探索和研究更深层次的问题。

要看清自然语言处理给分析领域带来的最大助益，就需要理解自然语言处理能够增强的各种工作流。Tableau的资深软件工程师Vidya Setlur同样认为"不明确性是一个难题"，因此理解工作流比输入具体的问题更加重要。当相同的数据问题存在多种提问方式时（如"本季度销售额最高的销售代表是谁"或"谁在本季度的销售额最高"），最终用户不希望考虑提问的"正确"方式，他们只想要答案。因而，必须针对适当的工作流应用自然语言处理，并让使用者习惯于这种模式，而不是对每一种情况都一概而论地应用自然语言处理。

4. 新的数据管控形势

众包是数据管控的未来现代商务智能套件，已经从数据和内容锁定发展为授权业务用户随时随地使用受信任、受管控的数据获取见解。随着人们不断学习在更多情况下使用数据，他们对如何改进管控模型提出了很多建议，这已经成为组织内的巨大力量。

有人认为自助式分析颠覆了商务智能的世界，这无疑低估了自助式分析的影响。具体模式转变为由任何有能力创建分析的人员，引导提出和回答组织中的关键问题。管控方面正面临着同样的颠覆。随着自助式分析的发展壮大，大量有价值的观点和信息开始为管控实施方式带来新的创新启示。

管控既要使用集体的智慧为正确的人获取正确的数据，同时也要对错误的人锁定数据。对业务用户来说，他们最不想承担的责任就是数据的安全性。良好的管控政策允许业务用户提出问题和回答问题，同时允许他们在需要时找到所需的数据。

商务智能和分析策略将积极接纳新式管控模式：IT部门和数据工程师将管理和准备受信赖的数据源，随着自助式服务成为主流，最终用户将可以自由探索受信任的安全数据。完全由IT控制的自上而下流程将被丢弃，取而代之的是将IT人才与最终用户相结合的协作开发流程。他们将共同确定最重要的数据，以管控和创建能最大限度地发挥分析的业务价值而不影响安全性的规则和流程。

5. 各领域新技术的重新融合

商务智能拥有多领域、多学科技术交叉影响,思想相互交融的特点。在过去相当长的时间内,我们主要应用的是机器学习的相关数据挖掘算法。而新的商务智能应用在计算机科学、人工智能、运筹学、博弈论等诸多学科领域的综合与交叉中,一个个贴合实际业务场景的解决方案应运而生,使得商务智能切实优化企业决策方式,助力业务增长。融合也表现在人工智能的各分支上,如关于语义网的研究、自然语言理解、机器学习、人机交互都很重要。而且,这些新兴的人工智能发展方向随着新的算法产生和应用模式的发展,也会引起商务智能的发展。最后,任何一种学习算法都有自己的优势和局限,解决一切问题的终极算法,很有可能是对现有算法的兼容并包。当然,如何让各算法相遇相融并在不大幅降低效率的前提下提升通用性,仍是一个非常复杂但值得探索的难题。而在未来的发展中,技术方面的进步,在商务智能应用中将会体现得更加淋漓尽致,也会极大地促进相关交叉学科的应用发展。

同时,在工业实践中,对具体业务场景的理解与对实际问题的界定,与采用何种模型、算法同等重要,前者在很大程度上决定了后者是否能够有效降低企业运营成本或者帮助相关业务增加收入,这是技术能够落地、产业得以升级的关键。当前飞速发展的深度学习等技术可能只是在不断逼近通用人工智能的一个局部最优点,而这样的逼近方式可能让我们错过那些真正更好地实现通用人工智能的方法。因此,在运用技术解决某个问题之前,绝不应先入为主地认定要使用某个具体的机器学习算法,而应首先对业务场景加以分析,抓住核心问题要素,这是作出最优技术选择的前提。因此,今后的商务智能企业和应用的产业链会更加精细化、自动化。

【本章小结】

本章具体描述了当前的商务智能在金融、电商、物流、出行、电力等众多领域的应用。在这些行业中,各个企业都根据自身行业特点,依托人工智能和大数据的技术支持,产生了精细化、自动化和智能化的商务智能模式。杉数科技、百分点等新型的商务智能企业,更加关注专业的知识背景,应用运筹学、机器学习等先进的技术,向各个企业提供得力的商务智能产品及服务。在技术不断进步和推动下,商务智能产业链逐渐形成,规模逐步扩大,最后我们结合商务智能技术在众多商务场景中的应用,对今后商务智能的发展趋势做了概述。

【课后思考题】

1. 列举身边的商务智能应用例子。
2. 简述自然语言的发展为什么对商务智能发展很重要。
3. 试查资料说明商务智能在其他行业是如何应用的,如智能客服、智能农业、智慧城市等。
4. 写出你认为未来10年商务智能发展最好的方向,并说明原因。

参 考 文 献

艾瑞咨询. 2017. 中国商业智能行业研究报告（2016年）[R].
艾瑞咨询. 2018. 中国商务智能行业研究报告（2017年）[R].
陈海滢, 郭佳肃. 2017. 大数据应用启示录[M]. 北京：机械工业出版社.
陈欢. 2012. 广义马氏距离及其在数据挖掘中的应用研究[D]. 浙江工业大学硕士学位论文.
陈文伟. 2014. 决策支持系统及其开发[M]. 4版. 北京：清华大学出版社.
丁宇. 2018. 大数据时代下爱奇艺营销策略研究[D]. 黑龙江大学硕士学位论文.
高洪深. 2018. 决策支持系统理论与方法[M]. 北京：清华大学出版社.
顾大权, 刘高飞. 2012. 对数据、信息、知识和智慧的研究与思考[J]. 长春大学学报, 22（4）：399-401.
郭鲜凤, 郭翠英. 2009. SQL Server数据库应用开发技术[M]. 北京：北京大学出版社.
郭晓冬, 姜昱明, 费非. 2012. 文本特征选择方法的改进算法[J]. 吉林大学学报（自然科学版）, 30（5）：544-548.
何晓群, 刘文卿. 2015. 应用回归分析[M]. 4版. 北京：中国人民大学出版社.
胡博, 樊爱军, 杨东, 等. 2016. 基于大数据的电力系统缴费渠道评价方法[P]. 中国, CN105260815A.
黄炜. 2012. 电子商务环境下商品信息检索研究[M]. 北京：北京大学出版社.
贾永娟. 2014. 基于密度的改进K-Means文本聚类算法研究[D]. 山西师范大学硕士学位论文.
靳丽丽. 2006. 统计理论与实务[M]. 北京：科学出版社.
荆宁宁, 程俊瑜. 2005. 数据、信息、知识与智慧[J]. 情报科学, 23（12）：1786-1790.
冷建飞, 高旭, 朱嘉平. 2016. 多元线性回归统计预测模型的应用[J]. 统计与决策, （7）：82-85.
李航. 2012. 统计学习方法[M]. 北京：清华大学出版社.
李荟娆. 2014. K-means聚类方法的改进及其应用[D]. 东北农业大学硕士学位论文.
李宜婷. 2016. 基于智能推荐算法的评分系统设计与实现[D]. 天津工业大学硕士学位论文.
刘家国, 周锦霞. 2018. 基于BI理论的大数据网络营销模型研究[J]. 电子科技大学学报（社会科学版）, 20（3）：1-8.
刘树, 赵玉莲, 姜燕. 2010. 统计学[M]. 北京：清华大学出版社.
刘翔, 王斌君, 王靖亚, 等. 2015. 平面空间时空轨迹快速聚类算法研究[J]. 科学技术与工程, 15（24）：173-179.
刘新海, 丁伟. 2014. 大数据征信应用与启示——以美国互联网金融公司ZestFinance为例[J]. 清华金融评论, （10）：93-98.
娄圣金. 2013. 基于距离和的离群数据挖掘算法及应用[D]. 太原科技大学硕士学位论文.

马费成. 2010. 信息管理与信息系统研究进展[M]. 武汉：武汉大学出版社.

马立平. 2014. 回归分析[M]. 北京：机械工业出版社.

蒙哥马利 D C，派克 E A，瓦依宁 G G. 2016. 线性回归分析导论[M]. 5 版. 王辰勇译. 北京：机械工业出版社.

萨师煊，王珊. 2005. 数据库系统概论[M]. 3 版. 北京：高等教育出版社.

赛英. 2002. 粗糙集扩展模型及其在数据挖掘中的应用研究[D]. 国防科技大学博士学位论文.

沙达尔 R，德伦 D，特班 E. 2015. 商务智能——数据分析的管理视角[M]. 赵卫东译. 北京：机械工业出版社.

邵帅. 2017. 人寿保险行业商务智能数据分析系统的设计与实现[D]. 北京交通大学硕士学位论文.

史忠植. 1988. 知识工程[M]. 北京：清华大学出版社.

孙惠. 2018. 基于商务智能的现代物流管理与应用初探[J]. 中国市场，（5）：136-137.

谭昶. 2014. 基于面向对象思想和典型用户群组的个性化推荐方法研究[D]. 中国科学技术大学博士学位论文.

田安. 2017. 商务智能（BI）用户的行为影响因素研究[D]. 安徽大学硕士学位论文.

田红. 2010. 基于决策树的商场客户管理系统构建[D]. 复旦大学硕士学位论文.

王娟琴. 1998. 三种检索模型的比较分析研究——布尔、概率、向量空间模型[J]. 情报科学，16（3）：225-231，260.

王梅，周娇玲，乐嘉锦. 2013. 一种列存储数据仓库中的数据复用策略[J]. 计算机学报，36(8)：1626-1635.

王知津. 2015. 信息检索与处理[M]. 北京：机械工业出版社.

王茁，顾洁. 2004. 三位一体的商务智能[M]. 北京：电子工业出版社.

吴今培，孙德山. 2006. 现代数据分析[M]. 北京：机械工业出版社.

吴全胜. 2017. 基于 ERP 的商务智能应用探析[J]. 中国管理信息化，20（21）：55-57.

吴树芳，朱杰. 2017. 信念网络在话题识别与追踪中的应用研究[M]. 北京：科学出版社.

夏火松. 2010. 商务智能[M]. 北京：科学出版社.

项亮. 2012. 推荐系统实践[M]. 北京：人民邮电出版社.

徐燕，李锦涛，王斌，等. 2008. 基于区分类别能力的高性能特征选择方法[J]. 软件学报，19（1）：82-89.

杨良斌. 2015. 数据挖掘领域研究现状与趋势的可视化分析[J]. 图书情报工作，59（S2）：142-147.

张莉，班晓娟. 2013. 商务智能基础及应用[M]. 北京：化学工业出版社.

张琦，王梅，乐嘉锦，等. 2011. 列存储数据仓库查询执行中重用缓冲区调度算法[J]. 计算机研究与发展，48（10）：1942-1950.

赵卫东. 2009. 商务智能[M]. 北京：清华大学出版社.

赵卫东. 2017. 商务智能[M]. 4 版. 北京：清华大学出版社.

赵卫东，董亮. 2018. 数据挖掘实用案例分析[M]. 北京：清华大学出版社.

郑凯伦，闫社波，李爱华. 2018. 忠诚度聚类的方法和装置[P]. 中国，CN107578058A.

中国电子技术标准化研究院. 2018. 大数据标准化白皮书（2018 版）[R].

周庆，牟超，杨丹. 2015. 教育数据挖掘研究进展综述[J]. 软件学报，26（11）：3026-3042.

周志华. 2016. 机器学习[M]. 北京：清华大学出版社.

Büttcher S，Clarke C L A，Cormack G V. 2012. 信息检索实现和评价搜索引擎[M]. 陈建，黄晋，等译. 北京：机械工业出版社.

Hammrgren T. 1998. 数据仓库技术[M]. 曹增强，王备战，岳晓奎译. 北京：中国水利水电出版社.

Manning C D，Schütze H，Raghavan P. 2010. 信息检索导论[M]. 王斌译. 北京：人民邮电出版社.

Mitchell T M. 2011. 机器学习[M]. 曾华军，张银奎，等译. 北京：机械工业出版社.

Zachearski R. 2015. 写给程序员的数据挖掘实践指南[M]. 王斌译. 北京：人民邮电出版社.

Brants T，Chen F. 2003. A system for new event detection[C]// Proceedings of the 26th SIGIR Conference on Research and Development in Information Retrieval. New York：ACM：330-337.

Chen H C，Chiang R H L，Storey V C. 2012. Business intelligence and analytics：from big data to big impact[J]. MIS Quarterly，36（4）：1165-1188.

Fan S，Lau R Y，Zhao J L. 2015. Demystifying big data analytics for business intelligence through the lens of marketing mix[J]. Big Data Research，2（1）：28-32.

Inmon W H. 1992. EIS and data warehouse：a simple approach to building an foundation for EIS[J]. Database Programming and Design，5（11）：70-73.

Jiang H B，Jin S D，Wang C G. 2011. Prediction or not?An energy-efficient framework for clustering-based data collection in wireless sensor networks[J]. IEEE Transactions on Parallel and Distributed Systems，22（6）：1064-1071.

Lee Z J. 2008. An integrated algorithm for gene selection and classification applied to microarray data of ovarian cancer[J]. Artificial Intelligence in Medicine，42（1）：81-93.

Liu H，Liu H，Zhang H. 2010. Ensemble gene selection by grouping for microarray data classification [J]. Journal of Biomedical Informatics，43（1）：81-87.

Ortiz S，Jr. 2002. Is business intelligence a smart move？[J]. Computer，35（7）：11-14.

Spruit M，Vroon R，Batenburg R. 2014. Towards healthcare business intelligence in long-term care：an explorative case study in the Netherlands[J]. Computers in Human Behavior，30（1）：698-707.

Sun Z，Sun L，Strang K. 2018. Big data analytics services for enhancing business intelligence[J]. Journal of Computer Information Systems，58（2）：162-169.

Turban E，Sharda R，Delen D，et al. 2011. Decision Support and Business Intelligence Systems[M]. Upper Saddle River：Prentice Hall.

Watson H J，Wixom B H. 2007. The current state of business intelligence[J]. Computer，40（9）：96-99.

Whitley D. 1994. A genetic algorithm tutorial[J]. Statistics and Computing，4（2）：65-85.

Wixom B，Ariyachandra T，Goul M，et al. 2014. The current state of business intelligence in academia：the arrival of big data[J]. Communications of the Association for Information Systems，29：299-312.